Peter Glasner, Sebastian Winkelsträter und
Birgit Zacke (Hg.)

ABECEDARIUM

Erzählte Dinge im Mittelalter

Schwabe Verlag

Publiziert mit Unterstützung von der Universitätsgesellschaft Bonn sowie der Philosophischen Fakultät der Rheinischen Friedrich-Wilhelms-Universität Bonn

MIX
Papier aus verantwor-
tungsvollen Quellen
FSC® C083411
www.fsc.org

Bibliografische Information der Deutschen Nationalbibliothek
Die Deutsche Nationalbibliothek verzeichnet diese Publikation in der Deutschen Nationalbibliografie; detaillierte bibliografische Daten sind im Internet über http://dnb.dnb.de abrufbar.

Abbildung Umschlag: Bonn, ULB, S 526, fol. 415ʳ
Umschlaggestaltung: icona basel gmbh, Basel
Layout: icona basel gmbh, Basel
Satz: 3w+p, Rimpar
Druck: CPI books GmbH, Leck
Printed in Germany
ISBN Printausgabe 978-3-7574-0020-0
ISBN eBook (PDF) 978-3-7574-xxxx-x
Das eBook ist seitenidentisch mit der gedruckten Ausgabe und erlaubt Volltextsuche. Zudem sind Inhaltsverzeichnis und Überschriften verlinkt.

rights@schwabeverlag.de
www.schwabeverlag.de

Inhalt

Vorwort

Freundschaften, kollegiale und wissenschaftliche Beziehungen realisieren sich meist eher immateriell denn materiell. Gerade in der Wissenschaft beeinflusst man sich vor allem geistig: lernt voneinander, diskutiert miteinander und tauscht sich unermüdlich aus. In den besten Fällen entstehen dabei Netzwerke, die gemeinsam etwas Neues schaffen, den Austausch in etwas Greifbares überführen. Mit dem vorliegenden Buch kommt Vergleichbares zum Ausdruck: ein Buch über die Dingkulturen des Mittelalters, das einer Persönlichkeit gewidmet ist, die zeit ihres Universitäts- und Wissenschaftslebens den Austausch, die Innovation und Öffentlichkeitsarbeit in den Mittelalterstudien gefördert hat. Dieses *Abecedarium* mittelalterlicher Dinge widmen wir Prof. Dr. Karina Kellermann zum Ende ihrer Dienstzeit als Forschende und Lehrende in der Germanistischen Mediävistik an der Rheinischen Friedrich-Wilhelms-Universität in Bonn.

Hierbei erscheinen ‹Form und Gehalt› dieses Kompendiums von Dingen besonders geeignet, eine Hochschullehrerin zu ehren: So steht das Alphabet für das Spektrum ihrer Interessengebiete in Forschung und Lehre, wie die Menge der Beiträge mit der Anzahl von Autorinnen und Autoren für das Netz ihrer akademischen wie persönlichen Verbindungen steht. Und da nicht alle mit Karina Kellermann Verbundenen als Autorinnen und Autoren auftreten können, finden sich all jene, die unser *Abecedarium* unterstützt haben, in der *Tabula gratulatoria* am Ende des Bandes.

Als Buch ist das *Abecedarium* selbst ein Ding, zumal als Gabe. Und die hier überreichte Gabe ist Dank und Versprechen zugleich. Dank für gemeinsame Projekte, für Rat und Diskussionen, für Betreuung, Förderung und Freundschaft. Versprechen, ein Auge auch für die kleinen Dinge zu haben, die neben den großen gern zurücktreten; ein Versprechen, das Offensichtliche stets zu hinterfragen und das Unbekannte im zukünftigen Austausch weiterhin zu erforschen.

Ohne folgende Förderer wäre dieses Buch kein Ding geworden: Unser besonderer Dank gilt der Philosophischen Fakultät und der Universitätsgesellschaft der Rheinischen Friedrich-Wilhelms-Universität Bonn, Susanne

Franzkeit und Dr. Sebastian Schmitt für die Aufnahme in das Programm des Schwabe Verlags, Dr. Doris Walch-Paul für ihre ausnehmend großzügige Zuwendung sowie Prof. Dr. Elke Brüggen für ihre Unterstützung in jeglicher Hinsicht. Nicht zuletzt sei auch den Autorinnen und Autoren für ihre Einzelbeiträge und mannigfaltigen Perspektiven auf das Thema ‹Dinglichkeit in mittelalterlicher Erzählliteratur› gedankt.

Die Herausgeber   Bonn im März 2019

Einführendes in das *Abecedarium* mittelalterlicher Dingkultur

Peter Glasner, Sebastian Winkelsträter und Birgit Zacke

Ein Mythos oder eine Mythensequenz bliebe unverständlich, wenn sich nicht jeder Mythos anderen Versionen desselben Mythos oder scheinbar verschiedenen Mythen entgegensetzen ließe [...]. Darf man diese Methode auch auf plastische Werke anwenden? Dann müßte jedes einzelne in seiner Form, seinem Dekor und seinen Farben anderen entgegenstehen, bei denen dieselben, jedoch anders behandelten Elemente seinen eigenen widersprechen, um Träger einer besonderen Botschaft zu sein. Wäre dies bei den Masken der Fall, dann müßte man einräumen, daß, gleich den Wörtern der Sprache, keine ihre gesamte Bedeutung in sich birgt. [...] Dann wäre also jeder Versuch, sie isoliert zu interpretieren vergebliche Mühe.
Claude Lévi-Strauss: Der Weg der Masken, 2004, S. 55.

Sich mit Dingen in mittelalterlichen Texten sowie mit dem Erzählen von Dingen im Mittelalter zu beschäftigen, ist bereits mehrfach mit der entsprechenden Forschungskonjunktur begründet worden.[1] Zur Einleitung und Vorstellung unseres *Abecedariums* wollen wir hier – und das heißt auch mit Blick auf ein nicht ausschließlich mediävistisches Lesepublikum – einen anderen Weg einschlagen. Im Folgenden versuchen wir, die Relevanz und das Faszinosum von erzählten Dingen aus ihrem mittelalterlichen Kontext selbst heraus abzuleiten und dies aus einer Annäherung an eine Epochende-

---

[1] Vgl. z. B. Mühlherr: Einleitung, 2016, S. 1–6, sowie insbesondere Anm. 25–37. Im Gegensatz zur älteren der materiellen Kultur des Mittelalters zugewandten Forschung – man denke etwa an Joachim Bumkes kulturhistorisch perspektivierte Studien zur höfischen Kultur (vgl. Bumke: Höfische Kultur, 1994) oder an Marion Oswalds wegweisende Untersuchung von Gabenhandlungen in der mittelalterlichen Literatur (vgl. Oswald: Gabe und Gewalt, 2004) – stehen aktuell, z. B. in den Monographien von Selmayr: Der Lauf der Dinge, 2017, und Christ: Bausteine, 2015, oder auch den Aufsätzen von Schanze: Dinge erzählen, 2016, und Marshall: Körper – Ding – Schrift, 2018, vorrangig narratologische Fragestellungen im Vordergrund.

finition des Mittelalters als einer ‹Kultur des Visuellen›, die in ihren kommunikativen wie rituellen Vollzügen vielfältig Dinge funktionalisiert. Im Anschluss daran stehen einige annähernde Überlegungen zur Theorie erzählter Dinge und ihrer literaturwissenschaftlichen Interpretation. In einer ‹Präsenzkultur› (Hans U. Gumbrecht[2]) oder einer ‹Kultur der Sichtbarkeit› (Horst Wenzel[3]) kommt Dingen im Mittelalter ein besonderer Stellenwert zu: bei der Visualisierung von Herrschaft und Macht, gesellschaftlicher Hierarchie und sozialer Stellung, der Markierung des Geschlechts, aber auch von Personenkonstellationen und -verhältnissen. So kann eine vormoderne Staatlichkeit nicht ohne das symbolische Kapital von Dingen einerseits und die instrumentelle Verfügbarkeit von Dingen andererseits auskommen. Der Herrscher wird im Mittelalter weniger an seinen persönlichen Zügen als vielmehr an seinen dinglichen Herrschaftsinsignien erkannt:

> Ein König ist sterblich, die Zeit seiner Herrschaft begrenzt und seine Nachfolge gegebenenfalls umstritten. Die Krone kann dagegen zum Wahrzeichen von Herrschaft werden: Sie bedarf, zeichentheoretisch gesprochen, keines arbiträren Mechanismus der Entscheidungsfindung. Sie ist nicht sterblich, sondern beständig und kann unmittelbar weitergegeben werden. Deshalb kann ihr konkreter Besitz – wie zufällig auch immer zustandegekommen – Herrschaftsrechte verbürgen.[4]

Beim herangewachsenen Adligen stellt das mitgeführte Schwert Mannbarkeit und Zugehörigkeit zur Ritterschaft aus. Den kirchlichen Würdenträger kennzeichnen geistliches Ornat ebenso wie Ring und Stab. Schließlich markieren und stigmatisieren mitgeführte Dinge soziale Außenseiter des Mittelalters: Klappern den Aussätzigen, Gugel und Keule den Narren. Höfische Ausstaffierung, Gewänder, Rüstungen und Waffen oder wundersame Gegenstände treten aber nicht nur als historische *Facta*, sondern auch als *Ficta* in mittelalterlichen Erzählwelten auf, die oftmals ‹Arsenalen erzählter Objekte›[5] ähneln und bisweilen gar auf einzelne Gegenstände zentriert sind: So ist Wolframs von Eschenbach *Titurel* geradezu als ein ‹Epos der Requisiten› bezeichnet[6]

---

2   Gumbrecht: Diesseits der Hermeneutik, 2004.

3   Wenzel: Hören und Sehen, 1995.

4   Haferland: Metonymie, 2005, S. 324.

5   Vgl. Christ: Bausteine, 2015, S. 5.

6   Vgl. Bertau: Über Literaturgeschichte, 1983, S. 78 f.

und sein *Parzival* mit der Gattungszuschreibung ‹Gralroman› versehen worden. Ganze Erzählungen wie die Legenden von Kreuzesholz, Petri Ketten oder der Tunika Christi kreisen um einzelne Reliquien, deren Geschichten in der Form von Objektbiographien dargeboten werden. Die Affinität mittelalterlichen Erzählens für Dinge ist vielfältig begründet: sowohl bereits im Erzählgut selbst, also dem Stoff, als auch im Sinnhorizont der jeweiligen Gattung sowie in einer Figurenkonzeption, für die Dingliches mehr charakterisierende als rein dekorative Funktion besitzt. Ästhetische Konzepte wie ein reziprokes Widerspiegelungsverhältnis zwischen dem Äußeren einer Figur und deren Wesenhaftigkeit, von Adel und Schönheit oder von Körperlichkeit und Tugendhaftigkeit, bedingen bereits ein erzählerisches Interesse an Gegenständlichem: Schmuck und Waffe, Gewand und Rüstung sowie die gesamte Umgebung einer literarischen Figur erscheinen als deren dingliches Charakterisierungspotential. Eindrucksvoll lässt sich dies am *Trojanerkrieg*[7] Konrads von Würzburg illustrieren:

> *daz kleit daz êrte wol den man*
> *und êrte wol der man daz kleit:* […]
> *daz kleit daz was gezierde vol,*
> *sô was der man schoen unde klâr.* (*Trojanerkrieg*, V. 3008–3013)

«Das Kleid ehrte den Mann sehr / und der Mann ehrte das Kleid: […] Das Kleid war über und über mit Schmuck besetzt, / dadurch war der Mann schön und herrlich.»

Und schließlich können das Mäzenatentum (Joachim Bumke[8]) und das ‹literarische Interesse› (Joachim Heinzle[9]) des zeitgenössischen Publikums mittelalterlicher Literatur mit dafür verantwortlich gemacht werden, dass vormoderne Erzähltexte so merklich von Dinglichem handeln. Offenbar fanden Werke mit Stoffen, zu deren Motivik Dinge der höfischen Kultur oder phantastische Gegenstände gehörten, ein so geartetes Interesse, dass sich sowohl Mäzene für die Abfassung entsprechender Texte als auch für den Vortrag entsprechender Werke auf Hoffesten fanden. Die Affinität des *Nibelungen-*

---

7   Zitiert nach: Konrad von Würzburg: *Trojanerkrieg*, 2015.
8   Vgl. Bumke: Mäzene im Mittelalter, 1979.
9   Vgl. Heinzle: Literarische Interessenbildung, 1986.

lied-Erzählers für die Stofflichkeit von Objekten – im sprichwörtlichen Sinne für Textiles und Textilien – etwa hat den zahllosen Strophen mit Gewandschilderungen eigens die Bezeichnung ‹Schneiderstrophe› eingebracht. So wie der Stoff des lateinischen *Waltharius* um die Brünne Etzels oder das Heldenepos *Otnit* um die Rüstung des titelgebenden Helden kreist, steht im Zentrum des Nibelungenstoffs der gleichnamige Hort, zu dem ferner so prominente Dinge wie die Tarnkappe und das Schwert Balmunc zählen. Für die sogenannte Heldenepik, zu der auch das *Nibelungenlied* gehört, ist es geradezu als ein Charakteristikum dieser Gattung erkannt worden, dass die dargestellten Affekte der Protagonisten ihrerseits mit einer spezifischen Objektbezogenheit korrelieren. In mittelhochdeutsche Versepen, die wie *König Rother*, *Herzog Ernst*, *Oswald*, *Orendel* oder *Salman und Morolf* zur sogenannten Brautwerbungsdichtung gerechnet werden, gibt es «fabulöse und phantastische Stoffelemente»[10], zu denen ebensolche Dinge wie Zauberringe gehören. Die Artusromane etwa von Chrétien de Troyes oder Wolfram von Eschenbach weisen ihrerseits so wundersame Dinge wie den Gral oder die Heilige Lanze auf. Da in den höfischen Romanen die Motivkomplexe von Minne und Rittertum im Zentrum stehen, begegnen in deren Erzählwelten ebenso Minnetränke, -pfänder und -gaben – Dinge, deren Zirkulation einer typisch vormodernen ‹Gabenökonomie› unterliegt. Für Heiligenlegenden sind Gegenstände nicht weniger handlungsrelevant, offenbart doch deren wundersame Befähigung, sich über Naturgrenzen wie Menschenmögliches hinwegsetzen zu können. Das in die Erzählwelt hineinwirkende Göttliche verlebendigt Gegenstände und lässt etwa Reliquien eigenständig handeln. Reliquien, seien sie auch noch so klein und unscheinbar, werden nicht als symbolische Repräsentanten des Heiligen und seiner Kräfte wahrgenommen, sondern als der ganz unmetaphorisch gegenwärtige Heilige selbst. Ihnen kommt somit eine Handlungsmacht respektive Agency zu, die weit über diejenige eines Objekts hinausweist.

Im Artusroman hartmannscher Prägung avancieren Dinge zum Reflexionsmedium von Kunst und Artifizialität im Allgemeinen. In Hartmanns *Erec*[11] werden in einer detaillierten Ekphrasis Sattel und Satteldecke der Prot-

---

10   Behr: Spielmannsdichtung, 2007, S. 474.
11   Zitiert nach: Hartmann von Aue: *Erec*, 2007.

agonistin Enite geschildert. Hierbei ist nicht nur die äußerst luxuriöse Materialität dieser Gegenstände spektakulär, sondern auch deren ‹sprechende› Dinglichkeit. Der Sattel weist nämlich ein vielschichtiges Bildprogramm auf: *an disem gereite was ergraben / daz lange liet von Troiâ* (*Erec*, V. 7545 f., «In den Sattel war die lange Geschichte von Troja eingeschnitzt»). Noch ausgreifender ist die Satteldecke gestaltet, denn diese zeigt nichts Geringeres als dies: *aller werlde wunder / und swaz der himel besliuzet* (*Erec*, V. 7589 f., «alle Wunder der Welt und des Himmels»). Somit zählen auch Kunstwerke oder kunstvoll gestaltete Dinge zum Erzählkosmos mittelalterlicher Literatur.

Und nicht zuletzt kommen in Schwank und Märe zahllose Objekte vor, für deren Besitz intrigiert und manipuliert oder schlichtweg betrogen wird. Ein Betrugsplot, wie er sich in Strickers *Pfaffe Amis*[12] findet, ist gar nicht denkbar ohne entsprechende Requisiten. Denn der hinterhältige wie gewinnsüchtige Protagonist, ein Geistlicher zumal, verleitet dadurch zu Spenden leichtgläubiger Sünder, dass er ein profanes Objekt auratisiert. Mit einer falschen Reliquie, dem angeblichen Schädel des heiligen Brandan, bringt es der heimtückische Pfaffe zu erheblichen Spenden, denn angeblich habe ihm diese Schädelreliquie wundersamerweise selbst aufgetragen, dem Heiligen einen Dom zu errichten:

Sant Brandanes houbet
daz schowet hie, daz han ich.
Iz hat gesprochen wider mich,
ich sul im ein munster machen [...]. (*Der Pfaffe Amis*, V. 372–375)

«Schaut hier das Haupt des heiligen Brandan, / das ich besitze. / Es hat mir aufgetragen, / ihm einen Dom zu errichten [...].»

Strickers Pfaffe vermag auch dadurch zu betrügen, dass er die Existenz von Dingen behauptet, die es gar nicht gibt. So betört er den König von Frankreich mit der Behauptung, die von ihm eigens gemalten Bilder seien nur für solche Betrachter erkennbar, die von ehelicher Geburt seien. In diesem Schwank führt die Angst vor Rangverlust und Stigmatisierung zu einer Ima-

---

12   Zitiert nach: Der Stricker: *Der Pfaffe Amis*, 1994.

gination von Bildern, deren Dinglichkeit allein auf ehrenrettenden Lügen beruht.

In der Kurzerzählung *Heinrich von Kempten*[13] des Konrad von Würzburg wird die Bedeutung von Dingen *ex negativo* radikalisiert: Wenn ein nackter Ritter seinem Kaiser das Leben rettet, er also ohne seine Standeszeichen agiert, kann er – seiner individuellen Heldentat zum Trotze – nicht erkannt werden. Nur mit Schild und Schwert ausgestattet, befreit Heinrich den König *und werte in alsô nacket: / zerhouwen und zerhacket / wart von im der vinde gnuoc* (*Heinrich von Kempten*, V. 585–587, «und verteidigte ihn, nackt wie er war. / Viele Feinde metzelte / er nieder»). Wie schon im Falle des nackt auf Scheria strandenden Odysseus geht auch hier der Verlust von Dingen mit dem Verlust von Identität einher.

Nicht zuletzt im mittelhochdeutschen Minnesang werden Dinge – und nicht nur Ringe und Kränze – literarisiert. Dort vermag die lyrische Imagination sogar völlig Immaterielles zu verdinglichen. Ein besonders anschauliches Beispiel für ‹Undinge›, die begehrt und sogar gestohlen werden, ist der Kuss bei Reinmar[14] und Walther von der Vogelweide[15]. *Unde ist daz mirs mîn sælde gan, / daz ich abe ir wol redendem munde ein küssen mac versteln* (MF 159,37, «Und im Fall, dass mein Glück es mir vergönnt, / dass ich von ihrem beredten Mund einen Kuss stehlen kann»), dichtet Reinmar, dann will sein lyrisches Ich diesen Kuss wie Raubgut davonbringen und auf ewig bei sich tragen: *sô wil ich ez tougenlîchen tragen und iemer heln* (MF 159,40). Ein Kuss lässt sich aber erst und nur dann rauben, verbergen und bewahren, wenn er als Ding vorgestellt wird. In seiner Dinglichkeit kann dieser Kuss dann auch parodistisch traktiert werden, etwa wenn Walther von der Vogelweide im Tone von Reinmars *Ich wirbe umb allez daz ein man* seinerseits den Kussraub aufgreift. In Walthers sogenanntem ‹Schachlied› wird die Dinglichkeit von Reinmars Kuss noch dahingehend weitergetrieben, dass nun die ‹beraubte› Dame eigens in der Frauenstrophe ihre Stimme erhebt, um gegen solcherart gestohlene Zärtlichkeit zu protestieren. Ein solcher Liebhaber und Minnesänger müsse nicht nur allezeit ein Dieb bleiben. Viel-

---

13   Zitiert nach: Konrad von Würzburg: *Heinrich von Kempten*, 1968.
14   Zitiert nach: Minnesang, 2010.
15   Zitiert nach: Walther von der Vogelweide: Werke, 1998.

mehr habe er gefälligst das Raubgut zu behalten oder irgendwo – nur nicht in die Hände der Beraubten! – zurückzulegen: «[…] *er muoz sîn iemer sîn mîn dieb und habe imz dâ / und lege ez anderswâ*» (L 111,39 f., «[…] wird er mir für immer für den Diebstahl haften und er behalte ihn für sich / und lege ihn anderswo hin»).

Im Vorausgehenden hat sich zeigen lassen, dass in der mittelalterlichen Literatur gattungsunabhängig Dinge vorkommen. Damit ist aber noch nicht geklärt: Was ist eigentlich ein ‹literarisches Ding›? Diese Gretchenfrage einer mediävistischen Gegenstandsannäherung, mithin eine der ebenso großen wie alten Fragen, begegnet schon in Augustinus' Lehrdialog *De magistro*:

> Miror te nescire vel potius simulare nescientem responsione mea fieri, quod vis omnino non posse, siquidem sermocinamur, ubi non possumus respondere nisi verbis. Tu autem res quaeris eas, quae, quodlibet sint, verba verte non sunt, quas tamen ex me tu quoque verbis quaeris. Prior itaque tu sine verbis quaere, ut ego deinde ista condicione respondeam! (Aug., mag. 3,5)[16]

> «Ich bin darüber verwundert, daß du nicht weißt, besser: angeblich nicht weißt, daß ich deinem Wunsch mit meiner Antwort gar nicht entsprechen kann, da wir ja ein Gespräch führen, in dem wir doch nur mit Wörtern antworten können. Du aber fragst mich nach denjenigen Sachen, die, was auch immer sie sein mögen, jedenfalls keine Wörter sind, nach denen auch du mich gleichwohl mit Wörtern fragst. Stelle du daher zuerst deine Fragen ohne Wörter, damit ich dann unter ebender Bedingung meine Antworten gebe!»

In der Literatur zeigen sich dem Rezipienten keine Dinge, sondern ausschließlich Zeichen, und es ist – wie schon der überforderte Adeodatus im Gespräch mit Augustinus feststellen musste – eine Sache der schieren Unmöglichkeit, allein mit Wörtern die Dinge selbst zu bezeichnen. Materielle, das bedeutet bunte, schwere, greif- und sichtbare, Dinge existieren ausschließlich in der Perspektive der handelnden Figuren, uns, den Leserinnen und Lesern, hingegen erscheinen dieselben aber als sprachliche Zeichen in vermittelter, kodierter Form, wir ‹sehen› sie als unvollständig bestimmte

---

16   Aurelius Augustinus: *De magistro*, 1998.

Gegenstände (Roman Ingarden[17]) durch das Medium der Literatur, durch die Bildlichkeit der Sprache. Doch ebenso wie «[l]iterarische Figuren [...] selbstverständlich den Anschein [erwecken], echte Menschen zu sein»[18], kann auch erzählten Dingen der Anschein eignen, ‹tatsächlich› materiell zu sein. Es ist der Rezipient, der aus dem gelesenen Text die Vorstellung, die ‹Konkretisation›[19] von etwas Materiellem entwickelt.

Neben die Kategorie der Unvollständigkeit beschriebener Gegenstände tritt die ebenfalls skalierbare Größe ihrer Einbindung in und Funktionalisierung für die symbolische Ordnung des Textes. Wesentliche Anregungen hierzu lassen sich aus Roland Barthes' Überlegungen zur modernen Gattung des Realismus und konkret zu dessen Begriff des ‹Wirklichkeitseffekts› beziehen:[20] Barthes beobachtet am Beispiel des flaubertschen Erzählwerks eine Häufung von ‹überflüssigen› Details, von sogenannten Eintragungen, *notations*, welche «die strukturale Analyse, die mit der Freilegung und Systematisierung der großen Gliederungen der Erzählung befaßt ist, bisher gewöhnlich beiseite lässt»[21]. Obschon diese scheinbar unnützen und bedeutungslosen Dinge – oder ebenso: «kleine Gesten, flüchtige Haltungen, [...] redundante Worte»[22] – zum Gattungsmerkmal der realistischen Prosa erklärt werden, streicht Barthes deren ubiquitäres Vorkommen in der abendländischen Literatur heraus: «Jede Erzählung [...] besitzt einige solche.»[23] Im Gegensatz zur Moderne allerdings sei vormodernen Erzählungen seit der Antike die Eigenheit abzulesen, Details in die den Regeln der Wahrscheinlichkeit unterworfene Ordnung der Erzählung zu integrieren, «alle Details zu funktionalisieren, starke Strukturen hervorzubringen und anscheinend keine Eintragung nur durch das ‹Wirkliche› zu verbürgen»[24]. Dingliches trete folglich dann zutage, wenn es «sich scheinbar der semiotischen Struktur der

---

17   Ingarden: Vom Erkennen des literarischen Kunstwerks, 1968.

18   Schulz: Erzähltheorie in mediävistischer Perspektive, 2012, S. 8.

19   Vgl. Ingarden: Vom Erkennen des literarischen Kunstwerks, 1968, S. 52 (§ 11).

20   Barthes: Der Wirklichkeitseffekt, 2006. Im Original: ders.: L'Effet de Réel, 1968.

21   Barthes: Der Wirklichkeitseffekt, 2006, S. 164.

22   Ebd., S. 169.

23   Ebd., S. 165.

24   Ebd., S. 170.

Erzählung entziehe[]»[25] und stattdessen auf die Wirklichkeit als ein außerhalb des Textes zu situierendes Signifikat referiere. Von einem ‹Dasein› der Dinge, *l'avoir-été-là des choses*[26], wäre somit dann zu sprechen, wenn sich diese weder in den horizontalen Handlungsverlauf noch in die vertikalen Strukturen einer Erzählung fügen und einer symbolischen Koordinate entbehren. Mit Blick auf (mittelalterliches) Erzählen ließe sich fragen, ob sich Barthes' These einer radikalen Alterität vormoderner Literatur in Bezug auf ihre Relationierung von Text und Welt bestätigen lässt oder ob der für die Moderne veranschlagte Begriff einer ‹Dinglichkeit› *avant la lettre* bereits diskursiv wird.[27]

Was nun also ist ein literarisches Ding? Es ist ein Zeichen bzw. ein Zeichenkomplex, der im Rezipienten eine gegenständliche Vorstellung provoziert, der also zumindest eine rudimentäre Relationierung von Textwelt und Realität, von Fictum und Factum erlaubt. Es ist in Bezug auf seine realweltliche Entsprechung notwendigerweise unvollständig bestimmt, zeigt sich also nur in einer oder mehreren ausschnitthaften Ansichten – ganz im Gegensatz zu den greifbaren und dreidimensionalen Facta, die als Objekte der Wahrnehmung «[i]n Zeit und Raum […] immer wieder anders erscheinen oder immer wieder anders angefasst werden [können]».[28] Heuristisch abzugrenzen sind literarische Dinge von intelligiblen Gegenständen, vom kantianischen ‹Ding an sich› ebenso wie vom Gegenstand der Allegorie: Wo das ‹Ding an sich› über die materielle Welt hinausweist, sind Dinge zuvörderst ästhetische Wahrnehmungsgegenstände; wo Allegorie und Allegorese das

---

25   Barthes: Der Wirklichkeitseffekt, 2006, S. 165.

26   Vgl. ebd., S. 170; ders.: L'Effet de Réel, 1968, S. 88.

27   Mit dieser Frage wird die Vermutung Udo Friedrichs aufgegriffen, der Barthes folgt und Phänomene wie den Wirklichkeitseffekt der Moderne vorbehalten sieht: «Die Dinglichkeit selbst spielt in den *Gesta Romanorum*, vermutlich im ganzen Mittelalter noch keine große Rolle, zu sehr sind sie durch rhetorische und poetische Muster geprägt. […] Obgleich die Dinge vor allem Zeichen für etwas anderes sind – Metaphern –, realisieren sie sich nicht nur in verschiedenen dinglichen Medien […], sie enthalten darüber hinaus in vielen Geschichten neben ihrer syntagmatischen Funktion auch komplexe paradigmatische Semantiken, die den spannungsvollen Gehalt der Erzählung noch einmal im Objekt verdichten» (Friedrich: Zur Verdinglichung, 2016, S. 266).

28   Seel: Wie phänomenal ist die Welt?, 2006, S. 186.

Ding verschwinden lassen und die hinter ihm liegende Bedeutung transparent zu machen suchen, rückt ein Fokus auf das Ding dessen sichtbar-materielle Gegenständlichkeit in den Vordergrund.

Und wie interpretiert man es? Grundsätzlich sind zwei Ebenen der Interpretation ebenso wie der Inszenierung ‹literarischer Dinge› voneinander abzugrenzen. Erstens: Auf der Ebene der *histoire* zielt eine auf die Dinge fokussierte Analyse darauf, Rolle und Funktion der Dinge im Handlungsgefüge nachzuzeichnen, sich «in einer ‹Lektüre gegen den Strich› darum [zu] bemühen, im Text die Spuren der verdeckten Agency sichtbar zu machen».[29] Zweitens ist nach den an erzählte Dinge gekoppelten Strategien der narrativen Kohärenzstiftung, der paradigmatischen Strukturierung von Texten vermittels dinglicher Motivwiederholung und -variation zu fragen.

Zum ersten Punkt: Wesentliche Anstöße für eine Untersuchung der Handlungsoberfläche gibt der Akteur-Netzwerk-Theoretiker Bruno Latour. In literaturwissenschaftlichen Studien, die den Dingen gewidmet sind, gehört es zu den konventionellen Topoi, einleitend auf die mit Bruno Latour assoziierte und vor allem über dessen frühe Schrift *Nous n'avons jamais été modernes*[30] vermittelte Akteur-Netzwerk-Theorie zu verweisen. Latours insbesondere politische Agenda ist folgendem beispielhaften Zitat zu entnehmen: «Wenn nichtmenschliche Wesen nicht länger mit Objekten verwechselt werden, läßt sich vielleicht das Kollektiv vorstellen, in dem die Menschen mit ihnen verwoben leben.»[31]

Dinge werden in Latours symmetrischem Modell zur Beschreibung von Handlung zum Bestandteil des Sozialen erklärt, sie werden nicht als Objekte (lat. *objectum*, «Entgegengeworfenes», «-gestelltes») menschlichen Handelns definiert, sondern als Akteure. Akteur, oder auch Mittler, «ist alles, was einen anderen in einem Versuch verändert»,[32] «*jedes Ding*, das eine gegebene Situation verändert, indem es einen Unterschied macht»,[33] etwas Tuendes

---

29   Borgards: Tiere und Literatur, 2016, S. 238.

30   Latour: Nous n'avons jamais été modernes, 1991. Für die deutsche Übersetzung, die im Folgenden zitiert wird, vgl.: ders.: Wir sind nie modern gewesen, 2015.

31   Latour: Die Hoffnung der Pandora, 2015, S. 212.

32   Latour: Das Parlament der Dinge, 2015, S. 285.

33   Latour: Eine neue Soziologie, 2014, S. 123 (Hervorhebung im Original).

oder Tun Veranlassendes. Folglich werden nicht potentielle Inhaber von Handlungspotential als Akteure definiert, sondern – ggf. vorübergehende – Träger desselben. Eine weitere Definition *ex negativo: «*Ein unsichtbarer Handlungsträger, der keinen Unterschied macht, keine Veränderung hervorruft, keine Spur hinterlässt und in keinen Bericht eingeht[,] *ist kein* Handlungsträger, Punkt.»[34] Einmal sensibilisiert für die Vielfalt potentieller Handlungsträger kann eine rein deskriptive Betrachtung von Handlung, die Figuren ebenso wie Dinge oder beispielsweise Institutionen als Akteure zulässt, erfolgen, vermittels derer ein scheinbar banaler und aus diesem Grunde über lange Zeit hinweg vernachlässigter Aspekt der Analyse literarischer Texte in den Fokus gerät:

> Die neuesten Philologien haben sich, ihren Gegenständen entsprechend, bei ihren erzähltheoretischen Überlegungen vor allem der Ebene des *discours* gewidmet. Völlig brach liegt demgegenüber das systematische Zentrum der *histoire*-Ebene: die einfache Frage danach, was eine Handlung ist.[35]

Latour diskutiert die Unsichtbarkeit von handlungsvermittelnden Werkzeugen an zahlreichen Beispielen, deren prominentestes hier herausgegriffen sei. In der US-amerikanischen Debatte um Feuerwaffen macht der Soziologe zwei Standpunkte aus: einen ‹materialistischen› und einen ‹soziologischen›. Während Vertreter des Letzteren – wie am prominentesten die National Rifle Association – in der Waffe «nur ein Werkzeug, ein Medium, ein[en] ganz neutralen Träger für einen dahinterstehenden menschlichen Willen»[36] sähen, schrieben Vertreter des ‹materialistischen› Standpunktes – wie beispielsweise die Kritiker des *Second Amendment* zur Verfassung der Vereinigten Staaten – einzig der Waffe eine handlungsauslösende Qualität zu: «Die Waffe in der Hand macht aus dem unschuldigen Bürger einen Täter.»[37] Für die einen gilt so gesehen die Waffe, für die anderen der Mensch als ‹echtes Medium› respektive, in der Diktion Latours, als ‹bloßes Zwischenglied›. Latours Vorschlag besteht nun darin, Handlung als Vermittlung zwischen diversen, ein-

---

34   Latour: Eine neue Soziologie, 2014, S. 92 (Hervorhebung im Original).
35   Schulz: Erzähltheorie in mediävistischer Perspektive, 2012, S. 164.
36   Latour: Die Hoffnung der Pandora, 2015, S. 214.
37   Ebd.

ander gegenseitig potentiell transformierenden Akteuren aufzufassen. Am oben wiedergegebenen Beispiel werden diese Transformationen wie folgt beschrieben:

> Mit der Waffe in der Hand bist du jemand anderes, und auch die Waffe ist in deiner Hand nicht mehr dieselbe. Du bist ein anderes Subjekt, weil du die Waffe hältst; die Waffe ist ein anderes Objekt, weil sie eine Beziehung zu dir unterhält.[38]

In dieser Logik fungieren Waffen und Werkzeuge nicht als eine Handlung oder einen Sinn vermittelnde Medien, sondern als Akteure, durch welche Handlungen und Sinngehalte «teilweise konstituiert, verschoben, neu geschaffen, modifiziert, kurz: übersetzt und verraten»[39] werden können.

Zum zweiten Punkt: Grundsätzlich gesprochen stehen dem Erzähler zwei basale Möglichkeiten zur Verfügung, narrative Kohärenz, sprich einen Zusammenhalt seiner Erzählung, herzustellen. Er kann auf der Ebene des Erzählsyntagmas dafür sorgen, dass die einzelnen Handlungselemente sinnvoll aus dem jeweils Vorangehenden hervorgehen, oder die Erzählung so konstruieren, dass sich bestimmte Motive, Figuren oder Handlungsteile variiert wiederholen. Jurji Lotman definiert diese Form der Wiederholung, der paradigmatischen Kohärenzstiftung, als «Gleich- und Gegenüberstellung sich wiederholender äquivalenter Elemente»[40]. Dinge können hierbei zu Motiven werden und, variierend wiederholt, dem Text eine paradigmatisch-sinnstiftende Struktur unterlegen.

Sich von einem Gegenstand einen wissenschaftlichen Begriff zu machen, heißt, ihn in ein Bezugssystem vergleichbarer, mithin kontrastiv-komplementärer Kategorien einzuordnen. Mit Blick auf erzählte Gegenstände im Mittelalter ist aber die zunächst trivial erscheinende Unterscheidung von Werkzeugen und Waffen, Kleidungen und Rüstungen, Gebrauchsgegenständen und Kunstwerken, Profanem und Sakralem keineswegs selbstevident. Denn als Dinge einer historischen Epoche gilt für diese wie für Dinge anderer Kulturen, dass die «Unterscheidung zwischen gewöhnlichen und beson-

---

38   Latour: Die Hoffnung der Pandora, 2015, S. 218.
39   Latour: Der Berliner Schlüssel, 1996, S. 48.
40   Lotman: Die Struktur des künstlerischen Textes, 2015, S. 129.

deren Gegenständen [...] vom jeweiligen Kontext ab[hängt], wo die Linie zwischen den beiden Kategorien gezogen wird».[41] Nach Karl-Heinz Kohl lassen sich zwar «[m]aterielle Objekte und Gegenstände [...] je nach ihrer Beschaffenheit und Funktion verschiedenen Kategorien zuordnen. Grundlegend ist zunächst einmal die Unterscheidung zwischen natürlichen Objekten und Artefakten.»[42] Die kategoriale Unterscheidbarkeit von Dingen erlangt aber bereits dadurch an Komplexität, dass «[b]eide Klassen von Dingen [...] als Zeichenträger fungieren»[43] können. Wird jedoch «[d]ie jeweilige Funktion von natürlichen Objekten und Artefakten» betrachtet, kann immerhin «zwischen Gebrauchsgegenständen, Prestigegütern, Repräsentationsgegenständen, Tauschgegenständen und weiteren Unterklassen von Gegenständen»[44] unterschieden werden. Für erzählte Dinge des Mittelalters – die einleitenden Beispiele verdeutlichen dies – erscheint es unumgänglich, von anderen respektive von ‹eigenen› Objektkategorien auszugehen. Das Motivrepertoire mittelalterlicher Erzählstoffe ebenso wie deren Dingwelt kann magischen oder technischen, anthropoid-anthropomorphen oder alimentären Charakters sein. Zudem agieren Dinge als Medien oder übernehmen mediale Funktionen, und dies ungeachtet, ob sie ursprünglich natürlich oder bereits ein Artefakt gewesen sind. Was schon für die Dingkategorien Kohls Geltung hatte, gilt freilich auch für die genannten Klassen erzählter Dinge im Mittelalter:

> Allerdings kann ein bestimmter Gegenstand mehr als nur eine dieser Funktionen übernehmen, und zwar sowohl gleichzeitig als auch in zeitlicher Abfolge. Die Übergänge zwischen den Klassen sind daher fließend. Es kommt auf den kulturellen und historischen Kontext an, welcher dieser Kategorien ein bestimmter Gegenstand jeweils zuzuordnen sein wird.[45]

Die vorausgehenden Überlegungen lassen uns vier methodische Konsequenzen ziehen:

---

41   Kohl: Die Macht der Dinge, 2003, S. 117.
42   Ebd., S. 121.
43   Ebd.
44   Ebd., S. 122.
45   Ebd.

1. Um auszustellen, dass auch mittelalterliche Dinge nicht alternativlos einzig einer Kategorie zuzuordnen, sie vielmehr multiperspektivisch und kontextabhängig sind, haben wir uns für die (Un-)Ordnung eines *Abecedariums* entschieden: So ist unsere kleine Auswahl erzählter Dinge des Mittelaters durch die alphabetische Folge der Lemmata auch leicht zu durchstöbern.

2. Mit einem Ding-Lemma pro Buchstabe des mittelalterlichen Alphabets ist bereits die Bandbreite des Panoramas von Gegenständen in vormodernen Texten sinnfällig vor Augen gerückt. Und dies umso mehr, da jeder Gegenstandsbeschreibung eine repräsentative Abbildung beigefügt ist. Somit steht das *Abecedarium* in seiner Ausschnitthaftigkeit auch repräsentativ für die mittelalterliche Dingewelt.

3. Die hinsichtenabhängige Unterscheidung von Dingen als alimentär, anthropoid-anthropomorph, medial, magisch oder technisch ist der Spezifik narrativierter Gegenstände in Texten der Vormoderne geschuldet und versteht sich als ein Beitrag zur spezifischen Charakterisierung mittelalterlicher Dingkultur. Diesem Ansinnen geschuldet ist eine zweite Kategorie von Beiträgen in diesem *Abecedarium*: Über die einzelnen Dinge-Artikel hinaus werden theoretische Ausführungen zu den mittelalterlichen ‹Dingklassen› geboten.

4. Im Sinne der Systematisierung, Vernetzung und der schnellen Orientierung ist dem Band am Ende ein Index mit allen Dingen, zentralen Motiven und Begriffen, Primärtexten und deren Zuschreibungen zum Bereich etwa des Magischen oder Technischen beigegeben.

So konzipiert, stellt das *Abecedarium* erzählter Dinge im Mittelalter zweierlei augenfällig aus: die kontextabhängige Vielfalt mittelalterlicher Dinge sowie deren mehrfache Zugehörigkeit zu den unterschiedlichen Dingekategorien. Diesem Ziel ist es auch geschuldet, Wissenschaftlerinnen und Wissenschaftler beteiligt zu haben, die ganz unterschiedlichen Fachdisziplinen angehören. Denn ein Ding ‹verändert› sich jeweils, wenn es durch eine andere fachwissenschaftliche Brille betrachtet wird. Jeden Beitrag jedoch jeweils etwa literaturwissenschaftlich wie historisch beleuchten zu lassen, hätte den Rahmen des Bandes gesprengt. Dass sich aber Vertreterinnen und Vertreter der Literatur-, Geschichts-, Kunst- und Kulturwissenschaften zur Mitwirkung bereitgefunden haben, zeigt bereits auch: Mittelalterliche Dinge sind schier für jede

Fachwissenschaft relevante ‹Gegenstände›. Und für den interessierten Leser heißt dies zudem: Die Interdisziplinarität des so unvollständigen wie repräsentativen *Abecedariums* lädt ebenso zum Weiter- wie zum Querlesen über gleiche wie über höchst unterschiedliche Dinge ein.

Bibliographie

Aurelius Augustinus: *De magistro. Über den Lehrer.* Lateinisch/Deutsch. Übersetzt und herausgegeben von Burkhard Mojsisch. Stuttgart 1998 (RUB 2793).

Hartmann von Aue: *Erec.* Text und Kommentar. Herausgegeben von Manfred G. Scholz. Übersetzt von Susanne Held. Frankfurt a. M. 2007 (Deutscher Klassiker Verlag im Taschenbuch 20).

Konrad von Würzburg: *Heinrich von Kempten. Der Welt Lohn. Das Herzmaere.* Mittelhochdeutsch/Neuhochdeutsch. Mittelhochdeutscher Text nach der Ausgabe von Edward Schröder. Übersetzt, mit Anmerkungen und einem Nachwort versehen von Heinz Rölleke. Stuttgart 1968 (RUB 2855), S. 6–49 [*Heinrich von Kempten*], S. 119–129 [Kommentar].

Konrad von Würzburg: *Trojanerkrieg* und die anonym überlieferte Fortsetzung. Kritische Ausgabe von Heinz Thoelen und Bianca Häberlein. Wiesbaden 2015 (Wissensliteratur im Mittelalter 51).

Minnesang. Mittelhochdeutsche Liebeslieder. Eine Auswahl. Mittelhochdeutsch/Neuhochdeutsch. Herausgegeben, übersetzt und kommentiert von Dorothea Klein. Stuttgart 2010 (RUB 18781), S. 239–246.

Der Stricker: *Der Pfaffe Amis.* Mittelhochdeutsch/Neuhochdeutsch. Nach der Heidelberger Handschrift cpg 341 herausgegeben, übersetzt und kommentiert von Michael Schilling. Stuttgart 1994 (RUB 658).

Walther von der Vogelweide: Werke. Gesamtausgabe. Bd. 2: Liedlyrik. Mittelhochdeutsch/Neuhochdeutsch. Herausgegeben, übersetzt und kommentiert von Günther Schweikle. Zweite, verbesserte und erweiterte Auflage, herausgegeben von Ricarda Bauschke-Hartung. Stuttgart 2011 (RUB 820).

Barthes, Roland: L'Effet de Réel. In: Communications 11 (1968), S. 84–89.

Barthes, Roland: Der Wirklichkeitseffekt. In: ders.: Das Rauschen der Sprache (Kritische Essays IV). Aus dem Französischen von Dieter Hornig. Frankfurt a. M. 2006 (edition suhrkamp 1695), S. 164–172.

Behr, Hans J.: [Art.] Spielmannsdichtung. In: RLW 3, S. 474–476.

Bertau, Karl: Über Literaturgeschichte. Literarischer Kunstcharakter und Geschichte in der höfischen Epik um 1200. München 1983.

Borgards, Roland: [Art.] Tiere und Literatur. In: ders. (Hg.): Tiere. Kulturwissenschaftliches Handbuch. Stuttgart 2016, S. 225–244.

Bumke, Joachim: Mäzene im Mittelalter. Die Gönner und Auftraggeber der höfischen Literatur in Deutschland 1150–1300. München 1979.

Bumke, Joachim: Höfische Kultur. Literatur und Gesellschaft im hohen Mittelalter. München [7]1994 (dtv 4442).

Christ, Valentin: Bausteine zu einer Narratologie der Dinge. Der *Eneasroman* Heinrichs von Veldeke, der *Roman d'Eneas* und Vergils *Aeneis* im Vergleich. Berlin, Boston 2015 (Hermaea N. F. 137).

Friedrich, Udo: Zur Verdinglichung der Werte in den *Gesta Romanorum*. In: Anna Mühlherr, Bruno Quast, Heike Sahm und Monika Schausten (Hgg.): Dingkulturen. Objekte in Literatur, Kunst und Gesellschaft der Vormoderne. Berlin, Boston 2016 (Literatur – Theorie – Geschichte 9), S. 249–266.

Gumbrecht, Hans U.: Diesseits der Hermeneutik. Die Produktion von Präsenz. Übersetzt von Joachim Schulte. Frankfurt a. M. 2004 (edition suhrkamp 2364).

Haferland, Harald: Metonymie und metonymische Handlungskonstruktion. Erläutert an der narrativen Konstruktion von Heiligkeit in zwei mittelalterlichen Legenden. In: Euphorion 99 (2005), S. 323–364.

Heinzle, Joachim: Literarische Interessenbildung. In: Gisela Vollmann-Profe (Hg.): Von den Anfängen bis zum hohen Mittelalter. Teil 2: Wiederbeginn volkssprachiger Schriftlichkeit im hohen Mittelalter (1050/60–1160/70). Tübingen 1986 (Geschichte der deutschen Literatur I,2), S. 25–48.

Ingarden, Roman: Vom Erkennen des literarischen Kunstwerks. Darmstadt 1968.

Kohl, Karl-Heinz: Die Macht der Dinge. Geschichte und Theorie sakraler Objekte. München 2003 (C. H. Beck Kulturwissenschaft).

Latour, Bruno: Nous n'avons jamais été modernes. Essai d'anthropologie symétrique. Paris 1991.

Latour, Bruno: Der Berliner Schlüssel. In: ders.: Der Berliner Schlüssel. Erkundungen eines Liebhabers der Wissenschaften. Aus dem Französischen von Gustav Roßler. Berlin 1996, S. 37–52.

Latour, Bruno: Eine neue Soziologie für eine neue Gesellschaft. Einführung in die Akteur-Netzwerk-Theorie. Aus dem Englischen von Gustav Roßler. Frankfurt a. M. [3]2014 (stw 1967).

Latour, Bruno: Die Hoffnung der Pandora. Untersuchungen zur Wirklichkeit der Wissenschaft. Aus dem Englischen von Gustav Roßler. Frankfurt a. M. 2015 (stw 1595).

Latour, Bruno: Das Parlament der Dinge. Aus dem Französischen von Gustav Roßler. Frankfurt a. M. [3]2015 (stw 1954).

Latour, Bruno: Wir sind nie modern gewesen. Versuch einer symmetrischen Anthropologie. Aus dem Französischen von Gustav Roßler. Frankfurt a. M. [5]2015 (stw 1861).

Lévi-Strauss, Claude: Der Weg der Masken. Aus dem Französischen von Eva Moldenhauer. Frankfurt a. M. 2004 (stw 1685).

Lotman, Jurij M.: Die Struktur des künstlerischen Textes. Aus dem Russischen von Walter Kroll und Hans-Eberhard Seidel. Frankfurt a. M. ²2015 (edition suhrkamp 582).

Marshall, Sophie: Körper – Ding – Schrift im *Parzival* und *Titurel*. In: ZfdPh 137 (2018), S. 419–452.

Mühlherr, Anna: Einleitung. In: dies., Bruno Quast, Heike Sahm und Monika Schausten (Hgg.): Dingkulturen. Objekte in Literatur, Kunst und Gesellschaft der Vormoderne. Berlin, Boston 2016 (Literatur – Theorie – Geschichte 9), S. 1–20.

Oswald, Marion: Gabe und Gewalt. Studien zur Logik und Poetik der Gabe in der frühhöfischen Erzählliteratur. Göttingen 2004 (Historische Semantik 7).

Schanze, Christoph: Dinge erzählen im Mittelalter. Zur narratologischen Analyse von Objekten in der höfischen Epik. In: KulturPoetik 16 (2016), S. 153–172.

Schulz, Armin: Erzähltheorie in mediävistischer Perspektive. Herausgegeben von Manuel Braun, Alexandra Dunkel und Jan-Dirk Müller. Berlin, Boston 2012.

Seel, Martin: Wie phänomenal ist die Welt? In: ders.: Paradoxien der Erfüllung. Philosophische Essays. Frankfurt a. M. 2006, S. 171–190.

Selmayr, Pia: Der Lauf der Dinge. Wechselverhältnisse zwischen Raum, Ding und Figur bei der narrativen Konstitution von Anderwelten im *Wigalois* und im *Lanzelet*. Frankfurt a. M. u. a. 2017 (Mikrokosmos 82).

Wenzel, Horst: Hören und Sehen. Schrift und Bild. Kultur und Gedächtnis im Mittelalter. München 1995 (C. H. Beck Kulturwissenschaft).

Abb. 1: Vor Pallas und Juno überreicht Paris Venus den Apfel der Discordia.

Quelle: Berlin, SBB-PK, mgf. 1, Mitte 15. Jh., Hagenau, Werkstatt Diebold Lauber. Konrad von Würzburg: *Trojanerkrieg* (c [B1]), fol. 25ʳ, lavierte Federzeichnung auf Papier, 415 x 285 mm.

Apfel der Discordia

Antje Wittstock

Also Paris frow Venus der gottinne den apfel gab – so betitelt die Überschrift
in der Berliner Handschrift vom *Trojanischen Krieg* Konrads von Würzburg
das Ende der Episode von Discordia und ihrem Apfel (vgl. Abb. 1): Unter
den Augen von Pallas und Juno überreicht der ihr zu Füßen kniende Paris
der sich ihm huldvoll zuneigenden Göttin Venus eine große, ornamental verzierte und bunt gestaltete Kugel, die Kenner der Geschichte sofort als einen
Apfel identifizieren. In seiner bildlichen Darstellung ganz dem Programm
der Werkstatt Diebold Laubers zugehörig,[1] greift der Illustrator damit inhaltlich den nur vorläufigen Schlusspunkt einer Auseinandersetzung heraus, bei
der die Göttinnen Pallas, Juno und Venus um einen goldenen Apfel streiten,
dessen rechtmäßiger Besitz die Auszeichnung der Schönsten bedeutet und
deren fatale Entscheidungsfindung den Beginn des Trojanischen Kriegs ein-
leitet.

In der römischen Mythologie, die die Geschichte von Discordia und
ihrem (Zank-)Apfel erzählt,[2] ist dieser die ‹Frucht› einer unglücklichen Einladung: Während Thetis und der griechische Königssohn Peleus Hochzeit
feiern, zu der Gastgeber Jupiter alle eingeladen hat, bleibt einzig Discordia,
die Göttin der Zwietracht und des Streits, ohne Einladung. Gekränkt ob der
Zurücksetzung, will sie sich an Jupiter rächen und wirft einen goldenen Apfel
unter die Gäste. Sofort bricht ein Streit unter den Göttinnen Pallas, Juno und

---

[1]   Für die Beschreibung der Handschrift und ihrer Illustrationen vgl. u. a. Degering:
Kurzes Verzeichnis, 1970, S. 1; Wegener: Beschreibendes Verzeichnis, 1928, S. 32–35;
Saurma-Jeltsch: Spätformen, 2001, S. 4–6 (Nr. I.4) und Abb. 77, 313, 315, 319, 326, 329,
330, 331.

[2]   Discordia wurde aus der griechischen Mythologie übernommen und entspricht hier
Eris (Ἔρις/Ἶρις, *Eris/Íris*, und Personifikation von ἔρις, *éris*, ‹Streit, Zank›) als Göttin der
Zwietracht und des Streits. Eris war Tochter der Nyx (= Göttin der Nacht), die als eine
der ersten Götter aus dem Ur-Chaos hervorgegangen war.

Venus um den Apfel aus, den Jupiter darauf als Preis für die Schönste aus-
lobt. Um der konfliktreichen Entscheidung zu entgehen, bestimmt er den
jungen Paris als Richter, den die Göttinnen nun jeweils mit Plädoyers und
Geschenken im Sinne ihrer Zuordnungen zu Weisheit, Macht und Liebe von
sich überzeugen wollen. Paris entscheidet sich schlussendlich für Venus bzw.
wählt die damit zu seiner Belohnung versprochene Helena. Der Konflikt zwischen Trojanern und Griechen nimmt damit seinen Lauf.

Im Mythos ist dieser Plot primär auf Funktionalität hin angelegt: Der
Apfel, den Discordia unter die Göttinnen wirft, ist ‹Ding› des Anstoßes, das
den Konflikt und die Handlung ins Rollen bringt. Gleichzeitig aber sind auch
hier schon Räume für Ambivalenz angelegt, indem der Apfel verlockender
Wettpreis und Übel zugleich ist (vgl. auch im Lat. *mālŭm* = ‹Apfel› und
mălŭm = ‹Übel›) und auch die Zwietracht säende Discordia sowohl die
Zank und Streit zugeordnete Göttin als auch die durch Schmähung übergan-
gene und gekränkte Frau ist. Sie ist die beleidigte Fee des Märchens, die sich
rächt.

Als Konrad von Würzburg in den 1280er-Jahren im Auftrag des Basler
Domkantors Dietrich am Orte die Geschichte des Trojanischen Kriegs
erneut erzählt,[3] übernimmt auch er die Geschichte von Discordia und ihrem
Apfel. Als Vorlagen dienten ihm der französische *Roman de Troie* des Benoit
de Saint-Maure sowie verschiedene lateinische Versionen des Trojastoffes
(z. B. *Ilias latina* und *Excidium Troiae*) und Werke der römisch-antiken
Literatur.[4] Während auch andere Texte der mittelalterlichen Literatur die
Episode von Discordias Zankapfel kennen,[5] erzählt Konrad sie jedoch mit

---

3   Der Text bleibt bekanntlich Fragment – bedingt vermutlich durch den Tod Konrads
von Würzburg im Jahr 1287 – und bricht nach V. 40424 mit Beginn der vierten Schlacht
ab; in einer Fortsetzung wird er von einem Anonymus nach anderen Quellen um 9412
Verse ergänzt und in anderem Erzählduktus zu Ende geführt. Zum Werk Konrads von
Würzburg vgl. Brunner: Konrad von Würzburg, 1985; zu seinem *Trojanischen Krieg*, dessen Quellen und Spezifik nach wie vor grundlegend Lienert: Geschichte und Erzählen,
1996, mit umfangreicher Bibliographie.

4   Zur mittelalterlichen Tradition des Trojastoffes vor Konrad von Würzburg vgl. Lienert: Geschichte und Erzählen, 1996, bes. S. 30–34.

5   Für weitere Belege der Discordia in der deutschsprachigen Trojaliteratur vgl. Kern:
Discordia, 2003, S. 227–229.

markant eigenen Akzentuierungen:[6] So trägt die Göttin Discordia, die als *frouwe stolz* (V. 1251), als edle Dame von schöner und adliger Gestalt (*mit rîcher wæte was ir lîp / gezieret und bevangen*, V. 1256–1257, «ihren Körper schmückte und umhüllte wertvolle Kleidung») erscheint, bei ihrer Ankunft ‹auf dem Plan› deutliche Züge einer höfischen Dame. Gleichzeitig aber wird Discordia auch als *übel wîp* bezeichnet, das von Jupiter nicht zur Hochzeit – die ganz nach dem Muster des arthurischen Festes stilisiert und beschrieben ist – eingeladen wurde[7] und sich damit tief gekränkt sieht:

dâ von leit si den smerzen,
daz trûren in ir herzen
lac unde zornes galle.
er luot die götinn alle
und hete si versmâhet gar. (V. 1287–1291)

«Davon litt sie dann Schmerzen, sodass Trauern und die Galle des Zornes in ihrem Herzen waren. Er [= Jupiter] hatte alle Göttinnen eingeladen, sie jedoch hatte er davon ausgeschlossen.»

Aus Rache angesichts der erlittenen Kränkung, aber auch aufgrund ihrer funktionellen Zuschreibung als Göttin der Zwietracht (‹*discordiâ*› *ze tiute / ein missehellung ist genant*; V. 1262 f., «‹Discordia› bedeutet auf deutsch ‹Zwietracht›») sät sie den *scheidelsâmen* (V. 1274), d. h. den Samen der Zwietracht, und wirft einen an Schönheit alles übertreffenden Apfel unter die bis dahin einträchtig beieinandersitzenden Göttinnen:

enmitten under si zehant
warfs' einen apfel schœne,
den ich mit lobe krœne

---

6   Im Folgenden zitiert nach: Konrad von Würzburg: *Der Trojanische Krieg*, 1965 [Übersetzungen A. W.].

7   Discordia erinnert hier durchaus an die Cundrie im *Parzival* Wolframs von Eschenbach und deren ersten ‹Auftritt› in der Tafelrunde: Wenngleich sich die äußerliche Darstellung der Frauen und die Absicht ihrer Mission signifikant unterscheiden, ähneln sich beide Figuren auffällig in ihrer Rolle der empörten Außenseiterin und ihrem stolzen Erscheinen zu Pferde, die in eine höfische Gesellschaft und deren festliche Hochstimmung eindringen und die Handlung durch ihre Aktion in Bewegung versetzen.

vür alle werden epfel noch,
und was er von zwein stücken doch
z'ein ander wol gelœtet. (V. 1390–1395)

«Mitten unter sie warf sie sogleich einen schönen Apfel, den ich durch Lob noch vor allen anderen herrlichen Äpfeln auszeichnen will, auch wenn dieser aus zwei Teilen bestand, die aneinander gelötet worden waren.»

Entgegen der knappen bzw. gänzlich fehlenden Beschreibungen des Apfels in Mythologie und mittelalterlichen Vorlagen, die im Wesentlichen ‹nur› den goldenen Apfel kennen, erfährt dieser bei Konrad eine umfangreiche *descriptio*, die Raum für eine elaborierte Gestaltung bietet: Nicht nur bestehen die zwei Teile des Apfels aus hellem Gold und Silberweiß, sie weisen gleichzeitig eine wundersame Farbigkeit auf:

ein wunderlich mixtûre
ûz dem rîlichen apfel schein.
diu was verworren under ein
von aller hande glaste
sô sêre und alsô vaste,
daz keiner liehten varwe schîn
dâ volleclîche möhte sîn;
und was ir aller teil doch dâ.
wîz, brûn, rôt, gel, grüen unde blâ
diu wurden elliu dâ geborn
und heten alliu doch verlorn
dâ ganzen unde vollen glanz,
sô daz ir keines was dô ganz
noch in volleclicher kür.
ir schîn was wider unde für
zerdrœjet und zersprenget
und alsô gar vermenget
mit wilder temperunge,
daz manic wandelunge
dâ fremdeclichen lûhte
und iegelichen dûhte
sô mœzlich und sô cleine,
als ir dâ vil nâch keine
solte schînen unde wesen. (V. 1402–1425)

«Eine wunderliche (Farb-)Mischung strahlte aus dem kostbaren Apfel. Die war in sich durch allerlei Glanz so sehr und so vollständig verworren, dass kein Schein einer klaren Farbe eindeutig sein konnte, und doch war von jeder ein Teil davon da. Weiß, Braun, Rot, Gelb, Grün und Blau, jede dieser Farben ging daraus hervor und doch hatten alle ihren ganzen und vollen Glanz verloren, sodass dort davon keine in vollkommener Beschaffenheit war. Ihr Schein war getrennt und zerstreut und so ganz in ungewohnter Mischung verbunden, dass da eine große Vielfalt so fremdartig leuchtete und jedem so gering und so klein erschien, wie sich ihrer davon keine je mehr zeigen und existieren sollte.»

Indem der Apfel in allen Farben schimmert, präsentiert er sich als ein *wunderlich mixtûre* («wundersame Mischung») und erzeugt verschiedene Einzeleindrücke, die sich jedoch erst bei näherem Hinsehen zeigen. Zusätzlich zu dieser außergewöhnlichen farblichen Gestaltung aber trägt der Apfel eine Inschrift, die aus Perlen auf einem Hintergrund aus grünen Smaragden besteht und – einer leichten Entscheidungsfindung zum Trotz – zudem folgende magische Wirkung hat:

Der apfel wunneclich gestalt
von meisterschefte mannicvalt
mit zouber sô gelüppet was,
swer die schrift gar überlas,
diu von im schône lûhte,
daz den bî namen dûhte
daz er sô wunnebære
und sô gewaltic wære,
daz niender lepte sîn genôz. (V. 1521–1529)

«Die wundersame Gestalt des Apfels war durch großes Wissen derart mit Zauber belegt, dass, wer auch immer das Geschriebene, das von sich aus schön leuchtete, ganz durchgelesen hatte, es ihm wahrlich so erschien, als sei er selbst derart liebreizend und mächtig, dass es nirgendwo seinesgleichen gäbe.»

Je nach dem jeweils Lesenden wechselt die Zauberschrift somit die Aussage, erscheint jedem in seiner Sprache und bewirkt, dass er sich selbst für den vorherbestimmten Empfänger hält, indem sich die Buchstaben *verkêren* (V. 1479), also verändern können.

Noch während die drei Göttinnen um den Apfel streiten, verschwindet Discordia unbemerkt und lässt den Apfel zurück:

> *dô kêrte si mit lîsen*
> *triten ûf ir strâze hin*
> *und lie belîben under in*
> *daz kleinœt ûzer mâze fîn.*
> *des wart dô von in allen drîn*
> *ein zeppel und ein kriec derhaben.* (V. 1504–1509)

«Da kehrte sie mit leisen Schritten wieder auf ihren Weg zurück und ließ das Kleinod, das so über alle Maßen schön war, bei den Göttinnen zurück. Um dieses aber entbrannte nun bei ihnen dreien ein Zank und ein Kampf.»

Das Unheil nimmt auch bei Konrad seinen Lauf – und vom Apfel ist nicht mehr die Rede.

Das vorangegangene ‹Close reading› der Textstellen zu Discordias Apfel im *Trojanischen Krieg* zeigt, dass dieser im Roman weit mehr als nur Katalysator der Handlung ist; das *kleinœt ûzer mâze fîn* löst nicht nur Begehrlichkeit nach der Preziose bzw. eigentlich nach der mit dem Apfel verbundenen Auszeichnung aus. Von Konrad insbesondere akzentuiert und ausgearbeitet sind dessen Glanz, Schillern und oszillierende Farbigkeit, die nicht nur sofort an das bunt schillernde Hündchen Petitcreiu in Gottfrieds von Straßburg *Tristan* denken lassen,[8] sondern den Apfel zum Teil einer Ästhetik des *glast* und der Ambivalenz machen.

Während Christoph Cormeau den Glanz und die Farbmischungen im *Trojanischen Krieg* als einzelne, zu füllende Leerstellen im Sinne von Wolfgang Isers Rezeptionsästhetik auffasst,[9] sieht Christina Lechtermann den

---

8   Vgl. Huber: Der Apfel der Discordia, 2016, S. 124 f.

9   Cormeau: Überlegungen zum Verhältnis von Ästhetik und Rezeption, 1988/1989, S. 99. Die Ambivalenz, die den Apfel (rezeptions-)ästhetisch charakterisiert, zeigt sich auch in medialer Perspektive, wenn die Perlenschrift auf dem Apfel durch ihr Oszillieren sowohl im Medium als auch für den Rezipienten eher widersprüchlich als erhellend ist und Gabe und Kommunikationspartner durch ein ambivalentes Verhältnis von Anwesenheit und Abwesenheit gekennzeichnet sind. Vgl. Lieb und Ott: Schnittstellen, 2016, S. 265–279.

glast als «erzählerisches Leitmotiv, das eine Netzstruktur bildet» und «sich wie ein glänzendes Gewebe über den gesamten Text legt».[10] Schillern, Oszillieren und Ambivalenz sind damit Erzählprinzipien von Konrads *Trojanischem Krieg*[11] und nach Elisabeth Lienert als Ästhetik des Romans im Apfel der Discordia im Kleinen angelegt:

> Konrads Discordia-Apfel enthält *in nuce* eine kleine Ästhetik des ‹Trojanerkriegs›: [...] Glanz und Licht, Farbigkeit und Schillern; Preziosität und irreale Künstlichkeit des Dargestellten; das Zusammenspiel von Detailfülle und strenger Gesamtstruktur, die nur aus der Distanz zu erkennen ist; in der Nahsicht aber sich auflöst in schwer zu fixierende Einzelheiten.[12]

Schließlich verschwindet der Apfel – wie Christoph Huber aus dingtheoretischer Perspektive aufzeigt – zwar aus der Erzählung; seine Eigenschaften und seine Funktion, Zwietracht zu stiften, existieren jedoch in anderen Dingen weiter: «Der Apfel kommt im Inneren des jungen Mannes [Paris, A. W.] erneut ins Rollen.»[13] Er löst sich in einzelne Eigenschaften und Attribute auf, die in andere Dinge eingehen und dort wirksam werden: «unter der Oberfläche [...] setzt sich das von Discordia eingeschleuste Spaltungsprinzip durch».[14] Damit gehört Discordias Apfel im *Trojanischen Krieg* zu den Zentren der Erzählung; er ist kein vereinzeltes ‹Ding›, das mit dem Ausscheiden aus dem Text auch aus diesem verschwindet: Ab dem ersten Wurf rollt der Apfel in Konrads Text unaufhörlich weiter – in der Narration des *Trojanischen Kriegs* ist Discordias *scheidelsât* aufgegangen.

---

10 Lechtermann: Figuren der Abhebung, 2008, S. 56 f.

11 Vgl. auch Müller: «Eine *mise en abyme* des Romans und [...] Schlüssel seiner Poetik» (Müller: *schîn* und Verwandtes, 2006, S. 301), wobei Müller in seinem Fazit primär auf den Glanz höfischer Literatur und der Ambivalenz zur gleichzeitig beschriebenen Brutalität der Schlachten und Kampfszenen abhebt.

12 Lienert: Geschichte und Erzählen, 1996, S. 1.

13 Huber: Der Apfel der Discordia, 2016, S. 118.

14 Ebd.

Bibliographie

Konrad von Würzburg: *Der Trojanische Krieg.* 2 Bde. Bd. 1: Text. Nach den Vorarbeiten von G. Karl Frommann und F. Wilhelm E. Roths zum ersten Mal herausgegeben von Adelbert von Keller. Amsterdam 1965 [Nachdruck der Ausgabe Stuttgart 1858].

Brunner, Horst: [Art.] Konrad von Würzburg. In: ²VL 5, 1985, Sp. 272–304.

Cormeau, Christoph: Überlegungen zum Verhältnis von Ästhetik und Rezeption. In: JOWG 5 (1988/1989), S. 95–107.

Degering, Hermann: Kurzes Verzeichnis der germanischen Handschriften der Preußischen Staatsbibliothek. Bd. I. Die Handschriften in Folioformat. Graz 1970 [Unveränderter Nachdruck der Ausgabe Leipzig 1925].

Gebert, Bent: Mythos als Wissensform. Epistemik und Poetik des *Trojanerkriegs* Konrads von Würzburg. Berlin, Boston 2013 (spectrum Literaturwissenschaft 35).

Huber, Christoph: Der Apfel der Discordia. Funktion und Dinglichkeit in der Mythographie und im *Trojanerkrieg* Konrads von Würzburg. In: Anna Mühlherr, Bruno Quast, Heike Sahm und Monika Schausten (Hgg.): Dingkulturen. Objekte in Literatur, Kunst und Gesellschaft der Vormoderne. Berlin, Boston 2016 (Literatur – Theorie – Geschichte 9), S. 110–126.

Hübner, Gert: Der künstliche Baum. Höfischer Roman und poetisches Erzählen. In: Beiträge 136 (2014), S. 415–471.

Kern, Manfred: [Art.] Discordia. In: Lexikon der antiken Gestalten in den deutschen Texten des Mittelalters. Herausgegeben von Alfred Ebenbauer, Manfred Kern und Silvia Krämer-Seifert. Berlin, New York 2003, S. 227–229.

Lechtermann, Christina: Figuren der Abhebung. Schillerndes Erzählen im *Trojanischen Krieg.* In: Ludwig Jäger und Horst Wenzel (Hgg.): Deixis und Evidenz. Freiburg i. Br. u a. 2008 (Rombach-Wissenschaften, Rh. Scenae 8), S. 43–64.

Lieb, Ludger und Michael Ott: Schnittstellen. Mensch – Artefakt – Interaktion in deutschsprachigen Texten des 13. Jahrhunderts. In: Friedrich-Emmanuel Focken und Michael R. Ott (Hgg.): Metatexte. Erzählungen von schrifttragenden Artefakten in der alttestamentlichen und mittelalterlichen Literatur. Berlin, Boston 2016 (Materiale Textkulturen 15), S. 265–279.

Lienert, Elisabeth: Geschichte und Erzählen. Studien zu Konrads von Würzburg *Trojanerkrieg.* Wiesbaden 1996 (Wissensliteratur im Mittelalter 22).

Monecke, Wolfgang: Studien zur epischen Technik Konrads von Würzburg. Das Erzählprinzip der *wildekeit.* Stuttgart 1968 (Germanistische Abhandlungen 24).

Müller, Jan-Dirk: *schîn* und Verwandtes. Zum Problem der ‹Ästhetisierung› in Konrads von Würzburg *Trojanerkrieg* (Mit einem Nachwort zu Terminologie-Problemen der Mediävistik). In: Gerd Dicke, Manfred Eikelmann und Burkhard Hasebrink (Hgg.):

Im Wortfeld des Textes. Worthistorische Beiträge zu den Bezeichnungen von Rede und Schrift im Mittelalter. Berlin, Boston 2006 (TMP 10), S. 287–308.

Müller, Jan-Dirk: Überwundern – überwilden. Zur Ästhetik Konrads von Würzburg. In: Beiträge 140 (2018), S. 172–193.

Saurma-Jeltsch, Lieselotte E.: Spätformen mittelalterlicher Buchherstellung. Bilderhandschriften aus der Werkstatt Diebold Laubers in Hagenau. 2 Bde. Wiesbaden 2001.

Wegener, Hans: Beschreibendes Verzeichnis der Miniaturen und des Initialschmuckes in den deutschen Handschriften bis 1500. Leipzig 1928 (Beschreibende Verzeichnisse der Miniaturen-Handschriften der Preußischen Staatsbibliothek zu Berlin 5).

Abb. 2: Hagen, mit Siegfrieds Schwert Balmunc, und Volker bleiben demonstrativ vor Kriemhild sitzen.

Quelle: Berlin, SBB-PK, mgf. 855, sog. Hundeshagener Codex, zwischen 1436 und 1442. *Nibelungenlied* (b), fol. 115v, lavierte Federzeichnung auf Papier, 283 x 203 mm.

Balmunc

Heike Sahm

Balmunc ist der Name von Sîfrits Schwert im *Nibelungenlied*[1]. Das mittelhochdeutsche Epos verknüpft den Erwerb des Schwertes mit dem Hortmotiv.
Wie Hagen über den in Worms eintreffenden Sîfrit erzählt, hat dieser das
Schwert von den beiden Brüdern Nibelunc und Schilbunc vorab als Lohn
dafür erhalten, dass er den unermesslich großen Hort unter den beiden Brüdern gerecht aufteilt. Als Sîfrit diese Aufgabe nicht lösen kann, kommt es
zum Streit, in dem er mit der neu erworbenen Waffe beide Könige und zahlreiche Krieger aus ihrem Gefolge tötet. Den mit dem Sieg zugleich erworbenen Schatz lässt Sîfrit in die Höhle zurückbringen, Schwert und Tarnkappe
aber nimmt der Held mit. Während der Meisterschmied Mímir dem Sigurðr
der *Thidrekssaga* das Schwert Gramr übergibt, ist Sîfrits Schwert im *Nibelungenlied* an das nur hier vorkommende Höhlenmotiv gekoppelt, sodass die
gängige Etymologie des Schwertnamens von mhd. *balme* für ‹Höhle› plausibel erscheint.[2]

Schwertnamen sind bereits vor dem *Nibelungenlied* in die mittelhochdeutsche Literatur eingeführt: Im *Rolandslied*[3] ist das Schwert Durendart
besonders prominent, das seinen Besitzer Roland begleitet. Wie Durendart
ist Balmunc verlässlich und besonders scharf,[4] doch ist über Durendarts

---

1   Zitiert nach: *Das Nibelungenlied*, 1988.
2   Vgl. Haubrichs: Kunstfiguren, 2007; Grünzweig: Schwert, 2009, S. 369; anders (mit
Darstellung der Forschungsgeschichte) Andersen: *Palmunc*, 2017.
3   Zitiert nach: *Das Rolandslied*, 1996.
4   Vgl. *Nibelungenlied*, V. 95,1: *mit dem guoten swerte, daz hiez Balmunc*, «mit dem
starken Schwert, das Balmung hieß»; Str. 955: *Dô fuort' er Balmungen, ein ziere wâfen
breit, / daz was alsô scherpfe, daz ez nie vermeit, / swâ man ez sluoc ûf helme; sîn ecke
wâren guot. / der hêrlîche jeger der was hôhe gemuot*, «Auch hatte er Balmung, ein schö-
nes, breites Schwert. Das war so scharf, daß es nie versagte, wo immer man mit ihm auf

wundersame Herstellung, seine göttliche Herkunft und Unzerstörbarkeit
sehr viel mehr zu erfahren als über Balmunc. Das Aussehen der Waffe wird
erst nach Sîfrits Tod beschrieben: Hagens Bekenntnis zum Mord an Sîfrit
erfolgt im Zuge einer Geste, bei der er das Schwert quer über seine Beine legt
(*Nibelungenlied*, Str. 1783). In diesem Zusammenhang wird erklärt, dass Balmunc einen grünen Edelstein im Knauf hat (V. 1783,2 f.), der Griff aus Gold
und die Schwertscheide rot ist (V. 1784,2). Die Beschreibung ist an dieser
Stelle notwendig, damit Kriemhilt das Schwert und zugleich Hagens Tri-
umphgeste erkennt. Dass Kriemhilt auf diese kalkulierte Demütigung hin
weint, sei, so vermutet der Erzähler, genau so von Hagen bezweckt gewesen:
ich wæne, ez hête dar umbe der küene Hagene getân (V. 1784,4, «Ich glaube,
darauf hatte es der kühne Hagen angelegt»). Die vorgestellte Schaugeste
erfordert an dieser Stelle eine genauere Beschreibung des Gegenstandes, den
alle Gegner sonst auch ohne solche visuellen Details erkennen und fürchten.
Die nibelungischen Krieger fürchten das Schwert ebenso wie seinen neuen
Besitzer (Str. 95); im Sachsenkrieg ist Liudeger verzweifelt, als er sieht, dass
Sîfrit mit Balmunc so viele seiner Leute erschlägt (Str. 207); Hagen versteckt
das Schwert beim Mordanschlag auf Sîfrit vorsorglich und kann nur so verhindern, dass dieser ihn im Gegenzug totschlägt: *het er daz swert enhende, sô
wær' ez Hagenen tôt* (V. 986,3, «hätte er das Schwert zur Hand gehabt, hätte
dies Hagens Tod bedeutet»); die Hunnen, von Kriemhild zum Kampf aufge-
hetzt, fürchten sich vor Hagen und vor Balmunc. Die durch dieses Schwert
erhöhte Gefahr wird auch herausgestellt, als Dietrich schließlich in den
Kampf gegen Hagen eintritt. Zunächst deckt er sich mit dem Schild vor
Hagens Angst einflößenden Schlägen, an denen er dessen kämpferische
Geschicklichkeit ablesen kann: *wol erkand' er Hagenen, den zierlîchen degen*
(V. 2349,4, «er kannte Hagen gut, den herausragenden Kämpfer»). Aber
nicht nur Hagen macht ihm Sorgen: *Ouch vorht er Balmungen, ein wâfen
starc genuoc* (V. 2350,1, «auch fürchtete er Balmunc, ein gewaltiges
Schwert»). Wenn in der Folgestrophe akzentuiert wird, dass Dietrich Hagen
(anders als Gunther) nur mit *listen* (V. 2350,2), mit ‹Schlauheit› besiegen

---

Helme schlug. Seine Schneiden waren scharf. Der prächtige Jäger war hochgemut und
stolz».

kann, so wird dadurch die physische Überlegenheit von Schwert und Träger betont, gegen die man im fairen Kampf einfach nicht gewinnen kann.

Ihre Abhängigkeit vom Schwert wird von den Helden durchaus reflektiert. Roland bemerkt, dass er nur siegen kann, *mir ne geswîche der guote Durendart* (*Rolandslied*, V. 3391, «wenn mich Durendart nicht im Stich lässt»), und mit demselben Vorbehalt tritt Hagen in den Zweikampf gegen Dietrich ein: *ez ensî, daz mir zebreste daz Nibelunges swert* (*Nibelungenlied*, V. 2347,3, «es sei denn, dass mir das Schwert des Nibelungen zerbricht»).[5] Wie im *Rolandslied* werden Schwert und Held, also Balmunc und sein jeweiliger Besitzer, als in dieser Verbindung exorbitant dargestellt.[6]

Freilich scheint die Aktionsmacht Durendarts als Partner im Kampf deutlich stärker betont, wenn das Schwert sich schließlich ‹fast selbstständig› seinen Weg durch die Schlacht bahnt[7]; auch in der altenglischen und altnordischen Heldendichtung wird Schwertern mitunter «eine eigene Energie zugemessen»[8], was auch in der Prägung von Schwertkenningar (das Schwert als «schädigendes, angreifendes, beißendes, blutdürstiges»[9] Objekt) zum Ausdruck kommt. Dem Schwert Balmunc wird eine vergleichbare Agency nur an einer Stelle zugesprochen, während des Kampfes von Irinc: Irinc geht zunächst nach einem Hieb von Gîselher zu Boden (*Nibelungenlied*, Str. 2047) und nimmt dann benommen wahr, dass er gar nicht verletzt ist und also fliehen kann. Er springt auf und spurtet davon, nicht ohne Hagen im Wegrennen zu verwunden. Dieser stürmt ihm nach, die Treppe herunter, immer auf seinen Helm einschlagend, ohne ihn aber ernsthaft verletzen zu können. Im Text heißt es: *doch wunte Îrinc Hagenen durch sînen helmhuot. / daz tet der helt mit Wasken, daz was ein wâfen alsô guot* (V. 2051,3 f., «Doch ver-

---

5   Beispiele für das Versagen des Schwerts bei Schwab: Lebendige Schwerter, 1992, S. 4 mit Anm. 4.
6   Bigalke: Klang der Dinge, 2016, S. 189, geht im Hinblick auf Roland und Durendart weiter: «Beide [Held und Schwert] werden in der kriegerischen Handlung gewissermaßen miteinander verschmolzen und der Kampfraum wird erfüllt von einer *Roland-Durndart-Entität*, deren Einzelkonstituenten über sich hinausweisen und so ein Mehr als ihre Addition schaffen.»
7   Ebd.
8   Schwab: Lebendige Schwerter, 1992, S. 4.
9   Ebd., S. 10.

wundete Irinc Hagen durch den Helm hindurch. Das tat der Held mit Waske, das war eine besonders brauchbare Waffe»). Der Schwertname Waske ist
aus dem *Waltharius* von jenem Schwert her bekannt, mit dem Walther von
Aquitanien im Waskenwald gegen Hagen und Gunter ficht. Der Name wurde im *Nibelungenlied* für Irincs Schwert vielleicht gewählt, weil mit diesem
Schwertnamen die Gegner Hagen und Gunther von vornherein verbunden
waren.[10] Eine spezifische ‹Dingmacht› kann man in der Reaktion auf den
Schlag Irincs erkennen: *Dô der herre Hagene der wunden enpfant, / do*
erwagt' im ungefuoge daz swert an sîner hant (V. 2052,1 f., «Als Hagen die
Wunde empfand, da zuckte das Schwert in seiner Hand jäh auf»). Man kann
versuchen, der Textstelle ihre Brisanz zu nehmen, indem man sie so versteht:
«Als Hagen verwundet wird, zuckt er so heftig zusammen, dass sich das
Schwert in seiner Hand bewegt.» Doch man kann die Textstelle mit Ute
Schwab[11] auch anders auffassen, nämlich so, dass das Schwert als Subjekt der
Handlung eingesetzt werden soll: Nach diesem Verständnis reagiert zuerst
Balmunc, nicht Hagen, auf den Schlag Irincs, indem es sich heftig bewegt –
wie man es von einem angegriffenen Recken erwarten darf. Nicht von unge-
fähr wird allein an dieser Stelle im *Nibelungenlied* ein anderes Schwert als
Balmunc mit einem Namen versehen; der Kampf zwischen Irinc und Hagen
ist auch ein Kampf zwischen Balmunc und Waske.

Das Schwert wird im *Nibelungenlied* sechsmal als Balmunc bezeichnet,
in der ersten und in der letzten Aventiure aber auch als *Nibelunges swert*
(V. 93,1; 2347,3; 2348,4).[12] Mit dieser Bezeichnung wird vom Erzähler angedeutet, dass der Gegenstand eine eigene Geschichte hat und Sîfrit nur einer
von mehreren Schwertträgern ist. Und doch überwiegt die Zuschreibung an
Sîfrit alle anderen Referenzen deutlich, und nach dessen Ermordung wird der
Umstand, wie Hagen in den Besitz des Schwertes gelangt ist, wiederholt erinnert. So begründet einer der Hunnen seinen Rückzug vom Kampf damit,
dass Hagen Balmunc trägt, den er sich auf niederträchtige Art angeeignet
hätte: *ouch treit er Balmungen, den er vil übele gewan* (V. 1798,4); auch als
Hagen gegen Hildebrand kämpft, wird Balmuncs Vorbesitzer erinnert: *Er*

---

10   Vgl. zu diesem Schwertnamen Grünzweig: Schwert, 2009, S. 380.

11   Vgl. Schwab: Lebendige Schwerter, 1992, S. 321.

12   Vgl. die Belege zu ‹Balmunc› in der *Mittelhochdeutschen Begriffsdatenbank*.

sluoc ûf Hildebranden, daz man wol vernam / Balmungen diezen, den Sîfride nam / Hagen der küene, dâ er den helt ersluoc (V. 2305,1–3, «Er schlug so auf Hildebrand ein, dass man Balmunc klingen hörte, den der kühne Hagen Sîfrit abnahm, als er den Helden erschlug»). Balmunc wird nicht zu Hagens Schwert, sondern er bleibt auch während des Gebrauchs durch Hagen ein Gegenstand, mit dem an Sîfrit und an das Unrecht seiner Ermordung erinnert wird. So versteht auch Kriemhild das Schwert. Als sie dem gefesselten Hagen Balmunc abnimmt, reklamiert sie es für sich als Memorialgegenstand für ihre Liebe: *daz truoc mîn holder vriedel, dô ich in jungest sach* (V. 2372,3, «das trug mein geliebter Freund, als ich ihn zuletzt sah»). Wenn sie den Hort nun doch nicht erstattet bekommt, will sie immerhin diesen Gegenstand bewahren: *sô wil ich doch behalten daz Sîfrides swert* (V. 2372,2). Doch auch der andere Aspekt: das Schwert als Erinnerungsobjekt an den immer noch nicht gesühnten Mord, wird von ihr angesprochen (*an dem mir herzeleide von iuwern schulden geschach*; V. 2372,4, «an dem wiederfuhr mir Herzeleid von euch»), und so nutzt sie das Schwert, um mit der Enthauptung Hagens die Rache für Sîfrits Ermordung zu vollziehen. Dafür wird sie dann ihrerseits von Hildebrand erschlagen.

Mit dem Tod Kriemhilds endet auch die Geschichte Balmuncs. In der *Klage* fällt der Name dieses Schwertes nicht mehr. In der nach dem *Nibelungenlied* entstandenen Dietrich-Epik, in *Biterolf und Dietleib* und in *Rosengarten D*, ist Balmunc dann festes Heldenattribut Sîfrits.

Bibliographie

Das Nibelungenlied. Nach der Ausgabe von Karl Bartsch, herausgegeben von Helmut de Boor. 22., revidierte und von Roswitha Wisniewski ergänzte Auflage. Mannheim 1988 (Deutsche Klassiker des Mittelalters).
Das Rolandslied des Pfaffen Konrad. Mittelhochdeutsch/Neuhochdeutsch. Herausgegeben, übersetzt und kommentiert von Dieter Kartschoke. Stuttgart 1996 (RUB 2745).

Andersen, Peter: Das Sieges- und Friedensschwert *Palmunc*. Eine Studie zum Anlaut in *Nibelungenlied* und *Klage*. In: ZfdPh 136 (2017), S. 87–121.
Bigalke, Fridtjof: Der Klang der Dinge. Über heldische Exorbitanz im *Rolandslied* des Pfaffen Konrad. In: Anna Mühlherr, Bruno Quast, Heike Sahm und Monika

Schausten (Hgg.): Dingkulturen. Objekte in Literatur, Kunst und Gesellschaft der Vormoderne. Berlin, Boston 2016 (Literatur – Theorie – Geschichte 9), S. 185–207.

Grünzweig, Friedrich E.: Das Schwert bei den ‹Germanen›. Kulturgeschichtliche Studien zu seinem ‹Wesen› vom Altertum bis ins Hochmittelalter. Wien 2009 (Philologica Germanica 30).

Haubrichs, Wolfgang: Historische Kunstfiguren. Burgundische Reminiszenzen in der Nibelungensage. In: Johannes Keller und Florian Kragl (Hgg.): Heldenzeiten – Heldenräume. Wann und wo spielen Heldendichtung und Heldensage? 9. Pöchlarner Heldenliedgespräch. Wien 2007 (Philologica Germanica 28), S. 43–60.

Schwab, Ute: Lebendige Schwerter und lateinische Schlachtvögel. In: Harald Burger, Alois M. Haas und Peter von Matt (Hgg.): *Verborum amor*. Studien zur Geschichte und Kunst der deutschen Sprache. Festschrift für Stefan Sonderegger zum 65. Geburtstag. Berlin, New York 1992, S. 3–33.

Abb. 3: Lancelot sitzt in voller Rüstung auf der Charette. Der Schandkarren wird von einem Zwerg gelenkt.

Quelle: Paris, BnF, Département des manuscrits, Français 115, um 1475, Ahun (Frankreich), Atelier d'Evrard d'Espinques für Jacques d'Armagnac. *Lancelot en prose / Cycle du Lancelot-Graal III: Roman de Lancelot*, fol. 355ra, Deckmalfarben und Blattgold auf Pergament, 490 x 340 mm.

Charette

Ann-Kathrin Deininger

Unscheinbarer als die Charette kann ein Gegenstand kaum sein. Nichts ist sie als ein einfacher Karren, schlicht, aus Holz gefertigt, mit einer vorgespannten Mähre, die sich offenbar nur quälend langsam fortbewegt. Sie wird von einem unflätigen, kleinen, buckligen und über alle Maßen hässlichen Zwerg gelenkt – ein unhöfischeres Gespann kann kaum imaginiert werden. Dennoch ist die Charette mehr als ein Transportmittel: Die Charette ist nämlich ein Schandkarren, ein fahrender Pranger, auf dem sich nur jene Unglücklichen wiederfinden, die sich des Mordes oder des Betrugs schuldig machten, die im gottesgerichtlichen Zweikampf unterlagen, die Diebstahl begingen oder als Wegelagerer ihr Unwesen trieben. Kurzum, der Karren transportiert all jene, die jeder ehrbare Mann und jede ehrbare Frau stets meidet, und fährt diese Verbrecher in gemächlichem Tempo durch die Stadt, auf dass ein jeder Rechtschaffene ihrer Ehrenlosigkeit gewahr werden kann, bevor sie schließlich geschunden, gehenkt, ertränkt oder im Dornenfeuer verbrannt werden. Dass die Ehrlosen zudem jegliche Rechte verlieren und am Hofe weder empfangen noch angehört werden, erscheint angesichts der drastischen Strafen als ebenso selbstverständlich wie obsolet.

Umso erstaunlicher ist es daher, dass ein junger Ritter ausgerechnet auf der Charette zu Weltruhm gelangt. In eine solche *âventiure* kann freilich nur Lancelot geraten, der beste Ritter der Welt. Während der Verfolgungsjagd auf den Ritter Meleagant, der die Königin entführte und mit dieser zu entkommen droht, vom wiederholten Stresstod seiner Reittiere heimgesucht, ist es ein gleichermaßen glücklicher wie unglücklicher Zufall, der Lancelot auf den Karren mit seinem zwergenhaften Lenker treffen lässt. Schnell hat er das Gefährt eingeholt und stellt dem Zwerg auch gleich die Frage, die wohl jeder stellen würde, der zu Fuß in schwerer Eisenrüstung, mit Helm, mit Schild und natürlich mit dem Schwert unterwegs einem primitiven, aber immerhin fahrtüchtigen Transportmittel begegnet: Ob er wohl die Königin Ginover habe vorbeikommen sehen?

Selbstverständlich weiß der Zwerg um den Aufenthaltsort Ginovers, aber er würde als unhöfischer Zwerg kaum taugen, würde er nicht eine überzogene Gegenleistung verlangen: Der Ritter soll auf den Schandkarren steigen. Dafür will er ihm nicht nur Auskunft über den Verbleib der Entführten geben, sondern vielmehr dafür Sorge tragen, dass Lancelot sie am nächsten Tag selbst zu Gesicht bekommt. Der Ritter zögert, aber nur einen Moment, genauso lang, wie es dauert, um zwei Schritte zu gehen oder um noch einmal rückzufragen, ob er unter gewissen Umständen nicht vielleicht doch auch möglicherweise einfach hinterhergehen könnte.

Es gibt einige spätere Autoren, die behaupten, Lancelot habe gar nicht gezögert und der Karren sei gar kein Schandkarren gewesen. Thomas Malory gibt an, auf dem Karren sei nur Holz transportiert worden. T. H. White zufolge habe es sich um einen Proviantkarren gehandelt, außerdem sei Lancelot hässlich gewesen. Beide sagen, Lancelot sei froh gewesen, auf den Karren springen zu können, da seine Rüstung so schwer und so warm und seine Füße so müde gewesen seien. Das ist aber alles nicht richtig. Ich folge lieber dem Altmeister Chrétien de Troyes und dem anonymen Autor des Prosaromans, denn die überliefern die Geschichte von Lancelot und auch von dem Karren richtig. Dort steht geschrieben, dass Lancelot einen Moment zögert – und so muss das wohl gewesen sein.

Einen Augenblick, aber wirklich nur einen Augenblick, ringen Liebe und Vernunft in Lancelot miteinander. Die Vernunft warnt ihn vor dem Ehrverlust, den er riskiert, und gibt ihm nachdrücklich ein, auf gar keinen Fall etwas zu unternehmen, was ihm Tadel oder gar Schande einbringen könnte. Aber die Liebe, so erzählt uns Chrétien von Lancelot, ist stärker und befiehlt, den Sprung auf den Karren dann doch zu wagen. Lancelot schießt Ansehen und Ruhm in den Wind und springt der Königin zuliebe.

Dass es sich um eine höchst unritterliche Vorgehensweise handelt, ist eigentlich jedem klar, aber für den Fall, dass doch noch jemand zweifeln sollte, stellt Musterritter Gawein, der den Entführer ebenso wie Lancelot verfolgt, dies nur kurze Zeit später noch einmal eindrucksvoll unter Beweis. Zu Pferd holt er die Charette ein und wird von dem Zwerg vor die gleiche Wahl gestellt. Seine Antwort ist so prompt wie eindeutig: Selbstverständlich werde er nicht in den Karren steigen, denn das eigene Streitross gegen das schändliche Gefährt zu tauschen, sei schließlich völlig unsinnig. Stattdessen werde er einfach folgen, wohin der Zwerg auch fahren wolle. Klug ist das, ist der

Zwerg doch mit Lancelot bereits dorthin auf dem Weg, wo die Königin zu sehen ist. Warum also Schande und Ansehensverlust mit einer zweifelhaften Entscheidung auf sich nehmen?

Derweil macht Lancelot die Erfahrung, dass einem so ein Karrenritt, auch wenn er nur einen halben Tag dauern mag, beinahe ein Leben lang nachhängt. Bei seiner Ankunft in der nächsten Burg wird er mit entsprechenden Fragen überschüttet: Welchen Verbrechens er sich denn schuldig gemacht habe? Ob er ein Dieb sei? Ein Wegelagerer? Ein Mörder? Oder wurde er etwa gar im Zweikampf eines Gottesurteils besiegt? Zudem zeigen sich die Bewohner wenig nachsichtig, sie bewerfen ihn mit Unrat und Dreck, beschimpfen und schmähen ihn in einer Weise, die Gawein jene Stunde verfluchen lässt, in der jemals jemand auf die Idee gekommen ist, einen Karren herzustellen. Immerhin, es gelingt den Rittern am nächsten Morgen, von einem hohen Turm aus einen Blick auf die weit entfernte Königin zu werfen – der Sprung Lancelots auf den Karren war also nicht völlig umsonst.

Die ritterliche Ehre sei aber natürlich schon rettungslos dahin, wie ein freundliches Burgfräulein Gawein mitteilt. Sie empfiehlt daher, den durch den Anblick der Königin gebannten Lancelot zu seinem eigenen Wohle nicht vor einem Fall vom Turm zu bewahren. Sein Ruf sei nun einmal so nachhaltig zerstört, er selbst tot mehr wert als lebendig, sein Leben nur noch Schimpf und Schande, da könne er sich am besten gleich selbst in den Tod stürzen. Ihr Hohn und Spott bewahrheiten sich, denn fortan muss er es hinnehmen, ausgerechnet nach dem Karren benannt zu werden – gestatten: Lancelot, Chevalier de la Charette, Karrenritter.

Lancelot wäre aber nicht Lancelot, wenn er sich diesen wenig schmeichelhaften Spitznamen zu Herzen nehmen würde. Schlechte Fama ist immerhin besser als gar keine Fama – oder zumindest: erzählenswerter. Stoisch erträgt Lancelot Beschimpfung und Spott und zieht mit ungebrochenem Selbstvertrauen weiter. Er besiegt ausnahmslos alle, die sich ihm in den Weg stellen, überwindet als Einziger die gefährlich scharfe Schwertbrücke und befreit schlussendlich die Königin. Es scheint, als wäre er dem Stigma des Karrens entkommen.

Doch weit gefehlt: Die Geschichte von seinem Karrenritt hat sich wie ein Lauffeuer überall verbreitet, nicht nur im Artusreich Logres, sondern auch im Feindesland Gorre, wo sie der gefangenen Ginover zu Ohren gekommen ist – und sie könnte über den Vorfall erzürnter nicht sein. Freilich stört sie sich nicht an dem Ritt auf dem Karren an sich. Dass aber ihr Geliebter, der sie bei jeder Gelegenheit seiner Minne versichert, tatsächlich vor dem Sprung in den Karren gezögert hat, das ist ihr unverzeihlich. Als Minnedame muss man von seinem Minneritter schließlich erwarten können, für diesen bedingungslos an erster Stelle zu stehen. Es ist zwar schön, wenn sich der Geliebte zwischen Liebe und Ansehen für die Liebe entscheidet – wahre Liebe dürfte allerdings eine derartige Alternative gar nicht kennen. Es bleibt somit festzustellen: Wirklich gute Optionen für den Ritter stellen weder der Ritt auf noch das Zögern vor dem Karren dar.

Natürlich gelingt es Lancelot, die an seiner Liebe zweifelnde Königin wieder von dieser zu überzeugen und zudem auch seine Ehre wiederherzustellen – doch dies ist eine andere Geschichte und soll ein andermal erzählt werden. Wir verlassen daher an dieser Stelle Lancelot und wenden uns wieder der Charette zu.

Chrétien de Troyes weiß darüber leider nichts mehr zu sagen, der Karren verschwindet hier einfach. Im *Prosalancelot* können wir allerdings nachlesen, dass der Karren, nachdem Lancelot ihn schon lange hinter sich gelassen hat, noch weitere Male vorkommt. Nach dem Kapitel *Karrenritter* gibt es hier sogar ein zweites, das den Karren im Titel trägt: die *Karren-Suite*. Die *Karren-Suite* erzählt, dass der Karren sogar noch bis an den Artushof gelangt. Der auf ihm sitzende Ritter Bohort, der von allen verhöhnt und als Verbrecher beschimpft wird, erinnert Gawein an Lancelot, weshalb er sein Hofamt beim Festmahl aufgibt und lieber dem Fremden Gesellschaft leistet – ein unerhörter Skandal. König Artus höchstselbst lässt seinen Neffen wissen, dass er ihn fortan als ebenso entehrt betrachte wie den Karrenritter, da er mit seinem Verhalten die Ordnung der Tafelrunde empfindlich gestört habe. Gawein jedoch interveniert: Wenn jemand durch die Karrenfahrt ehrlos würde, so sei auch Lancelot ehrlos. Das aber könne gar nicht sein, da man an Lancelot schließlich nichts als Ehre finde. Dass Bohorts Ansehen noch vollständig intakt ist, beweist er als aktueller Karrenritter, indem er König Artus ein Streitross entwendet und darauf zahlreiche Zweikämpfe gegen Artusritter besteht.

Die Charette tritt danach immer wieder am Artushof in Erscheinung: Beim nächsten Vorfahren sitzt eine edle Dame darauf, die Frau vom See, die eine düstere Prophezeiung überbringt. Lancelot zuliebe löst Gawein sie aus und springt nun selbst auf den Karren. Seinem Beispiel folgt erst die Königin, dann Artus, und als die Schändlichkeit des Karrens endlich überwunden scheint, springt ein Ritter nach dem anderen, bis schließlich jeder, der an der Tafelrunde Rang und Namen hat, einmal auf der Charette Platz genommen hat.

Und der Karren? Nachdem nun alle ritterliche Prominenz auf ihr gefahren ist, ist die Charette ihrer ursprünglichen Funktion und Bedeutung beraubt. Dafür wird ihr aber ein würdiger Abschied zuteil: König Artus selbst verfügt, dass der Schandkarren nicht weiter genutzt wird. Er wird durch eine Schindmähre ersetzt, der Schwanz und Ohren abgeschnitten wurden. Fortan sitzen Verurteilte auf dieser Schandmähre, die Charette dagegen findet in ehrbareren Zusammenhängen Verwendung. Vielleicht wird sie auch einmal benutzt, um Holz zu transportieren oder Proviant zu liefern. Darüber schweigt die Erzählung.

Bibliographie

Chrestien de Troyes: *Lancelot.* Übersetzt und eingeleitet von Helga Jauss-Meyer. München 1974 (Klassische Texte des romanischen Mittelalters in zweisprachigen Ausgaben 13).

Lancelot und Ginover. Prosalancelot. Nach der Heidelberger Handschrift cpg. 147 herausgegeben von Reinhold Kluge, ergänzt durch die Handschrift Ms. Allem. 8017–8020 der Bibliothèque de l'Arsenal Paris. Übersetzt, kommentiert und herausgegeben von Hans-Hugo Steinhoff. Bd. 2. Frankfurt a. M., Leipzig 2005.

Malory, Sir Thomas: *Le Morte Darthur* with an Introduction by Helen Moore. Herausgegeben von Tom Griffith. Ware (Hertfordshire) 1996 (Wordsworth Classics of World Literature).

White, Terence H.: *The Ill-Made Knight.* New York 1940.

Fromm, Hans: Zur Karrenritter-Episode im *Prosalancelot.* Struktur und Geschichte. In: ders.: Arbeiten zur deutschen Literatur des Mittelalters. Tübingen 1989, S. 191–218.

Haug, Walter: «Das Land, von welchem niemand wiederkehrt». Mythos, Fiktion und Wahrheit in Chrétiens *Chevalier de la Charrette,* im *Lanzelet* Ulrichs von Zatzikhofen und im *Lancelot-Prosaroman.* Tübingen 1978.

Hult, David: Lancelot's Two Steps. A Problem in Textual Criticism. In: Speculum 61 (1986), S. 836–858.

Schmolke-Hasselmann, Beate: [Art.] Chrétien de Troyes. In: LexMA 2, Sp. 1897–1903.

Shirt, David J.: Chretien de Troyes and the Cart. In: William R. J. Barron, David M. Blamires, William Rothwell und Lewis Thorpe (Hgg.): Studies in Medieval Literature and Languages. In Memory of Frederick Whitehead. Manchester 1973, S. 279–301.

Witthöft, Christiane: König Artus auf dem Schandkarren oder: Die Wandelbarkeit von Normen und Rechtsgewohnheiten im *Prosalancelot.* In: FMSt 41 (2007), S. 363–380.

Abb. 4: Die dem Jagdgeschehen gewidmete Miniatur ist in zwei Register aufgeteilt. Das obere Register zeigt Dido und Eneas beim Ausritt zur Jagd. Ein prachtvoller Mantel und ein ausladender Hut akzentuieren die im Text ausführlich beschriebene Gewandung Didos. Das untere Register zeigt in der linken Bildhälfte die sexuelle Vereinigung zwischen Dido und Eneas, die unter einem Baum Zuflucht vor einem Unwetter gesucht haben.

Quelle: Berlin, SBB-PK, mgf. 282, ca. 1220–1230. Heinrich von Veldeke: *Eneasroman* (B), fol. 11ᵛ, lavierte Federzeichnung auf Pergament, 250–255 x 168–173 mm.

Didos Gewand

Elke Brüggen

Ein Untergewand aus einem fein gewebten Stoff, weiß, sorgfältig genäht, viel Golddraht daran gelegt. Ein Obergewand aus grüner Seide, über und über auf das Schönste mit Perlen und Borten verziert, die Ärmel mäßig weit, mit Blick auf die Kälte unterfüttert mit Hermelin in bester Qualität, weiß mit blutroten Kehlstücken. Als Ergänzung ein kostbarer Gürtel, aus Gold- und Silberfäden gewebt, ganz so, wie es ihr vorschwebt. Der Mantel, kürzer als üblich – er ist für die Jagd bestimmt – ebenfalls aus Seide, grasgrün, darunter ein Futter aus weißem Hermelin der allerbesten Qualität, die Besätze aus breitem braunen Zobel. Das Haar mit einem kunstreich gefertigten Band umwunden, darüber ein Hut, bezogen mit grüner Seide und ringsum mit einer Borte geschmückt. Die Sporen für den Ausritt aus purem Gold. Glänzende Seide, schimmernde Pelze und reflektierendes Edelmetall als Lichtfänger für die Evokation einer strahlenden Erscheinung, welche in einen Wettstreit mit der Helligkeit des Tages eintreten kann. Eine solche Gewandung will staunen machen, sie zielt auf eine Überwältigung des Betrachters. Erlesene Materialien von unübertrefflicher Qualität und auf höchstem Niveau verarbeitet, wie sie nur einer Königin zukommen und wie nur eine Königin sie zur Verfügung hat, überdies mit Geschmack zusammengestellt, markieren nicht nur die herausgehobene soziale Position der Trägerin, sie sprechen überdies von ihrem Reichtum und ihrer Macht, lassen diese sinnlich erfahrbar werden. Dido ist glanzvolle Herrscherin über Libyen mit seiner Hauptstadt Karthago, und sie macht ihren Status mit ihrer Kleidung anschaulich.

Dass Dido von Karthago, die weibliche Hauptfigur aus dem ersten Handlungsteil des *Eneasromans* Heinrichs von Veldeke, noch Anderes im Sinn hat, als sie sich aus Anlass einer von ihr selbst anberaumten Jagd ankleidet, legt der Autor mit weiteren Einzelheiten zur Kleidung und entsprechenden Erzählerkommentaren nahe. Das Unterkleid *was gedwenget an ir lîb* («war an ihren Körper gezwängt», «umspannte ihren Körper», V. 1699) und stellt auf diese Weise ihre perfekte Figur aus (V. 1700 f.). Das Obergewand wurde *nâch ir lîbe wol gesniten* («gut und genau auf ihren Körper passend zugeschnitten», V. 1707). *daz hete si ungerne vermiten* («Darauf hätte sie ungern verzichtet», V. 1708), lässt sich der Erzähler vernehmen und unterstreicht so die Bedeutung, die der enge Schnitt ihrer Kleider für Dido besitzt. Es ist ihr also daran gelegen, ihre Körperformen zu betonen, sie mithilfe ihrer Gewänder ins rechte Licht zu setzen. Sie stellt dabei nicht lediglich ihre modische Expertise unter Beweis und gibt zu erkennen, dass sie Schneider für die brandneue, aus Frankreich übernommene Schnitttechnik zur Verfügung hat, sie kalkuliert überdies mit der Attraktivität ihrer Erscheinung, setzt auf die erotisierende Wirkung der Schönheit ihres Körpers. *si weste wole waz si dwank* («Sie wusste genau, was sie antrieb», V. 1726), verrät der Erzähler, ohne indes Genaueres zu verlautbaren. Doch als Leser und als Leserin ahnt man nach dem bis hierher Erzählten längst, worum es geht: Dido staffiert sich aus, um Eneas, ihren Gast aus Troja, endlich merken zu lassen, dass er eine begehrenswerte Frau vor sich hat. Sie plant seine Verführung.

Vierundfünfzig Verse (V. 1687–1741) widmet Heinrich von Veldeke der Jagdkleidung der Königin Dido und übertrifft damit die entsprechende Passage (V. 1466–1474) aus seiner Vorlage, dem *Roman d'Eneas* eines französischen Anonymus', um ein Vielfaches. Niemals zuvor hat man in der deutschen Literatur ein Kleiderensemble so ausführlich und mit so vielen Einzelheiten zu Material, Farbe, Verarbeitung, Verzierung, Sitz und Schnitt der verschiedenen Bestandteile der Gewandung beschrieben, niemals zuvor war eine Beschreibung so geartet, dass man die Details zu einem lebendigen Bild der Person in ihrer konkreten Erscheinung hätte zusammenfügen können. Veldekes Neuerung sollte sich als bahnbrechend erweisen: Sie begründete eine Tradition der längeren Deskription adliger Gewandung, welche bis in das 14. Jahrhundert hinein zum Repertoire literarischer Techniken gehörte, deren Beherrschung den Epikern die Gunst des Publikums einbrachte. In je variierender Aktualisierung hat man die Erwartungen der Zuhörerinnen und Zuhörer immer wieder erfüllt, und anderslautende Stellungnahmen – man wolle die Erzählung nicht unnötig in die Länge ziehen, so genau habe man die Kleider nicht in Augenschein nehmen können, die Kenner wüssten ohnehin, wovon die Rede sei, und so weiter – erweisen sich bei näherem Hinsehen als spielerische Einlassungen zur Spannungssteigerung und zur Bewahrung der Aufmerksamkeit aufseiten des Auditoriums.

Veldeke hat seine Beschreibung an einer besonderen Stelle in der Handlung platziert: Sie bildet den Übergang zu einem Jagdgeschehen, das Didos bisheriges Leben grundlegend verändern wird und das, wie sich rasch zeigt, den Keim zu ihrem Untergang in sich trägt. Die Königin höchstselbst hat den Plan gefasst, trotz großer Kälte am frühen Morgen zu ihrer Zerstreuung in den Wald zu reiten und dort eine Jagd zu veranstalten. Mehrere Verse sind aufgewendet, um ihr Ansinnen zu explizieren (V. 1671–1677), doch bleibt die Begründung mit eher allgemeinen Hinweisen auf das Bedürfnis, sich die Zeit zu vertreiben (*korzen die stunde*, V. 1676), vage – wäre da nicht der Nachsatz *wandes was ir vile nôt* («denn sie hatte das sehr nötig», V. 1677), der, liest man ihn mit der entsprechenden Stelle im *Roman d'Eneas* vor Augen, eine Spur zu einem Liebesdiskurs ovidianischer Prägung legt, welcher die Zerstreuung zu einem probaten Heilmittel gegen die Liebe stilisiert (vgl. Ovid: *Remedia amoris*, V. 135–150). Dido sucht demnach der quälenden Situation unerwiderter Liebe zu entkommen, sie sinnt auf eine Erlösung von ihrem heftigen Begehren nach Eneas (V. 1634–1677), einem Begehren, das Venus und Cupido ihr bei der ersten Begegnung mit dem aus Troja geflüchteten Eneas eingegeben haben (V. 739–747) und das sie seither verzehrt, ohne dass sie sich in der Lage gesehen hätte, ihrem Gast ihre Gefühle für ihn zu offenbaren (V. 1650–1658). In immer neuen Anläufen präsentiert Veldeke Dido als Opfer eines göttlichen Wollens, das darauf zielt, den Sohn und Schützling der Venus vor dem Zorn Junos zu bewahren, die in Karthago mit einer beeindruckenden Kultstätte verehrt wird (V. 410–425), die indes als Gegenspielerin des Trojaners gilt (V. 156–168) und für seine siebenjährige Irrfahrt verantwortlich zeichnet (V. 169–223). Die Liebesleidenschaft, die Dido im Rahmen einer Begrüßung von den Lippen des verzauberten Ascanius' abnimmt und die sie dann auf den schönen Eneas als ihren Tischnachbarn richtet (V. 805–845), gestaltet Veldeke als ein verzehrendes Feuer, das einen nie gekannten Schmerz bei Dido auslöst, einen Schmerz, der sich durch nichts besänftigen lässt und sie unablässig quält.

In einer fulminanten Passage des Romans vergegenwärtigt der Autor eine liebende Frau, die das körperliche Begehren nach dem schönen Fremden bis in die Nacht hinein verfolgt – es raubt ihr den Schlaf (V. 1328–1443). Ihr luxuriöses Lager empfindet sie als unbequem, sie wälzt sich darauf umher, legt den Kopf an das Fußende, richtet sich in ihrem Bett auf, verlässt es gar, um sich auf den Boden zu legen. Mit den Armreifen, die Eneas ihr als

Gastgeschenke überreichte, streicht sie über ihre Augen, den dazugehörigen Ring bedeckt sie mit Küssen. Ihrem Deckbett gibt sie in den frühen Morgenstunden völlig erschöpft eine Form, die sie an den geliebten Mann gemahnt – so kann sie sich einige Zeit der Vorstellung hingeben, sie halte ihn in ihren Armen, wieder und wieder den Mund auf das so geschaffene Abbild drückend. In der Tradition Ovids lässt Veldeke die Liebe hier als Krankheit erscheinen, doch anders als bei Vergil und auch anders als im *Roman d'Eneas* ergreift der Liebeswahn keineswegs vollständig Besitz von Dido; sie kann sich vielmehr ihre Klarsichtigkeit bewahren, ist in der Lage, im Gespräch mit ihrer Schwester Anna, der sie sich schließlich anvertraut, die Auswirkung der unentrinnbaren Leidenschaft, die sie gepackt hat, zu analysieren (‹*swester, ich bin al gesunt / unde enmach doch niht genesen*›; V. 1466 f., «Schwester, ich bin ganz und gar gesund und kann dennoch nicht leben»). Wenn sie ihre Gefühle nicht offen zeigt, so unterlässt sie das mit Rücksicht auf ihre *êre* (V. 1303–1305), auf das mit ihrer gesellschaftlichen Stellung verbundene Ansehen. Und dieses hängt nicht zuletzt an einem vor langer Zeit durch Schwur bekräftigten Versprechen, sich nach dem Tode ihres Ehemannes Sicheus niemals mehr mit einem anderen Mann zu verbinden (V. 1484–1492); mit dem Hinweis auf dieses Gelübde hat sie in der Vergangenheit alle Werber um ihre Hand abgewiesen.

Eneas, der Kriegsflüchtling, gehört zum Leidwesen Didos nicht in die Gruppe der Werber, die sich um sie bemühen. Er schätzt die Herrscherin von Karthago als Gastgeberin, die ihm und seinem stark dezimierten Gefolge nach Jahren einer gefahrvollen und mühseligen Existenz auf See vorübergehend Ruhe und Sicherheit und die Annehmlichkeiten eines höfischen Daseins schenkt. Er weiß, dass es seine Aufgabe ist, Italien zu erreichen, um dort nach göttlichem Willen ein neues Troja zu errichten. Karthago kann aus seiner Perspektive und aus Sicht der Götter nicht mehr sein als eine Zwischenstation, die es ihm ermöglicht, seinen weltgeschichtlichen Auftrag zu vollbringen. Liebesgefühle für die Gastgeberin können da nur hinderlich sein, und programmgemäß bleiben sie aus. Die ortsgebundene Königin mit eigenständiger Herrschaft und der abhängige Erholungssuchende auf Durchreise, die inbrünstig liebende Frau und der von Gefühlen unbehelligte Mann, dazu das Verbergen der Liebesleidenschaft auf Seiten Didos und das Verhehlen der Vorbestimmung auf Seiten Eneas' – das ist der Stoff für eine große Geschichte. Die Jagdszene fungiert dabei als deren Peripetie.

Es ist Dido, für die sich hier der Umschlag von Glück in Unglück ereignet. Veldeke macht diese Verkehrung mithilfe von Sprachbildern fassbar. Vergleicht er die Königin beim Aufbruch zur Jagd noch mit Diana, *der gotin von dem wilde* («der Göttin des Wildes», V. 1795) und stellt sie so dem wiederum mit Phöbus Apollon verglichenen Eneas zur Seite (V. 1800 f.), ist am Ende die Rede vom Tier, das *rehte getriben* wurde («auf die richtige Weise getrieben», V. 1864), und davon, dass den Mann, der so zum Schuss kommt, dass er sein Vergnügen daran hat, die Unternehmung freut (V. 1865–1867). Die Darstellung greift hier zur Bezeichnung sexueller Vorgänge in den Bereich einer bis heute verständlichen und gebräuchlichen Jagdmetaphorik aus. Dazwischen liegt die kaum beschönigte Darstellung eines Geschlechtsaktes, bei dem Eneas sich Didos bemächtigt. Infolge eines plötzlich hereinbrechenden Unwetters werden die beiden von der übrigen Jagdgesellschaft isoliert, und Eneas sucht für sie Schutz unter einem ausladenden Baum. Als er sie unter seinen Mantel nimmt, um auf diese Weise die Unbilden des Wetters für sie zu verringern, findet er sie *wol geschaffen* (V. 1836, «schön geschaffen»), und als er sie in die Arme schließt, *dô begunde ime irwarmen / al sîn fleisch und sîn blût* («da wurde ihm all sein Fleisch und sein Blut erhitzt», V. 1838 f.). Es ist die Physis des jungen Mannes, die auf die Nähe des anderen Körpers reagiert – die Psyche bleibt dagegen unbeteiligt. Was folgt, verstört nicht zuletzt aufgrund einer Evokation männlicher Gefühllosigkeit, die den nachgerade mechanisch ablaufenden Vorgängen einer durch Rücksichtslosigkeit im Verbund mit körperlicher Kraft bewerkstelligten Überwältigung der Frau den Boden bereitet (V. 1840–1856). Die sprachliche Verhüllung der Brutalität des Geschehens bleibt hauchdünn: Männliche Entschlossenheit, so heißt es, ließ Eneas die Oberhand gewinnen (V. 1840 f.); *der frouwen her sich underwant* («er brachte die adlige Dame in seinen Besitz», V. 1842), und er machte mit ihr, was er wollte, *sô daz her ir holde / manlîche behielt* («sodass er auf mannhafte Art und Weise ihre Zuwendung errang», V. 1856 f.). Die Sprengkraft dieser Darstellung einer Vergewaltigung liegt nicht so sehr in diesen leicht durchschaubaren sprachlichen Manövern, sondern vielmehr in der Suggestion des Erzählers, dass sich hier letztlich das erfüllte, wovon Dido geträumt hatte (V. 1862 f.; 1872–1894). Mit dem königlichen Gewand, das nach dem Akt im Freien völlig durchnässt ist (V. 1857–61), fügt Veldeke der Szene jedoch einen Störfaktor und ein Unruhemoment hinzu. Indem er das zuvor in elaborierter *descriptio* gepriesene, überaus prachtvolle vestimentäre Artefakt durch Einwirkung von ‹Natur› seine Form verlieren lässt, weist er auf Didos Ende voraus, auf ihre Selbsttötung, mit der sie Eneas' Weggang beantwortet. Sollte jemand zweifeln, dass man es mit einem textilsensiblen Autor zu tun hat, möge er oder sie sich vergegenwärtigen, dass der mittelhochdeutsche *Eneasroman* eine Dido schildert, die bestrebt ist, vor ihrem Tod jegliche Erinnerung an den *hêre*[*n*] *Ênêas* (den «vornehmen Eneas», V. 2331) auszulöschen und daher auch das Bettzeug (*daz bettegewant*, V. 2328), auf dem sie und er sich geliebt haben und auf dem Spuren davon zurückgeblieben sein mögen, den Flammen überantwortet (V. 2326–2331).

Bibliographie

Heinrich von Veldeke: *Eneasroman*. Mittelhochdeutsch/Neuhochdeutsch. Nach dem Text von Ludwig Ettmüller ins Neuhochdeutsche übersetzt, mit einem Stellenkommentar und einem Nachwort von Dieter Kartschoke. Stuttgart 1986 (RUB 8303) [zitierte Ausgabe; Übersetzungen E. B.].

Heinrich von Veldeke: *Eneasroman*. Die Berliner Bilderhandschrift mit Übersetzung und Kommentar. Herausgegeben von Hans Fromm. Mit den Miniaturen der Handschrift und einem Aufsatz von Dorothea und Peter Diemer. Frankfurt a. M. 1992 (Bibliothek deutscher Klassiker 77, Bibliothek des Mittelalters 4).

Le Roman d'Eneas. Übersetzt und eingeleitet von Monica Schöler-Beinhauer. München 1972 (Klassische Texte des romanischen Mittelalters in zweisprachigen Ausgaben 9).

Publius Ovidius Naso: *Heilmittel gegen die Liebe. Die Pflege des weiblichen Gesichts. Remedia amoris. Medicamina faciei femineae*. Lateinisch und deutsch. Herausgegeben und übersetzt von Friedrich W. Lenz. 2., neu bearbeitete Auflage, Berlin 1969 (Schriften und Quellen der Alten Welt 9).

Publius Ovidius Naso: *Liebeskunst. Ars amatoria*. Lateinisch–deutsch. Herausgegeben und übersetzt von Niklas Holzberg. 5., überarbeitete Auflage. Berlin 2011 (Sammlung Tusculum).

Publius Vergilius Maro: *Aeneis*. Lateinisch–deutsch. Herausgegeben und übersetzt von Niklas Holzberg. Mit einem Essay von Markus Schauer. Berlin, Boston 2015 (Sammlung Tusculum).

Brüggen, Elke: Kleidung und Mode in der höfischen Epik des 12. und 13. Jahrhunderts. Heidelberg 1989 (Bh. zum Euphorion 23).

Bumke, Joachim: Höfische Kultur. Literatur und Gesellschaft im hohen Mittelalter. 2 Bde. München 1986 (dtv 4442).

Kasten, Ingrid: Herrschaft und Liebe. Zur Rolle und Darstellung des ‹Helden› im *Roman d'Eneas* und in Veldekes *Eneasroman*. In: DVjs 62 (1988), S. 227–245.

Kellner, Beate: Ursprung und Kontinuität. Studien zum genealogischen Wissen im Mittelalter. München 2004.

Kern, Manfred: Dido oder Über die Wiedergeburt des Tragischen. In: Regina Toepfer und Gyburg Radke-Uhlmann (Hgg.): Tragik vor der Moderne. Literaturwissenschaftliche Analysen. Heidelberg 2015 (Studien zu Literatur und Erkenntnis 6), S. 77–101.

Kern, Peter: Beobachtungen zum Adaptationsprozeß von Vergils *Aeneis* im Mittelalter. In: Joachim Heinzle, Peter L. Johnson und Gisela Vollmann-Profe (Hgg.): Übersetzen im Mittelalter. Cambridger Kolloquium 1994. Berlin 1996 (Wolfram-Studien 14), S. 109–133.

Kistler, Renate: Heinrich von Veldeke und Ovid. Tübingen 1993 (Hermaea N. F. 71).

Kraß, Andreas: Geschriebene Kleider. Höfische Identität als literarisches Spiel. Tübingen 2006 (Bibliotheca Germanica 50).

Kraß, Andreas: *ein unsâlich vingerlîn*. Tragik und Minne im *Eneasroman* Heinrichs von Veldeke. In: Regina Toepfer (Hg.): Tragik und Minne. Heidelberg 2017 (Studien zu Literatur und Erkenntnis 12), S. 137–153.

Liebertz-Grün, Ursula: Geschlecht und Herrschaft. Multiperspektivität im *Roman d'Enéas* und in Veldekes *Eneasroman*. In: Thomas Kornbichler und Wolfgang Maaz (Hgg.): Variationen der Liebe. Historische Psychologie der Geschlechterbeziehung. Tübingen 1995 (Forum Psychohistorie 4), S. 51–93.

Lienert, Elisabeth: Deutsche Antikenromane des Mittelalters. Berlin 2001 (Grundlagen der Germanistik 39).

Martin, Jonathan S.: Der Körper der Königin: Zum Verständnis der Dido-Figur in Heinrichs von Veldeke *Eneasroman*. In: ZfdPh 137 (2018), S. 1–25.

Masse, Marie-Sophie: Verhüllungen und Enthüllungen. Zu Rede und *descriptio* im *Eneasroman*. In: Euphorion 100 (2006), S. 267–289.

Möller, Melanie: *Aller ir sinne siv vergaz*. Zur tragischen Dimension der Dido in Heinrichs von Veldeke *Eneasroman*. In: Regina Toepfer (Hg.): Tragik und Minne. Heidelberg 2017 (Studien zu Literatur und Erkenntnis 12), S. 109–136.

Opitz, Karen: Geschichte im höfischen Roman. Historiographisches Erzählen im *Eneas* Heinrichs von Veldeke. Heidelberg 1997 (GRM Bh. 14).

Raudszus, Gabriele: Die Zeichensprache der Kleidung. Untersuchungen zur Symbolik des Gewandes in der deutschen Epik des Mittelalters. Hildesheim 1985 (ORDO 1).

Schausten, Monika: Gender, Identität und Begehren. Zur Dido-Episode in Heinrichs von Veldeke *Eneit*. In: Ingrid Bennewitz und Helmut Tervooren (Hgg.): *Manlîchiu wîp, wîplîch man*. Zur Konstruktion der Kategorien ‹Körper› und ‹Geschlecht› in der deutschen Literatur des Mittelalters. Internationales Kolloquium der Oswald von Wolkenstein-Gesellschaft und der Gerhard-Mercator Universität Duisburg, Xanten 1997. Berlin 1999 (ZfdPh Bh. 9), S. 143–158.

Schmitz, Silvia: Die Poetik der Adaptation. Literarische *inventio* im *Eneas* Heinrichs von Veldeke. Tübingen 2007 (Hermaea N. F. 113).

Stebbins, Sara: Studien zu Tradition und Rezeption der Bildlichkeit in der *Eneide* Heinrichs von Veldeke. Frankfurt a. M., Bern 1977 (Mikrokosmos 3).

Syndikus, Anette: Dido zwischen Herrschaft und Minne. Zur Umakzentuierung der Vorlagen bei Heinrich von Veldeke. In: Beiträge 114 (1992), S. 57–107.

Abb. 5: Der Gott Vulkan fertigt die Rüstung für Eneas an. Er wird von der Göttin Venus, Eneas' Mutter, darum gebeten.

Quelle: Berlin, SBB-PK, mgf. 282, ca. 1220–1230. Heinrich von Veldeke: *Eneasroman* (B), fol. 39ʳ, lavierte Federzeichnung auf Pergament, 250–255 x 168–173 mm.

Eneas' Rüstung

Christina Lechtermann

Bellum rerum omnium pater – der Krieg ist der Vater aller Dinge. Wenngleich diese Sentenz ursprünglich in völlig andere Zusammenhänge gehört
und auf metaphysische Belange zielt, so lässt sie sich doch ausgesprochen gut
für mittelhochdeutsches Erzählen adaptieren und zumal für das Erzählen
vom Krieg im *Eneasroman* Heinrichs von Veldeke.[1] Nicht nur kommt der
Protagonist aus dem einen Krieg, um kaum später in einen zweiten zu geraten, damit die Weltgeschichte weitergehen kann, und nicht nur bezieht sich
der Erzähler immer wieder auf *den* Krieg und hält ihn auch in der Attribuie-
rung des Helden und seines Gefolges in beständiger Erinnerung (etwa *der
Troiâre Ênêas*; *Eneasroman*, V. 7305), sondern der Krieg selbst wird im Prozess des Erzählens in sehr konkretem Sinn zum Ursprung und Ort der Dinge. Sie sind in ihn eingelassen, er gibt ihnen narrative/n Rahmen, Funktion,
Anlass und Raum: Pferd, Reitzeug, Befestigungsanlagen, Rüstungen und
Helme, Belagerungsgerät, Feldlager, Waffen, Wappen, Zelt, Totenbahren und
Gräber – am Ende des Erzählens vom Krieg sind über die feindlichen Partei-
en und ihre Parteigänger hinweg die Dinge eines ganzen Kriegerlebens ver-
sammelt. Ihre Schilderung und die ihrer jeweiligen Geschichten nehmen
dabei so viel Erzählzeit ein, dass der Krieg, der die erzählten Dinge in ein
System zumindest relativer textueller Kohärenz einbindet, stockend beginnt
und dann immer wieder für umfangreiche Beschreibungen unterbrochen
wird. Die Rüstung des Eneas, die zugleich Rüstung der Venus und Rüstung
des Vulkan ist, bildet ein entsprechendes Erzählmoment aus. Ihre Entstehungsgeschichte wird in den mittelalterlichen Eneasromanen, dem altfranzösischen *Roman d'Eneas*[2] (um 1160) ebenso wie dem *Eneasroman* Heinrichs
von Veldeke (1170/85), erzählt, als die Belagerung der von Eneas in Italien

---

1   Zitiert nach: Heinrich von Veldeke: *Eneasroman*, 1997.
2   Zitiert nach: *Le Roman d'Eneas*, 1972.

errichteten Burg Montalbane durch Turnus unmittelbar beginnt (*Eneasro-man*, V. 5595–5840) bzw. soeben begonnen hat (*Roman d'Eneas*, V. 4297–4561).

Während die antike Vorlage, Vergils *Aeneis*,[3] die Komplettierung des Heeres durch Pallas und seine Kriegstruppen und die Herstellung der Rüstung in Form von göttlichen Parallelaktionen des Tiberinus und der Eneasmutter Venus (*Aeneis*, Buch VIII) verklammerte, entflechtet der *Roman d'Eneas* die Episoden und stellt die Dinggeschichte der Rüstung (*Roman d'Eneas*, V. 4297–4561) der Reise zu König Euander voran, die hier ebenfalls durch Venus angeregt wird. Heinrich folgt ihm darin und übernimmt ebenso zwei Erweiterungen der Rüstungsgeschichte des französischen Anonymus. Dieser ergänzte zum einen die Ausstattung des Helden um ein Feldzeichen bzw. eine Fahne (*Roman d'Eneas*, V. 4523–4542; *Eneasroman*, V. 5800–5823), die Pallas im Wettstreit gegen Arachne gewebt haben soll. Zum anderen führte er diejenige Episode ein, in der Venus' Ehebruch mit Mars erzählt wird, und stellt dabei die handwerklichen Fähigkeiten Vulkans ein erstes Mal in Form des feinmaschigen Netzes, das die Götter *in flagranti* fängt, zur Schau. Als Initialpunkt dieser Erweiterung wurde auf den Servius-Kommentar zu dieser Stelle verwiesen, der jedoch – zumindest für Heinrich – nicht die alleinige Quelle gewesen sein kann, sondern der vielmehr durch die Erzählung der beiden Episoden in Ovids *Metamorphosen* ergänzt worden sein dürfte.[4]

Die mittelalterlichen Romane setzen – auch abseits der genannten größeren Zusätze – bei der Entstehungsgeschichte der Rüstung und ihrer Schilderung eigene Akzente gegenüber Vergil und unterscheiden sich dabei zugleich voneinander. Die *Aeneis* legt einen ersten erzählerischen Schwerpunkt auf die Bittrede der Venus und Vulkans Gewährung, die in einer Liebesnacht münden, erzählt dann von Vulkans hausfrauengleichem Eifer bei der Herstellung der Rüstung, der die laufende Produktion aller anderen Göttergerätschaften zugunsten des Venusauftrags anhält, und fokussiert bei der Schilderung der Rüstung (aus der Perspektive des sie betrachtenden Eneas)

---

3   Zitiert nach: Vergil: *Aeneis*, 2008.
4   Vgl. Keilberth: Die Rezeption, 1975, bes. S. 211–219; Kistler: Heinrich von Veldeke, 1993, bes. S. 77–96.

vor allem auf den Schild als Bildträger.[5] Der *Roman d'Eneas* hingegen beschreibt detailliert alle Rüstungsgegenstände während sie von Venus betrachtet werden, wobei neben dem Feldzeichen (*Roman d'Eneas*, V. 4523–4542) lediglich das Schwert herausgehoben scheint, insofern es von Vulkan signiert und dann auf eben dem Amboss erprobt wird, auf dem sonst Jupiters Blitze geschmiedet werden (*Roman d'Eneas*, V. 4469–4506). Der *Eneasroman* tilgt die anderen Arbeiten der Götterschmiede völlig und akzentuiert erneut den Schild (*Eneasroman*, V. 5752–5782), den er vor das Feldzeichen (*Eneasroman*, V. 5800–5823) an das Ende der Rüstungsbeschreibung setzt, die hier mit dem Schaffensprozess – also mit Vulkan – verbunden ist. Den mittelalterlichen Schilderungen ist ein besonderer Akzent auf die Materialität gemeinsam, den nur Heinrich um heraldisch-symbolische Momente erweitert, wobei er zugleich – stärker noch als seine Vorlage – die taktilen und plastischen Aspekte verzeichnet und so das Dinghafte der Rüstungsgegenstände hervorhebt.[6] An diese Beobachtung wurden Deutungen angeschlossen, die versuchten, eine Betonung der Venus und ihrer mütterlichen Fürsorge als Effekt der mittelhochdeutschen Adaptation plausibel zu machen, die, indem sie etwa hinsichtlich der Tragegurte für Komfort sorgt, das Heroische und Archaische des Schilds wie seines Trägers relativiert und so zugleich einen ambivalenten Helden konstituiert, bei dem zunächst noch «die Mutter auf die Schonung der zarten Haut» zu achten scheint, und an dem die Rüstung die spätere «heldenhafte Tapferkeit» erst hervorbringt.[7]

Ich sehe die Akzente im *Eneasroman* etwas anders gesetzt: Zwar bestellt die Heldenmutter auch hier die Rüstung, berät hinsichtlich bestimmter Elemente, prüft das in Auftrag Gegebene und sendet den Boten aus, der sie liefert. Doch gerade Heinrichs Text bindet die sprachliche Darstellung der Rüstung zugleich an ihren Schöpfer und sein Handwerk, insofern dieser sie – anders als in den anderen Versionen der Geschichte – meistenteils selbst

---

5   Wandhoff: Ekphrasis, 2003, bes. S. 48–57.

6   «[...] während das Material in den antiken Epen letztendlich seiner Bebilderung untergeordnet bleibt, beginnen die dinglichen Aspekte der Ekphrasen, die edlen Stoffe, wertvollen Gemmen und leuchtenden Farben, in der allegorischen Zeichenwelt des christlichen Mittelalters selbst zu ‹sprechen›» (Wandhoff: Ekphrasis, 2003, S. 64).

7   Christ: Bausteine, 2015, S. 111 und S. 113; vgl. Lienert: Das Schwert des Vulkans, 2009.

herstellt. Der Erzähler verknüpft überdies die Figuren Vulkan und Eneas, indem er – anders als der französische Text – den Schaffensprozess bereits auf den Helden bezieht, der die Waffen tragen wird.[8] Die dyadische Beziehung von Mutter und Sohn, die die Rüstung als Gabe natürlich auch stiftet, wird gerade im mittelhochdeutschen Text zu einer dreistelligen Verbindung erweitert.[9] Somit bleibt die symbolische Dimension der Rüstung, die den Helden ebenso als würdigen Favoriten der Götter wie der Minne inszeniert,[10] bei Heinrich bewahrt, sie wird jedoch ergänzt um einen weiteren Aspekt. Was mit Vulkan und der Pallas-Arachne-Episode im französischen Text und mehr noch bei Heinrich von Veldeke ins Spiel kommt, ist ein neuer Pakt mit der Welt der Dinge, der in der Rüstung sehr wörtlich geschmiedet wird. Der im *Eneasroman* direkt auf Eneas bezogene Herstellungsprozess der Rüstung kann dabei ebenso als Emblem des Handwerklichen und Materialen – der *Artes mechanicae* – gelten wie die gewebte Fahne, die ihm zur Seite gestellt wird. Die Trojaner, die ihre überragenden Fertigkeiten im Bau und in der Bewirtschaftung von Montalbane, in der Kampf- und Jagdkunst, der Navigation und Medizin und sogar in der Zubereitung von Speisen im Verlaufe des Erzählens dokumentieren konnten, erhalten die Welt der Dinge, die *metallaria* und *vestiaria*, die ihnen in der Ding-Tradition Trojas für Geschenk oder Tausch bereits zur Verfügung steht, als Gabe der Götter erneut. Gründet bereits Karthago durch den Zirkelschlag seiner Herrscherin auf angewandter

---

[8]   Das weitgehende Fehlen der Helfer (bzw. Cyklopen) vermerkt bereits Keilberth (vgl. Keilberth: Die Rezeption, 1975, S. 271), der auch auf die neu gestiftete Verbindung von Vulkan und Eneas verweist: «Veldeke hat Vulcanus die Waffen im Hinblick auf Eneas anfertigen lassen. Während der Roman d'Eneas in diesem Bereich Eneas kein einziges Mal erwähnt, spricht Veldeke fast immer davon, welchen Gegenstand der Ausrüstung der Schmiedegott ihm ‹sante›.» (Keilberth: Die Rezeption, 1975, S. 273).

[9]   Vgl. Oswald: Gabe und Gewalt, 2004, S. 225–228. Sie betont, dass die mittelalterlichen Fassungen die direkte Interaktion von Mutter und Sohn gerade «zu Gunsten einer vermittelten Transaktion ihrer Gabe» (Oswald: Gabe und Gewalt, 2004, S. 226) streichen.

[10]   Masse: La description, 2004, S. 219: «En somme, la description de ses armes manifeste que le héros allie en lui les forces de l'amour, de la prouesse et de l'élection divine. Ce faissant, et de manière plus marguée dans l'*Eneit* que dans le texte roman, le passage descriptif annonce et justifie par avance, dès le début des hostilités, la victoire finale du héros.»

Geometrie, so wird das neue *imperium* nicht allein durch die von Eneas mit-
gebrachten und verschenkten Dinge konstituiert,[11] sondern durch eine in
doppelter göttlicher Fürsorge gegründete *translatio* des Handwerklichen und
‹Mechanischen›. Dass Eneas schließlich auch durch technische Überlegenheit, durch die Widerstandskraft des Geschmiedeten, einen ihm ebenbürti-
gen Gegner besiegen wird, ebenso wie das erschreckend-beeindruckende Zelt
nicht nur Karthago überbieten will, erscheint aus dieser Perspektive nicht als
Defizit in der Figur des Helden, sondern als programmatische Allianz.

Die Agency der trojanischen Dinge und diejenige der Dinge, die von
den Göttern eigens für die Trojaner geschaffen werden, ist Teil dieses Pro-
gramms und Teil einer Geschichte der Dinge, die bis in die Erzählzeit, bis zu
Friedrich dem Staufer reicht.[12] Gerade bei Heinrich wird dabei über das Bild
einer Rüstung, die sich trägt wie ein Leinengewand, die aber trotzdem nicht
zu durchschlagen ist (*Eneasroman*, V. 5681 und 5696), eine besondere Nähe
zu dem spinnwebenhaften Netz des Vulkan hergestellt, das nur hier – in
direkter Adaptation der *Metamorphosen* – so fein ist, *daz manz kûme gesach*
(*Eneasroman*, V. 5638, «dass man es überhaupt nicht sehen konnte»), und
doch so fest, dass Venus und Mars nicht entkommen können. Vulkan, der
nur im *Eneasroman* außer in eigenen Belangen allein noch für Eneas schmiedet und von dessen Diensten für Jupiter und Mars in dieser Adaptation keine
Rede mehr ist, stattet den Begründer des letzten Weltreichs mit einer Rüstung aus, mit der, so scheint es, sogar die Götter selbst überwunden werden
könnten.[13] Ob und inwiefern die eigentümlich textile Struktur, die Rüstung,
Netz und Fahne unter der Ägide des Gewebten und Geknüpften verbindet,
dabei hier zugleich eine Reflexionsfigur gerade derjenigen Kunst aufruft, die

---

11   Vgl. zur trojanischen Gaben-Logik Oswald: Gabe und Gewalt, 2004, S. 135–215.

12   Vgl. zu den entsprechenden kulturwissenschaftlichen Konzepten den Band: Dingkulturen, 2016, darin besonders die Einleitung von Mühlherr (S. 1–20) sowie den Beitrag
von Brüggen (S. 127–144). Siehe zur erzählten Rüstung: Miklautsch: Zuerst die Rüstung,
2009, S. 299–310; zu realienkundlichen Überlegungen: Blaschitz: … *gechleidet wol nach
ritters siten*, 1999, S. 371–410.

13   Vgl. Schanze: Der göttliche Harnisch, 2016, bes. 61.

im Sinne einer konkret greifbaren Welt zunächst ganz materiallos operiert, muss an anderer Stelle diskutiert werden.[14]

Bibliographie

Heinrich von Veldeke: *Eneasroman.* Herausgegeben von Dieter Kartschoke, nach dem Text von Ludwig Ettmüller ins Neuhochdeutsche übersetzt, mit einem Stellenkommentar und einem Nachwort, durchgesehene und bibliographisch ergänzte Ausgabe. Stuttgart 1997 (RUB 8303).

Le Roman d'Eneas. Übersetzt und eingeleitet von Monica Schöler-Beinhauer. Mit dem Text von Jacques Salverda de Grave. München 1972 (Klassische Texte des romanischen Mittelalters in zweisprachigen Ausgaben 9).

Publius Vergilius Maro: *Aeneis.* Lateinisch/Deutsch. Übersetzt und herausgegeben von Edith und Gerhard Binder. Stuttgart 2008 (RUB 18918).

Behmenburg, Lena: Philomela. Metamorphosen eines Mythos in der deutschen und französischen Literatur des Mittelalters. Berlin, New York 2009 (TMP 15).

Blaschitz, Gertrud: ... *gechleidet wol nach ritters siten.* Beschreibungen von Kleidung und Rüstung im *Frauendienst.* In: Barbara Maier und Franz V. Spechtler (Hgg.): Ich – Ulrich von Liechtenstein. Literatur und Politik im Mittelalter. Akten der Akademie Friesach, «Stadt und Kultur im Mittelalter», Friesach (Kärnten), 2.–6. September 1996. Klagenfurt 1999 (Schriftenreihe der Akademie Friesach 5), S. 371–410.

Brüggen, Elke: Die Rüstung des Anderen. In: Anna Mühlherr, Bruno Quast, Heike Sahm und Monika Schausten (Hgg.): Dingkulturen. Objekte in Literatur, Kunst und Gesellschaft der Vormoderne. Berlin, Boston 2016 (Literatur – Theorie – Geschichte 9), S. 127–144.

Christ, Valentin: Bausteine zu einer Narratologie der Dinge. Der *Eneasroman* Heinrichs von Veldeke, der *Roman d'Eneas* und Vergils *Aeneis* im Vergleich. Berlin, Boston 2015 (Hermaea N. F. 137).

Glauch, Sonja: Inszenierungen der Unsagbarkeit. Rhetorik und Reflexion im höfischen Roman. In: ZfdA 132 (2003), S. 148–176.

Keilberth, Thomas: Die Rezeption der antiken Götter in Heinrichs von Veldeke *Eneide* und Herborts von Fritzlar *Liet von Troye.* Berlin 1975.

Kistler, Renate: Heinrich von Veldeke und Ovid. Tübingen 1993 (Hermaea N. F. 71).

---

14   Anregungen dazu finden sich etwa bei: Wandhoff: Ekphrasis, 2003, bes. S. 150 f.; Glauch: Inszenierungen der Unsagbarkeit, 2003; Kraß: Geschriebene Kleider, 2006, bes. S. 13–15, 75 f., 360 f. oder Behmenburg: Philomela, 2009, bes. S. 36–45.

Kraß, Andreas: Geschriebene Kleider. Höfische Identität als literarisches Spiel. Tübingen 2006 (Bibliotheca Germanica 50).

Lienert, Elisabeth: Das Schwert des Vulcanus und die *êre* des Eneas. Zur Heldenkonzeption bei Heinrich von Veldeke. In: Cord Meyer (Hg.): *Vorschen, denken, wizzen. Vom Wert des Genauen in den ‹ungenauen Wissenschaften›*. Festschrift Uwe Meves. Stuttgart 2009, S. 67–76.

Masse, Marie-Sophie: La description dans les récits d'Antiquité allemands (fin du XIIe-début du XIIIe siècle). Aux origines de l'adaptation et du roman. Paris 2004.

Miklautsch, Lydia: Zuerst die Rüstung, dann der Held. Männlichkeit und Maskerade am Beispiel des *Eckenlieds*. In: Johannes Keller und Florian Kragl (Hgg.): Mythos – Sage – Erzählung. Gedenkschrift für Alfred Ebenbauer. Göttingen 2009, S. 299–310.

Mühlherr, Anna: Einleitung. In: dies., Bruno Quast, Heike Sahm und Monika Schausten (Hgg.): Dingkulturen. Objekte in Literatur, Kunst und Gesellschaft der Vormoderne. Berlin, Boston 2016 (Literatur – Theorie – Geschichte 9), S. 1–20.

Oswald, Marion: Gabe und Gewalt. Studien zur Logik und Poetik der Gabe in der frühhöfischen Erzählliteratur. Göttingen 2004 (Historische Semantik 7).

Schanze, Christoph: Der göttliche Harnisch und sein Gehalt. Zur Ausrüstung des Eneas im *Roman d'Eneas* und bei Heinrich von Veldeke. In: helden. heroes. héros. E-Journal zu Kulturen des Heroischen 4.1 (2016), Sh.: Heroes and Things. Heroisches Handeln und Dinglichkeit, S. 53–63 (DOI: 10.6094/helden.heroes.heros./2016/01/06 [17.02.2019]).

Wandhoff, Haiko: Ekphrasis. Kunstbeschreibungen und virtuelle Räume in der Literatur des Mittelalters. Berlin, New York 2003 (TMP 3).

Prekärer Zeichenstatus: Alimentäre Objekte in der Literatur des Mittelalters[1]

Anna Kathrin Bleuler

Wenn man sich mit der Bedeutung und dem Stellenwert von Nahrungsmitteln im 12. und 13. Jahrhundert beschäftigt, muss man berücksichtigen, dass die Geschichte von Essen und Trinken im Mittelalter eine Geschichte des Mangels ist. Studien zu den europäischen Hungersnöten im Früh- und Hochmittelalter zeigen, dass zwischen dem 8. und 13. Jahrhundert jede Generation von mindestens einer längeren Hungersperiode betroffen war,[2] wobei der Nahrungsmangel in Europa nicht infolge von Regenmangel und anhaltender Dürre entstand, sondern infolge von anhaltender Nässe, langem Winterfrost und stark verregneten Sommern.[3] Gott, so begründet Ludwig der Fromme im Jahr 828 das Hungerleid, sei durch die Sünden der Menschen so erzürnt worden, dass er sie strafe. Die Vorstellung, wonach dauernder Hunger (*fames continua*), Viehsterben und Seuchen eine Strafe des Herrn seien, war auch im 12. und 13. Jahrhundert verbreitet.[4]

Des Weiteren muss man berücksichtigen, dass das Vorhandensein von Lebensmitteln saisonal bedingt war. Konserven, das Einmachen von Erbsen, Bohnen, Obst und Gemüse, wurden erst im frühen 19. Jahrhundert entwi-

---

1   Der folgende Beitrag basiert auf Überlegungen aus meinem Buch zur Nahrungsthematik in der höfischen Epik (Bleuler: Essen – Trinken – Liebe, 2016). Anders als es im Buch der Fall ist, nehme ich im vorliegenden Beitrag nicht den gesamten Bereich des Alimentären, der aus Handlungen und Objekten besteht, in den Blick, sondern gehe lediglich auf die Darstellung von alimentären Objekten in mittelalterlichen Texten ein.

2   Hungersnöte gab es demzufolge seit karolingischer Zeit bis zum Hochmittelalter in den Jahren: 779/80, 792/93, 805–809, 843, 868, 873/74, 941, 1005/6, 1031, 1043–45, 1095, 1099–1101, 1124–26, 1145–47, 1150/51, 1161/62, 1195–98, 1225/26 (vgl. Schubert: Essen und Trinken, 2006, S. 34).

3   Vgl. Schubert: Essen und Trinken, 2006, S. 33 f.

4   Vgl. ebd., S. 39 f.

ckelt.[5] Auch frisches Fleisch war nicht zu jeder Zeit verfügbar, sondern lediglich in den Schlachtmonaten November und Dezember, wobei vor allem im Dezember, der auch ‹Schweinemonat› heißen kann, geschlachtet wurde.[6] Das in diesen Wochen gedörrte oder eingepökelte Fleisch musste mindestens bis Ostern halten. Zwischen Ostern und Pfingsten herrschte die Zeit der Eierspeisen und für die Wohlhabenden die Zeit des Lammfleisches.[7] Im Sommer und im Herbst gab es Gerichte, die allenfalls mit untergekochtem Speck angereichert werden konnten.[8]

Dass im Mittelalter jeder Mensch, unabhängig von seinem Stand, Zeiten des Heißhungers erlebt hat, ist ein Befund, den man leicht übersieht, wenn man sich mit den Darstellungen von Mählern in mittelalterlichen Texten und Bildern beschäftigt, denn diese beziehen sich zumeist auf den Ausnahmezustand von Festen, bei denen Fülle demonstriert wurde.[9]

Angesichts des (drohenden) Mangels hatte Nahrung im Mittelalter einen hohen sozialen Stellenwert. Vor allem schwer erhältliche, teure Nahrungsmittel galten als Statussymbole, als Distinktionsmerkmale zwischen Armen und Reichen, mit denen – ähnlich wie mit feiner Kleidung – soziale Unterschiede zur Geltung gebracht wurden.[10] Im Zentrum solcher Zeichensetzung, darin ist sich die Forschung einig, steht die Geschichte des Fleisches.[11] Denn das rigorose mittelalterliche Jagdrecht verschloss die Wälder und Gewässer praktisch für alle, die keine Herrschaftsrechte ausübten. Jagdbares Wild und Fische gehörten daher, neben dem Hausgeflügel, zu den charakteristischen Speisen des Adels.[12] Die Küche der Bauern dagegen war durch Fleischarmut bestimmt. Chronikalen Berichten zufolge bildeten Rog-

---

5   Vgl. ebd., S. 96.

6   Vgl. ebd., S. 97.

7   Vgl. ebd.

8   Vgl. ebd.

9   Vgl. ebd., S. 11–15.

10   Vgl. ebd., S. 249–251.

11   Vgl. ebd., S. 97 und S. 249–251; Bumke: Höfische Kultur, 1997, S. 242 f.

12   Zu Stellenwert und Bedeutung der Jagd in der feudaladligen Gesellschaft des 12. und 13. Jahrhunderts vgl. die ausführliche Abhandlung von Heinig: Die Jagd in Wolframs *Parzival*, 2012, S. 2–38 sowie S. 171–208.

genbrot, Haferbrei, gekochte Bohnen, Erbsen und Linsen sowie Wasser und Molke ihre Ernährungsgrundlage.[13]

Obwohl in mittelalterlichen Texten viel von Festen erzählt wird und die sogenannten Herrenspeisen (u. a. eben Fleisch) für die adlige Gesellschaft des hohen Mittelalters ein wichtiges Standes- und Herrschaftsattribut waren, ist für die Zeit zwischen dem vierten und 13. Jahrhundert in Europa keine kulinarische Literatur bezeugt.[14] Wenn Nahrung thematisiert wird, handelt es sich nicht um detaillierte Darstellungen, sondern um stereotype Aufzählungen. Hof- und Tischzuchten des 12. und 13. Jahrhunderts etwa berichten zwar über die festliche Ausgestaltung der höfischen Mahlzeit und darüber, wie man sich bei Tisch verhalten soll; Aussagen zum alimentären Bereich beschränken sich jedoch auf die Nennung einiger weniger Nahrungsmittel wie Brot, Ei, Apfel, Birne, Schnittlauch, Salz und Wein.[15]

Nicht viel anders sieht es in der höfischen Epik aus. Diese enthält formelhafte Wendungen, wie *der spîse guot, der spîse unt des wînes genuoc, der spîse warm unt kalt* oder *wilt unt zam* (Wild und Fleisch von Tieren aus der Stallhaltung), die die Vielfalt, Fülle und Exklusivität höfischer Speisen und Getränke andeuten.[16] Gelegentlich werden in Mahlszenen Fleischgerichte genannt (neben Schlachtfleisch [u. a. Lamm, Schaf, Schwein] und Wildtierprodukten [u. a. Hase, Pfau, Kapaun, Fasan, Rebhuhn, Reiher] auch Fisch [u. a. Hecht, Lachs, Lachsforelle, Störe, Neunaugen]),[17] ferner Saucen (*salse, agraz*), Salz, Pfeffer, Käse und Brot (das sowohl als Unterlage für die Speisen als auch als ‹Hilfsmittel› zum Aufgreifen derselben verwendet wird) sowie unterschiedliche Weinsorten (*lûtertranc/clâret* [‹Weißwein›], *sinôpel* [‹Rotwein›], *met/lît* [‹Fruchtwein›], *môraz* [‹Maulbeerwein›]). Erwähnung finden des Weiteren alimentäre Objekte, die magische Kräfte besitzen, wie der Zaubertrank in Gottfrieds von Straßburg *Tristan* oder Lârîes ‹Wunderbrot› in

---

13   Vgl. die historiografischen Quellen bei Schubert: Essen und Trinken, 2006, S. 97 und S. 250 f.

14   Vgl. Schulz: Essen und Trinken im Mittelalter, 2011, S. 82 f.

15   Vgl. ausführlich Bleuler: Essen – Trinken – Liebe, 2016, S. 89–97.

16   Vgl. die Zusammenstellung literarischer Belege bei Schulz: Essen und Trinken im Mittelalter, 2011, S. 82–112.

17   Vgl. ebd.

Wirnts von Grafenberg *Wigalois*.[18] Die Lyrik wiederum enthält vereinzelte Erwähnungen von (erotisch codierten) Früchten wie Birnen, Nüssen, Äpfeln und Pflaumen.[19] Das alles jedoch sind Ausnahmen, zumeist bleibt der Bereich des Alimentären unerwähnt. So etwa kommen im *Tristan* Gottfrieds von Straßburg, der immerhin fast 20.000 Verse umfasst, nur Wein und Brot sowie ein Zaubertrank vor.[20] Eines der wenigen Dokumente aus dem Hochmittelalter, das eine detaillierte Darstellung höfischer Kulinarien enthält, ist *Daz buoch von guoter spîse*, das im *Hausbuch* des bischöflich-würzburgischen Protonotars Michael de Leone († 1355) eingetragen ist und das als ältestes deutschsprachiges Kochbuch gilt.[21]

In der Forschung wird die zurückhaltende Thematisierung von Essen und Trinken in der Literatur des Mittelalters damit begründet, dass es in der damaligen höfischen Gesellschaft als unfein galt, allzu detailliert darüber zu berichten.[22] Was bislang jedoch nicht beachtet wurde, ist, dass die mittelalterlichen Texte selbst eine Erklärung für das Phänomen bieten, und zwar eine davon abweichende. Diese Erklärung ist aussagekräftig für die Untersuchung der Semiotik des Alimentären in der Literatur des Mittelalters, denn sie vermittelt eine historische Vorstellung über den Rezeptionsmodus von

---

18   Zum Zaubertrank vgl. Gottfried von Straßburg: *Tristan*, 1999. Weitere Belege dafür: Heinrich von Veldeke: *Ich bin vrô* (MF 57,10) und *Tristan muose sunder sînen danc* (MF 58,35), 1988, sowie Bernger von Horheim: *Nu einbeiz ich doch des trankes nie* (MF 112,1), 1988. Zu Lârîes ‹Wunderbrot› vgl. Wirnt von Grafenberg: *Wigalois*, 2005, V. 4375–4430.

19   Vgl. ausführlich Bleuler: Essen – Trinken – Liebe, 2016, S. 96 f.

20   Hinzu kommen einige Nahrungsmittel wie Obst, Safran und Honig, die im Rahmen von Vergleichen genannt werden (vgl. *Mittelhochdeutsche Begriffsdatenbank*).

21   Die Rezeptsammlung, die *Daz buoch von guoter spîse* enthält, kommt aus der mündlichen Tradition. Die Rezepte sind mehr Gedächtnisstützen denn präzise Anleitungen zum Kochen, da sie die Kenntnis der Gerichte bereits voraussetzen. Im 15. Jahrhundert, etwa 100 Jahre nach der Aufzeichnung des *buochs von guoter spîse*, setzt eine breite Überlieferung von Kochbüchern ein, die Beweis einer hoch entwickelten Kochkunst sind, einer Kunstfertigkeit, die im scholastischen Artes-System den *artes mechanicae* zugeordnet wurde (*Daz buoch von guoter spîse*, 1976, S. 3–5).

22   Vgl. u. a. Schulz: Essen und Trinken im Mittelalter, 2011, S. 82 f.

literarischen Essens- und Trinkensdarstellungen, der deren Zeichenstatus implizit infrage stellt.

Grundsätzlich herrscht in der Forschung Einigkeit darüber, dass es sich bei nonverbalen Erscheinungen – wie alimentären Objekten – in literarischen Texten um Träger von Bedeutung handelt, um Zeichen also, die Botschaften aussenden, Sinn vermitteln, für etwas Anderes stehen (können) als sie selbst, und dass dieses Andere an ihnen abgelesen werden muss.[23] Denn selbst wenn man von einem fetischistischen Kunstverständnis ausgeht, das in der Forschung für vormoderne Kulturen bisweilen angenommen wird, so ließe sich – anders als es z. B. bei einer antiken Götterstatue der Fall ist – nicht von der Hand weisen, dass die Präsenz von Objekten in literarischen Texten stets ein Effekt von literarischer Gestaltung ist, und zwar in dem Sinne, dass etwas, was materiell nicht präsent ist, mit sprachlich-ästhetischen Mitteln zur Erscheinung gebracht wird.[24] Man kommt nicht umhin, dass sprachliches Handeln Zeichenproduktion ist und als solches stets Zeichenstatus und -funktion hat. Der Anfang des 13. Jahrhunderts entstandene *Parzival*-Roman[25] Wolframs von Eschenbach enthält nun einen Erzählerkommentar, mit dem eine Mahlszene auf Schastel marveile beendet wird und der wie folgt lautet: *ezn sî denne gar ein vrâz, / welt ir, si habent genuoc dâ gâz* (*Parzival*, V. 639,1 f.). Dieter Kühn übersetzt die Stelle folgendermaßen: «Falls dort nicht ein Vielfraß sitzt – / bitteschön, dann sind sie satt ...»; dem Sinn nach ähnlich übersetzt auch Peter Knecht: «Wenn ihr einverstanden seid, dann haben sie jetzt fertig gegessen – es wird ja wohl kein gar zu gieriger Fresser dabei sein.»[26] Zweifellos gibt der Erzähler hier vor, die Hörer darüber bestimmen zu lassen, dass beim Festmahl auf Schastel marveile nun genug gegessen worden sei.[27] – Aber: Der Vers 639,1 *ezn sî denne gar ein vrâz* lässt sich auch

---

23   Vgl. Müller: Visualität, Geste, Schrift, 2003, S. 119.

24   Wolfgang Iser verwendet für solche Phänomene den Begriff der ‹literarischen Inszenierung› (vgl. Iser: Das Fiktive und das Imaginäre, 1993, S. 504 f.).

25   Zitiert nach: Wolfram von Eschenbach: *Parzival*, 2006.

26   Vgl. Wolfram von Eschenbach: *Parzival*, 2006; Wolfram von Eschenbach: *Parzival*, 1998.

27   Dieses Verfahren der Beteiligung des Publikums am Erzählvorgang gehört zu den spezifischen Erzählmitteln Wolframs (vgl. Nellmann: Wolframs Erzähltechnik, 1973, S. 35–50).

anders verstehen, als es Kühn und Knecht tun, nämlich nicht auf das fiktionsimmanente Personal (die Hofgesellschaft von Schastel marveile) bezogen, sondern gleichfalls auf das textexterne Publikum (die Hörer des Textes). Sinngemäß ließe er sich dann so übersetzen: «Wenn unter euch kein Vielfraß sitzt, dann seid ihr ja wohl einverstanden damit, dass sie (die Tafelteilnehmer von Schastel marveile) nun satt sind.»

Versteht man den Vers auf diese Weise, dann verhält es sich so, dass hier eine figurative, sinnliche Wahrnehmbarkeit von literarischen Essens- und Trinkensdarstellungen zur Sprache kommt, indem unterstellt wird, dass der, der mehr von Essen und Trinken hören wolle, ein *vrâz* sei. Diese Lesart gewinnt an Plausibilität, wenn man berücksichtigt, dass sich in der höfischen Epik mehrfach derartige formelhafte Wendungen finden, mit denen derjenige, der gerne von Essen und Trinken hört bzw. erzählt, als ‹Fresssack› angeprangert wird.

Ein Beispiel dafür ist Rudolfs von Ems *Wilhelm von Orlens*[28] (Minneroman, Mitte 13. Jahrhundert), in dem es heißt, es sei ein Fresser, wer von vielem Essen rede (*Von vil ezzens sage ain vraz*; V. 14760); eine nahezu identische Aussage findet sich im *Tristan als Mönch*[29] (*die maniger hande trachte / die losse ich on achte: / ein froß von froßheit sagen sol*; V. 621–623). Ein weiteres Beispiel dafür ist Johanns von Würzburg *Wilhelm von Österreich*[30] (Minneroman, Anfang 14. Jahrhundert), in dem der Erzähler an einer Stelle anmerkt, dass der, der wissen wolle, wann sie (die Figuren des Textes) etwas essen würden, sich zu den Fressern gesellen solle, um dort den Erzählungen vom Essen zu lauschen (*ob mich nu ainer vragt / wenne si iht æzzen, / der ge zu andern vræzzen / und la von spise im sagen*; V. 15176–15179). Auch hier zeigt sich, dass die literarischen Essens- und Trinkensdarstellungen nicht als bloße Zeichen aufgefasst werden, sondern als Textelemente, die beim Rezipienten die Vorstellung von wirklichem Essen und Trinken aufrufen und damit Appetit erzeugen können, weshalb sowohl der, der viel von Essen und Trinken hören will, als auch derjenige, der von vielem Essen erzählt (und

---

28   Zitiert nach: Rudolf von Ems: *Willehalm von Orlens*, 1905.
29   Zitiert nach: *Tristan als Mönch*, 1974.
30   Zitiert nach: Johann von Würzburg: *Wilhelm von Österreich*, 1906.

sich damit an seiner eigenen Erzählung vom Kulinarischen delektiert), als Fresser gilt.

Angesichts der Häufigkeit, in der solche Aussagen in der höfischen Epik auftreten, kann die Engführung von erzählter Nahrung und echter Nahrung, von geistiger und körperlicher Erfüllung, als eine konventionalisierte Vorstellung betrachtet werden, die auf den prekären Status von literarischen Essens- und Trinkensdarstellungen verweist. Vor dem Hintergrund des moraltheologischen Diskurses über die Völlerei[31] stellt ihre Rezeption dann nämlich genauso eine Sünde dar wie der übermäßige Konsum von echten Nahrungsmitteln. Die oben genannte Stelle im *Parzival* spielt auf diese Vorstellung an, sofern man den Vers *ezn sî denne gar ein vrâz* (*Parzival*, V. 639,1) nicht auf die Hofgesellschaft von Schastel marveile bezieht, wie es Kühn und Knecht tun, sondern auf das textexterne Publikum.

Die Stelle muss im Zusammenhang mit den gehäuften Anmerkungen des Erzählers im letzten Teil des Romans (Bücher XIII–XVI) gesehen werden, mit denen er sich gegenüber den Sinnesfreuden der dargestellten Welt verschließt. Betroffen von solcher Abkehr ist nicht nur der Bereich des Alimentären, verweigert wird auch die Beschreibung anderer Objekte, wie die von Kleidern und Accessoires (V. 515,7–10), von Schmuck (V. 735,28–30; V. 773,18–30) und Raumausstattungsgegenständen (V. 642,10–12; V. 760,30–761,1).

In der Forschung ist dies unterschiedlich gedeutet worden:[32] Während solche *brevitas*-Topoi in der höfischen Epik früher als Indizien dafür gesehen wurden, dass das Publikum an bestimmten Themenkomplexen (wie Mahlzeiten, Reisen, Kleidung) kein Interesse hatte, werden sie in jüngerer Zeit unter erzählstrategischen Gesichtspunkten als Formulierungen gedeutet, die es den Autoren zum einen ermöglichten, Wiederholungen zu vermeiden und

---

31   Zur Geschichte der Völlerei vgl. Prose: Völlerei, 2009.

32   Vgl. hierzu Nellmann: Wolframs Erzähltechnik, 1973, S. 163 f. In ihrem 2012 erschienenen Kommentar zum *Parzival*-Schluss erwähnt Michaela Schmitz zwar die sich in dieser Textpartie häufenden *brevitas*-Formeln. Obwohl sie sich zum Ziel setzt, spezifische «narrative, formal-rhetorische und stilistisch-sprachliche» Gestaltungsmittel im Kommentar zu diskutieren (Schmitz: Der Schluss des *Parzival*, 2012, S. 22), geht sie jedoch an keiner Stelle auf deren Bedeutung für das Gesamtkonzept des Textes ein (zur Kritik an Schmitz' Kommentar vgl. Bleuler: Rezension, 2013, S. 290 f.).

das Erzähltempo zu beschleunigen, und zum anderen Steigerungseffekte zu erzielen, indem die Pracht der zu beschreibenden Welt gerade dadurch erhöht wird, dass der Erzähler sagt, er vermöge sie nicht darzustellen. Dem *Parzival* allerdings wird in der Forschung ein Übermaß des Gebrauchs solcher Formulierungen attestiert, das ermüdend wirke.[33]

Für die Frage nach einer Semiotik des Alimentären in der höfischen Dichtung sind Aussagen wie die vom *vrâz* im *Parzival* (V. 639,1 f.) vor allem deshalb interessant, weil sie eine historische Vorstellung über einen Rezeptionsmodus von literarischen Essens- und Trinkensdarstellungen transportieren, die im Widerspruch zu deren gängiger Deutung als Zeichen zu stehen scheint. Denn indem unterstellt wird, derjenige sei ein *vrâz*, der mehr von Essen und Trinken hören wolle, wird implizit davon ausgegangen, dass die im Text evozierten Speisen und Getränke vom Rezipienten nicht als bloße Codierungen oder als imaginäre ‹Bilder› aufgefasst werden, sondern dass sie zugleich einen alltäglichen Vorstellungsbereich aufrufen, der den Rezipienten dazu verleitet, sie wörtlich zu nehmen, oder anders gesagt: sie körperlich-sinnlich als Figurationen von Essen und Trinken aufzufassen.

Im Ganzen gesehen heißt das, dass die Texte unterschiedliche Rezeptionsmöglichkeiten von literarischen Essens- und Trinkensdarstellungen thematisieren. Angesichts dieses Befunds scheint es mir nicht gerechtfertigt, Essens- und Trinkensdarstellungen in der höfischen Dichtung als nichts anderes denn als Zeichen anzusehen. Genauso verfehlt wäre es allerdings, ins gegenteilige Extrem zu verfallen, ihren Zeichencharakter zu negieren und zu behaupten, literarische Essens- und Trinkensdarstellungen seien nichts als sie selbst, keine Repräsentation also, sondern reine ‹Präsenz› des Alimentären. Entscheidend scheint mir vielmehr, dass sich in den Texten unterschiedliche Vorstellungen über die Rezeptionsmöglichkeiten von Essen und Trinken überlagern. Nimmt man nämlich ernst, dass alimentäre Objekte auf diskursiver Ebene mittelalterlicher Erzähltexte einmal als Zeichen (Codierungen), einmal als imaginäre Gegenstände (‹Bilder›) und einmal als echte Objekte (wörtliche Bedeutung) inszeniert werden, dann verweist das darauf, dass das spezifisch Poetische an literarischen Essens- und Trinkensdarstellungen gera-

---

33   Vgl. Nellmann: Wolframs Erzähltechnik, 1973, S. 164.

de darin besteht, dass sie den Rezipienten zu einem Gleiten zwischen unterschiedlichen Rezeptionsmodi anzuregen vermögen, nämlich zwischen einer auf Erkenntnisgewinn ausgerichteten Rezeption und einer affektiv-sinnlichen Teilhabe am Rezeptionsvorgang. Damit wäre ein Merkmal für eine Semiotik des Alimentären in der Literatur des Mittelalters benannt, das die kategoriale Unterscheidung zwischen referenziellem, figurativem und imaginärem Sinn, wie sie in der Forschung oftmals vorgenommen wird, zum Kollabieren bringt.

Bibliographie

Bushey, Betty C.: *Tristan als Mönch.* Untersuchungen und kritische Edition. Göppingen 1974 (GAG 119).

Daz buoch von guoter spîse. Abbildungen zur Überlieferung des ältesten deutschen Kochbuchs. Herausgegeben von Gerold Hayer. Göppingen 1976 (Litterae 45).

Gottfried von Straßburg: *Tristan.* Mittelhochdeutsch/Neuhochdeutsch. Nach dem Text von Friedrich Ranke. Neu herausgegeben, ins Neuhochdeutsche übersetzt, mit einem Stellenkommentar und einem Nachwort von Rüdiger Krohn. 3 Bände. Stuttgart [6]1999 (RUB 4471–4473).

Johann von Würzburg: *Wilhelm von Österreich.* Aus der Gothaer Handschrift. Herausgegeben von Ernst Regel. Berlin 1906 (DTM 3).

Des Minnesangs Frühling. Unter Benutzung der Ausgaben von Karl Lachmann und Moritz Haupt, Friedrich Vogt und Carl von Kraus, bearbeitet von Hugo Moser und Helmut Tervooren. 38., erneut revidierte Auflage. Mit einem Anhang der Budapester und Kremsmünsterer Fragmente. Bd. 1: Texte. Stuttgart 1988.

Rudolf von Ems: *Willehalm von Orlens.* Herausgegeben von Victor Junk aus dem Wasserburger Codex der fürstlich Fürstenbergischen Hofbibliothek in Donaueschingen. Berlin 1905 (DTM 2).

Wirnt von Grafenberg: *Wigalois.* Text, Übersetzung, Stellenkommentar. Text der Ausgabe von Johannes M. N. Kapteyn. Übersetzt, erläutert und mit einem Nachwort versehen von Sabine und Ulrich Seelbach. Berlin, New York 2005 (de Gruyter Texte).

Wolfram von Eschenbach: *Parzival.* Studienausgabe. Mittelhochdeutscher Text nach der sechsten Ausgabe von Karl Lachmann. Übersetzung von Peter Knecht. Einführung zum Text von Bernd Schirok. Berlin, New York 1998.

Wolfram von Eschenbach: *Parzival.* Nach der Ausgabe Karl Lachmanns. Revidiert und kommentiert von Eberhard Nellmann. Übertragen von Dieter Kühn. Bd. 1: Text. Bd. 2: Text und Kommentar. Frankfurt a. M. 2006 (Deutscher Klassiker Verlag im Taschenbuch 7).

Bleuler, Anna K.: Rezension zu Schmitz, Der Schluss des *Parzival*. In: Arbitrium 31 (2013), S. 290 f.

Bleuler, Anna K.: Essen – Trinken – Liebe. Kultursemiotische Untersuchung zur Poetik des Alimentären in Wolframs *Parzival*. Tübingen, Basel 2016 (Bibliotheca Germanica 62).

Bumke, Joachim: Höfische Kultur. Literatur und Gesellschaft im hohen Mittelalter. München [8]1997 (dtv 4442).

Heinig, Dorothea: Die Jagd in Wolframs *Parzival*. Stellenkommentar und Untersuchung. Stuttgart 2012 (ZfdA Bh. 14).

Iser, Wolfgang: Das Fiktive und das Imaginäre. Perspektiven literarischer Anthropologie. Frankfurt a. M. 1993 (stw 1101).

Müller, Jan-Dirk: Visualität, Geste, Schrift. Zu einem neuen Untersuchungsfeld der Mediävistik. In: ZfdPh 122 (2003), S. 118–132.

Nellmann, Eberhard: Wolframs Erzähltechnik. Untersuchungen zur Funktion des Erzählers. Wiesbaden 1973.

Prose, Francine: Völlerei. Die köstlichste Todsünde. Aus dem Amerikanischen von Friederike Meltendorf. Berlin 2009 (Wagenbachs Taschenbücherei 624).

Schmitz, Michaela: Der Schluss des *Parzival* Wolframs von Eschenbach. Kommentar zum 16. Buch. Berlin 2012.

Schubert, Ernst: Essen und Trinken im Mittelalter. Darmstadt 2006.

Schulz, Anne: Essen und Trinken im Mittelalter (1000–1300). Literarische, kunsthistorische und archäologische Quellen. Berlin 2011 (Ergänzungsbände zum RGA 74).

Ein herre.

Schreib min ia · vñ
min nibt

Der schephe.

amē ōnā
ia

· vñ
Ich
Daz
Der
Wan
S ux
Daz
ch
De
vo
Ein
Su

Abb. 6: Der Herr diktiert seinem Schreiber. Mit der Rechten schreibt er, in der Linken hält er ein Horn mit Tinte.

Quelle: Heidelberg, Universitätsbibliothek, cpg. 389, um 1256, Bayern. Thomasin von Zerklaere: *Der Welsche Gast* (A), fol. 33ʳ, lavierte Federzeichnung auf Pergament, 174–183 x 122–116 mm.

Feder

Claudia Wich-Reif

Feder, sprechend, die, Gen. Sg. – / kein Plural. – Form und Dokumentation: Das Wort für neuhochdeutsch ‹Schreibfeder› ist bereits im 10. Jahrhundert nachweisbar, in einer lateinischen Handschrift, die die *Enigmata* Aldhelms von Malmesbury enthält, und in mehreren Codices, die das Bibelglossar der Handschriftenfamilie M überliefern.[1] Aldhelms Rätsel Nr. 59 trägt die Überschrift *De penna scriptoris*, und über das in roter Tinte auf den Rand geschriebene lat. *PENNA* ist althochdeutsch *uedara* eingetragen.[2] In den Bibelhandschriften handelt es sich um eine volkssprachige Ergänzung zu Psalm 44,2: Althochdeutsch *fedara/federa/uedera/phedera* ist eine funktionale Übersetzung des lateinischen Lemmas *calamus* («Rohr»). Eine sprechende Feder ist erst 1215/16 mit Thomasins von Zerklaere Moraldidaxe *Der Welsche Gast*[3] nachweisbar. Im Grimm'schen Wörterbuch wird unter «6)» anstelle einer Bedeutungsangabe folgende Information gegeben: «auch die schreibfeder gehört nicht der ältesten zeit an, in welcher man sich des griffels und rohrs bediente».[4] Die Schreibfeder-Belege im Wörterbuch stammen zu drei Vierteln bzw. zwei Dritteln[5] aus dem *Welschen Gast*.[6] Der erste Beleg,

---

1   Vgl. Steinmeyer und Sievers: Die althochdeutschen Glossen, Bd. 1, 1879, S. 516,49.

2   Vgl. Steinmeyer und Sievers: Die althochdeutschen Glossen, Bd. 2, 1882, S. 9,26.

3   Zitiert nach: Thomasin von Zerklaere: *Der Welsche Gast*, 2004.

4   DWB III, Sp. 1396. Zu einem beseelten *griffelîn* vgl. Konrad Flecks *Flore und Blanscheflur*.

5   Im zweiten Beleg, «‹du hâst versliʒʒen mînen munt, wan du mich mêr dan zëhen stunt zem tage phlîst tempern unde snîden›. [w. gast] 12233» (DWB III, Sp. 1396) kommt das Lexem *Feder* gar nicht vor.

6   Nur der dritte Beleg aus dem *Welschen Gast* kann als repräsentativ für das DWB als historisches Bedeutungswörterbuch angesehen werden: «*swie guot buochvël ein schrîber hât, und swie snëlle sîn vëder gât, ûf dem buochvël hin und hër, dër mac doch niht haben*

«‹*lâ mich ruowen, sîn ist zît*›, spricht *mîn vëder.* w. gast 12223»,[7] gibt den Anfang von Buch 9[8] wieder, mit dem Thomasin ganz unvermittelt der Feder, dem Instrument, mit dem die «Anleitung zu gesittetem Denken und Tun»[9] geschrieben wird, Rederecht gibt, und ist damit ein idealtypischer Beleg für eine sprechende Feder. – Überlieferung: Mit dem um 14.750 Verse umfassenden *Welschen Gast* liegt «die erste deutschsprachige Summe höfisch relevanten Wissens»[10] vor. Heute sind 25 Textzeugen aus dem 13. bis 15. Jahrhundert bekannt, 15 Codices und zehn Fragmente,[11] was von der Beliebtheit des Werkes zeugt. Die Mehrzahl ist mit gängigen Motiven illustriert bzw. für Illustrationen eingerichtet.[12] – Setting: Eine Feder als Schreibinstrument emanzipiert sich, indem sie von ihrer Fähigkeit Gebrauch macht, sich wie ein Mensch artikulieren zu können, von ihrem Benutzer/Besitzer, indem sie ankündigt, unter den bestehenden Bedingungen nicht beim Schreiber bleiben zu können (V. 12263–12266). Unmittelbar mit der ersten Äußerung, gewissermaßen mit dem ersten Atemzug, werden aber auch die Grenzen des Schreibgeräts aufgezeigt. Die Rede der Feder lässt der Autor durch einen Erzähler als Mittler wiedergeben, der gleich zu Beginn mit dem Possessivpronomen *mîn* (V. 12224) und mit dem Beginn der direkten Rede «*Lâ mich ruowen* […]» (V. 12223, «Laß mich ausruhen») deutlich macht, dass die Feder als Werkzeug nicht selbstbestimmt sein soll; sie kann ihren Dienst nicht aufkündigen, denn sie ist an den Willen des Schreibers gebunden. Der Erzähler als Schreiber hat dafür gesorgt, dass sie prinzipiell dienstbereit bleibt, indem er sie *mêr dan zehen stunt / zem tage* (V. 12232 f., «mehr als zehnmal am Tag») gerichtet und beschnitten und damit ihren *munt versliz-*

---

die lêr, daʒ ër schrîbe ihtes iht, ist in der vëder tinten niht. [w. gast] 4024» (DWB III, Sp. 1396).

7   DWB III, Sp. 1396.

8   Exemplarisch wird jeweils auf den Codex Heidelberg, Universitätsbibliothek cpg. 389, der kurz nach 1250 geschrieben wurde, als den ältesten bekannten Überlieferungsträger Bezug genommen: Auf fol. 187ʳ beginnt Teil 9 und damit die Rede der Feder, eingeleitet mit einer Zierinitiale entsprechend den anderen Teilen des *Welschen Gastes*.

9   Thomasin von Zerklaere: *Der Welsche Gast*, 2004, S. 6.

10   Höfer: Thomasin, o. J., S. 4.

11   Vgl. http://www.handschriftencensus.de/werke/377 (07.10.2018).

12   Vgl. http://wgd.materiale-textkulturen.de/illustrationen/index.php (25.12.2018).

zen (V. 12231) hat. Die Abnutzung des Mundes tut der Rede keinen Abbruch. Der Erzähler bestimmt darüber, was und wie viel die Feder sagen darf. Mit Vers 12270 ist nach 48 Versen Schluss;[13] die nächsten 80 Verse (V. 12271–12350) sind für die Entgegnung des Erzählers reserviert. Diese endet ebenso abrupt, wie die Rede der Feder begonnen hat. Es schließt sich nahtlos die Behandlung des *rehts* an, kenntlich gemacht durch die Anrede *Ir* in der 2. Person Plural.[14] – Bausteine des Feder-Erzähler-Dialogs: In der epischen Literatur ist es erwartbar, «dass ein Erzähler-Ich in Autorrolle auftritt und Dialoge hält»,[15] mit einem Publikum, mit Autoritäten oder mit anderen Autoren. «Dass allerdings das Dichter-Ich mit seiner Feder spricht bzw. dass diese selbst das Wort ergreift, findet in der epischen, in der lyrischen und in der didaktischen Literatur des Mittelalters kaum ihresgleichen.»[16] Auch mittelalterliche Schreiberklagen in Versen und Sprüchen sind (lange) vor der Abfassung des *Welschen Gastes* bekannt. So ist schon in eine Handschrift aus dem dritten Viertel des 9. Jahrhunderts (St. Gallen, Stiftsbibliothek 623) am Ende des Haupttextes der Vers *CHUMO KISCREIB FILO CHUMOR KIPEIT* («Mit Mühe habe ich geschrieben, mit viel mehr Mühe ausgeharrt») eingetragen.[17] In der Forschungsliteratur wird davon ausgegangen, dass der Schreiber/die Schreiberin klagt, nicht aber die Feder, was sich in der Textsortenbezeichnung ‹Schreibervers› bzw. ‹-spruch› niederschlägt. Neben der Feder im *Welschen Gast* führt Peter Glasner einen Text mit einem weiteren Beispiel für ein Schreibgerät an, das sprechen kann, genauer: das mit einem menschlichen Organ verglichen wird, das für das Sprechen unverzichtbar ist, nämlich Robertus Grossetestes *Commentarius in VIII libros Physicorum Aristotelis*. Grosseteste nimmt Bezug auf Psalm 44,2: *Lingua mea calamus scribe velociter scribentis* («Meine Zunge ist die Feder eines raschen Schreibers»),[18] also genau auf die Stelle, zu der im 10. Jahrhundert in eine Handschrift mit

---

13 In cpg. 389 auf fol. 187^v ist der Beginn der Rede des Erzählers mit einer roten Initiale markiert.

14 In cpg. 389 auf fol. 189^v ist der Beginn der Behandlung des *rehts* mit einer roten Initiale markiert.

15 Glasner: ‹Textzeugin›, 2018, S. 396 f.

16 Ebd., S. 397.

17 Vgl. dazu Nievergelt: Schreibervers, 2013.

18 Glasner: ‹Textzeugin›, 2018, S. 399 f. und Anm. 73.

dem Bibelglossar der Handschriftenfamilie M das volkssprachige Wort *fedara* eingetragen wurde (s. o.). – Inhalt und Funktion: Die Feder schreibt gegenwärtig *tag und naht* (*Der Welsche Gast*, V. 12230) für den Erzähler. Dass sie früher nicht so viel arbeiten musste, geht nur mittelbar aus ihrer Rede hervor, indem sie ausführt, dass sie früher, als der Erzähler *ze schuole waere* (V. 12256, «noch zur Schule ging[]») und *mit rîtern und mit vrouwen* […] *buhurt und tanz* (V. 12241 f., «mit Rittern und Damen […] Turnier und […] Tanz») verfolgte, *harte gern* (V. 12243, «sehr gern») bei ihm war. Sie kündigt an, dass sie nicht bei ihm bleiben kann (*mag ich bî dir niht belîben*; V. 12266), wenn ihr Besitzer sein Leben nicht wieder ändert. Ob das daran liegt, dass sie dann ganz *verslizzen* ist, dass sie nicht mehr über jedes erdenkliche Thema schreiben möchte (*und hâst mich gemacht gemeine / ze schrîben von herren und von kneht*; V. 12236 f., «und hast mich ohne Unterschied mal von / Herren, mal von Knechten schreiben / lassen»), die viele Arbeit generell nicht mehr erträgt oder aber allein die Einsamkeit in der Schreibstube, bleibt offen. In den wenigen Versen zeigt sich die gesellige Feder als unzuverlässige Erzählerin: Muss sie nun *tag und naht schrîben* (V. 12230, «Tag und Nacht schreiben») oder nur *durch den tac* (V. 12253, «den ganzen Tag über»)? Trifft Letzteres zu und Ersteres beschreibt nur die gefühlte Arbeitszeit, so ist plausibel, dass sie sich durch das *lieht* (V. 12261, «Licht»), das *durch die naht* (V. 12262, «die ganze Nacht») brennt – warum auch immer –, gestört fühlt, sonst nicht, da sie in der Dunkelheit gar nicht schreiben kann. Selbst wenn man der Feder unterstellt, dass sie mit dem zehnmaligen Spitzen pro Tag (V. 12233) übertreibt, so kann sie ihrem Besitzer als Realie kaum seit dessen Schulzeit zu Diensten gewesen sein, was den Schluss nahelegt, dass sie keine Realie ist. Wenn der Erzähler für die Rede seiner Feder auch das neutrale Verbum dicendi *sprechen* (V. 12224) wählt, so ist schnell klar, dass es sich um eine Klagerede handelt. Bestätigt wird dieser Eindruck mit der Einordnung des Erzählers als *klage* (V. 12271) 47 Verse später, verstärkt durch die unmittelbare Wiederaufnahme mit dem Verb *klagen*. Der Erzähler macht deutlich, dass er nicht (mehr) *durch kurzwîle* (V. 12274, «aus Zeitvertreib») schreibt, sondern aus der Notwendigkeit heraus, für *beidiu rîter unde vrouwen* (V. 12320) ein hilfreiches Lehrwerk zu verfassen. Seine Maßlosigkeit (*unmâze*) im Schreiben sieht er (V. 12336), stellt sie aber wegen der Dringlichkeit seines Projekts hintan. Er stellt fest, dass die Arbeit der Feder nichtig ist, wenn sie ihn vor dem Abschluss seines

Werks verlässt (V. 12331 f.). Nachdem der Erzähler mit der Hilfe der Feder bereits von der *unstaetekeit* («Unbeständigkeit»), der *staete* («Beständigkeit»), der *mâze* («Maß») und der *unmâze* («Maßlosigkeit») geschrieben hat (V. 12333–12337), soll sie ihn weiter unterstützen, wenn es um *reht* und *unreht* geht (V. 12345 f.). Die letzten sechs Verse des Erzählers machen stutzig. Sie lauten wie folgt:

> *schrîb in mîm herzen reht vom reht,*
> *daz es nin werd ûzen stênt unreht.*
> *jane schrîbestu mit tinten niht.*
> *ez ist aver gar enwiht,*
> *swaz ich mit tinten schrîben mac,*
> *dune sehest dar zuo durch den tac.* (V. 12345–12350)

«Schreib in meinem Herzen richtig über / das Recht, damit es nicht unrichtig werde, / wenn es draußen steht. Du schreibst nicht / mit Tinte. Was ich mit Tinte schreiben / kann, muss ganz untauglich sein, wenn / du es nicht Tag für Tag überwachst.»

Des Erzählers Feder schreibt offenbar gar nicht auf ein Medium, sie konzipiert ohne Tinte, und sie ist angehalten, das zu redigieren, was der Erzähler mit Tinte schreibt, sodass dem Leser der *Welsche Gast* in einer perfekten Form übergeben wird (V. 87–90). Die Feder könnte somit das Alter ego des Erzählers repräsentieren. Das unterstützte die These, dass sie nicht schroff und ungehobelt spricht, wie ihr von Schnyder und Schwarz[19] attestiert wird, sondern «traditionell und folglich literarisch gebildet»[20] – genau wie der Erzähler. «[S]ie äußert sich [...] nicht wie vergleichbar belebte Schreibgeräte allein über die Objektivität ihres Seins. Vielmehr hat Thomasîns Feder Charakter und eigene Ansichten»[21] – genau wie der Erzähler.

---

19 Vgl. Schnyder und Schwarz: Autor, 2013, S. 156.
20 Glasner: ‹Textzeugin›, 2018, S. 405.
21 Ebd., S. 404.

Bibliographie

Thomasin von Zerklaere: *Der Welsche Gast*. Ausgewählt, eingeleitet, übersetzt und mit Anmerkungen versehen von Eva Willms. Berlin, New York 2004 (de Gruyter Texte).

Althochdeutsches Wörterbuch. Aufgrund der von Elias von Steinmeyer hinterlassenen Sammlungen im Auftrag der Sächsischen Akademie der Wissenschaften zu Leipzig herausgegeben von Elisabeth Karg-Gasterstädt und Theodor Frings. Ab Bd. 2 herausgegeben von Rudolf Große. Berlin 1968 ff.

Glasner, Peter: ‹Textzeugin› und Medium für das (un-)rechte Maß: Die sprechende Feder im *Welschen Gast* Thomasîns von Zerclaere. In: ZfdPh 137 (2018), S. 380–418.

Höfer, Susanne: Thomasin von Zerklaere: *Der Welsche Gast*. Gesellschaftliche Werte und Normen und deren Umsetzung in Muster praktischen Handelns für den höfischen Adel nebst Traditionszusammenhang. Übersicht über die Vorrede, die Bücher 1–3 und 9. o. J. (https://www.uni-muenster.de/SFB496/projekte/b4-projekt-thomasin. html [07.10.2018]).

Nievergelt, Andreas: [Art.] St. Galler Schreibervers. In: Rolf Bergmann (Hg.): Althochdeutsche und altsächsische Literatur. Berlin, Boston 2013 (de Gruyter Lexikon), S. 104–106.

Schnyder, André und Alexander Schwarz: Der Autor und seine kritische Feder. Zur ungewöhnlichen Ausgestaltung eines klassischen Musters bei Thomasin von Zerklaere. In: Archiv 250 (2013), S. 151–174.

Steinmeyer, Elias und Eduard Sievers: Die althochdeutschen Glossen. 5 Bde. Dublin, Zürich 1968–1969 [Nachdruck der Ausgabe Berlin 1879–1922].

Abb. 7: Während Lancelot unter einem Kreuz schläft, erscheint der Gral.

Quelle: Bonn, ULB, S 526, um 1286, Amiens (Frankreich). *Prosa-Lancelot-Gral-Zyklus IV: Queste del Saint Graal*, fol. 415ʳ, Deckmalfarben auf Blattgold und Pergament, 465 x 325 mm.

Gral

Bettina Bildhauer

In einem Abecedarium der Dinge in der mittelalterlichen deutschen Literatur darf *ein dinc, daz hiez der Grâl,* aus Wolframs von Eschenbach *Parzival* nicht fehlen (V. 235,23, vgl. V. 454,21).[1] Nun ist der Gral aber gerade kein typisches Ding, sondern unterwandert gründlich viele der Eigenschaften, die wir normalerweise *per definitionem* «Dingen, d. h. auf *histoire*-Ebene ‹realen›, unbelebten, stofflich kompakten und abgrenzbaren sowie (im Gegensatz zu einer Burg) prinzipiell mobilen Gegenständen»[2] zuschreiben. Der Gral scheint zunächst offensichtlich in diesem Sinne ein Ding zu sein, wie seine einführende Beschreibung, als er von Repanse de Schoye in der Gralsprozession zu Parzival hereingetragen wird, nahelegt:

> *ûf einem grüenen achmardî*
> *truoc si den wunsch von pardîs,*
> *bêde wurzeln unde rîs.*
> *daz was ein dinc, daz hiez der Grâl,*
> *erden wunsches überwal.*
> *Repanse de schoy si hiez,*
> *die sich der grâl tragen liez.*
> *der grâl was von sölher art:*
> *wol muose ir kiusche sîn bewart,*
> *diu sîn ze rehte solde pflegn:*
> *diu muose valsches sich bewegn.* (V. 235,20–30)

> «auf einem grünen Achmardi / trug sie das reinste Paradies / (war Wurzel und zugleich der Wuchs), / es war ein Ding, das hieß Der Gral – / mehr als die Herrlichkeit der Welt. / Von der sich Der Gral tragen ließ, / sie hieß Repanse de Joie. / Der

---

1   Zitiert nach: Wolfram von Eschenbach: *Parzival,* 2006.
2   Marshall: Körper – Ding – Schrift, 2018, S. 419.

Gral, er war von solchem Wesen: / die ihn recht behüten soll, / muß ihre Reinheit gut bewahren, / muß frei von Falschheit bleiben.»

Bei genauerem Hinsehen fällt allerdings auf, dass das *dinc* Gral in seiner Materialität gar nicht beschrieben wird, sondern nur in Bezug auf seine orientalisierte Unterlage, seine Trägerin und seine alles übersteigende Begehrenswertheit für andere, sodass wir der Phantasie freien Lauf lassen können und müssen, um eine konkrete Vorstellung von diesem Ding zu gewinnen.[3] Auch später im Text wird seine materielle Beschaffenheit – anders als bei Chrétien – nur als Edelstein (*lapsit exillis*/*jaspis exillix*) mit einem irgendwie gearteten Rand spezifiziert (V. 469,3–7; 470,23). Das Wort *dinc* wird im *Parzival* tatsächlich häufiger für nicht materielle Sachen als für materielle Dinge benutzt, z. B.: *ob ich kleinez dinc* [eine Kleinigkeit] *dar ræche* (V. 450,1), *ein dinc* [eines] *tuot mir an iu wol* (V. 610,1), *ich hete ein dinc* [eines] *für schande* (V. 771,1) oder *solhiu dinc* [solche Sachen] / *als ir hie habt genennet* (V. 783,4 f.). Wie das Wort *dinc* an diesen Stellen ein leerer Bedeutungsträger, ein Platzhalter auf sprachlicher Ebene ist, so ist der Gral ein materieller Platzhalter auf ontologischer Ebene. Nicht nur der Begriff ‹Gral› ist eine Leerstelle, wie das in der Forschung schon öfter beobachtet wurde, sondern das Ding ‹Gral› selbst ist auf der Handlungsebene eine materielle Entität, die vielleicht gerade wegen ihrer Eigenschaftslosigkeit und fehlenden Greifbarkeit – Sophie Marshall nennt das Unverfügbarkeit – eine Attraktion auf viele menschliche Figuren ausübt.[4]

Darüber hinaus deutet in der einführenden Beschreibung des Grals wie bei vielen handlungsmächtigen Dingen in der mittelhochdeutschen Literatur eine (hier zudem grammatisch unklare) ‹lassen›-Konstruktion Handlungsfähigkeit an: Der Gral wird hier nicht passiv getragen, sondern er lässt sich tragen, das heißt, er lässt das Tragen zu oder veranlasst es sogar. Wir erfahren später, dass der Gral tatsächlich für alle anderen menschlichen Figuren zu schwer ist, um getragen werden zu können (V. 477,15–18; 809,10–12).

---

3   Vgl. zur Orientalisierung Stolz: «A thing called the Grail», 2010; der beste Überblick zur Gralsdarstellung allgemein immer noch bei Bumke: Wolfram von Eschenbach, 2004, S. 135–142.
4   Vgl. Marshall: Körper – Ding – Schrift, 2018, S. 449; Groos: Romancing the Grail, 1995, S. 120: «floating signifier».

Wie Figuren und Rezipientinnen in einer überraschenden Wendung gegen Ende des Textes herausfinden, kann der Gral außerdem von Nicht-Christen nicht gesehen werden (V. 813,9–22). Mit seiner eingeschränkten Sichtbarkeit geht dem Gral hier eine Eigenschaft von Dingen ab, die so fundamental ist, dass sie von den meisten Theoretikern in der Idee einer Kompaktheit und Abgrenzbarkeit von Dingen implizit vorausgesetzt wird.

Vor allem passt der Gral auch über das Tragen-Lassen hinaus nicht in die sonst übliche Kategorie des passiven Objekts, das im Gegensatz zu einem immer menschlich gedachten Subjekt definiert wird, für welches Handlungsfähigkeit, Intentionalität und freier Wille reserviert sind. Der Gral kann zwar nicht handeln wie ein Mensch, also z. B. sprechen oder sich selbstständig bewegen, aber er hat übermenschliche Kräfte. Wie das Tragen-Lassen werden diese übermenschlichen Fähigkeiten jeweils sorgsam in einer Art ‹mittlerer Stimme› zwischen Aktiv und Passiv formuliert: Jegliche gewünschte Speise *vorem grâle waere bereit* (V. 238,8–24); *von des grâles kraft* füllen sich Gefäße mit Getränken und ein Taufbecken mit Wasser (V. 239,1–7; 817,4–7); der Phönix verbrennt *von des steines kraft* (V. 469,8–13); eine Inschrift erscheint auf ihm und beruft Menschen zu sich (V. 470,21–30); und wer den Stein gesehen hat, bleibt jugendfrisch (V. 469,18–27) und kann für eine Woche nicht sterben (V. 469,14–17). Übermenschlich heißt dabei nicht unbedingt übernatürlich, da nach dem antiken und mittelalterlichen Wissen über die Natur z. B. auch der gewöhnliche Edelstein *lapis humanus* («Leutzstein») Kranke am Leben erhalten kann.[5] Auch wenn manche der Fähigkeiten, nämlich das Speisewunder und das Benennen der Gralshüter, direkt auf den engen Bezug des Grals zu Gott und dem Himmel zurückgeführt werden (V. 469,19–470,20; 471,26–8; 818,24–30), behält der Gral eine gewisse Eigenständigkeit, vor allem insofern die ‹Stimme› der Gralsinschrift nicht immer mit der Gottes identisch ist (V. 483,29–484,6).[6]

Der Eindruck, dass der Gral sich nicht als passives Objekt oder auch als bloßes Sprachrohr Gottes abtun lässt, hat auch mit der Tatsache zu tun, dass er seinen eigenen Weg hat, der im *Parzival* erzählt wird. Wolframs Gralro-

---

5   Siehe z. B. Konrad von Megenberg: *Buch der Natur*, Bd. 2, 2003, S. 493.

6   Vgl. Groos: Romancing the Grail, 1995, S. 212–214; zur De-Sakralisierung des Grals vgl. Quast: Dingpolitik, 2016, S. 182.

man kann man nämlich unter anderem auch als eine Dingbiographie des Grals lesen. Der Begriff ‹Dingbiographie› wurde von Igor Kopytoff und Arjun Appadurai als Gattungsbeschreibung für wissenschaftliche Texte eingeführt, die die Geschichte eines Dinges verfolgen, z. B. eines Museumsobjekts. Aber auch überraschend viele mittelalterliche deutsche Erzählungen enthalten eingebettete Dingbiographien, die sich mit der Vorgeschichte und Herkunft sowie der handlungsmächtigen Gegenwart und der zukünftigen Bestimmung eines Dings befassen. Turnus' Ring in Veldekes *Eneasroman*, das Netz in Strickers *Daniel von dem Blühenden Tal*, der Schatz im *Nibelungenlied* sowie im *Parzival* Ithers Rüstung, das Gralsschwert oder Taurians Lanze haben z. B. solche eigenen Geschichten, in denen oft die Relation zu potentiellen Besitzern, die von einem Ding manchmal ebenso sehr besessen sein können, wie sie es besitzen, ein Thema ist.[7]

Wie vielen Dingen mit Biographien begegnen wir dem Gral zu einem Zeitpunkt, an dem er keinen eindeutigen Besitzer hat. Er kann ohnehin nicht besessen, nur gehütet werden, aber sein vorheriger oberster Hüter Anfortas hat zum Zeitpunkt der Gralsprozession bereits sein Recht auf das Gralkönigtum verwirkt, und Parzival wird erst Jahre später, am Ende der Handlung, zum Gralkönig berufen. Die Vorgeschichte des Grals erfahren wir in einem Exkurs zusammen mit der Vorgeschichte des Parzivalromans und der des Protagonisten. Der Nicht-Christ Flegetanis liest neben dem Namen des Dings (*ez hiez ein dinc der grâl*; V. 454,21) diese Geschichte in den Sternen und schreibt sie nieder. Dessen knapp zitierte Erzählung berichtet, dass der Gral von einer Engelsschar aus dem Himmel gebracht wurde – an anderer Stelle wird präzisiert, dass dies in der vormenschlichen Vergangenheit geschah – und später von Christen gehütet wurde (V. 454,24–27; 471,15–29). Flegetanis' Manuskript wird dann laut Erzähler vom christlichen französischsprachigen Gelehrten Kyot – den der Erzähler als seine Quelle genannt hatte – wiederentdeckt, der in lateinischen Chroniken weiter recherchiert und dort Anfortas und seine Vorfahren korrekt als die menschlichen Gralshüter identifizieren kann. Anfortas' Schwester wird nun als Mutter des Protagonisten enthüllt, *des disiu maere sint* (V. 455,22) und der sich

---

[7]   Vgl. zu Ithers Rüstung Brüggen: Die Rüstung des Anderen, 2016; zum Gralsschwert Marshall: Körper – Ding – Schrift, 2018, und Stolz: Dingwiederholungen, 2016.

gerade wieder auf den Weg macht, um von Trevrizent mehr vom Gral zu erfahren (V. 455,22). In diesem kurzen Exkurs erfahren die Rezipientinnen somit nicht nur die Herkunft des Grals, sondern auch diejenige Parzivals und der Erzählung, die fließend mit der Gegenwart und Zukunft der Handlung verbunden wird.

In der Gegenwart der erzählten Zeit entfaltet sich die enge Beziehung zwischen dem Gral und Parzival auch weiter in einer paradoxen Haltung, die man als ein aktives Warten aufeinander beschreiben könnte. Drei widersprüchliche Vorstellungen dieser Beziehung werden eingeführt: *erstrîten* des Grals, *benennen* des Gralshüters, *erben* und im verwandten Sinne *gordent sîn*. Der Erzähler sowie verschiedene Figuren, darunter Parzival selbst, behaupten mehrfach, dass man den Gral erobern könne.[8] Demgegenüber erklären sowohl Trevrizent als auch Sigune in wichtigen Passagen, dass ein solches *erstrîten* des Grals unmöglich sei. Sigune teilt Parzival eindeutig mit, dass die Gralsburg entgegen der Auffassung vieler Menschen nicht durch bewusstes Suchen, sondern nur *unwizzende* gefunden werden kann, was durch den Handlungsverlauf bestätigt wird (V. 250,26–30). Stattdessen werden die Gralkönige und alle anderen Mitglieder der Gralsgemeinschaft durch die auf dem Gral erscheinende und nach dem Lesen vergehende Inschrift nominiert. Das am häufigsten für diesen Prozess benutzte Verb, oft im Passiv, ist *benennen*.[9] Das dritte Modell ist, dass trotz des Nominierungsprozesses das Gralkönigtum offenbar normalerweise auf männliche Nachkommen übergeht, von Titurel auf seinen Sohn Frimutel auf dessen Sohn Anfortas und nun auf Parzival als einzigen Neffen des kinderlosen Anfortas. Dies wird vom Erzähler als *ûf [iemanden] bringen* und von Parzival als *erben* bezeich-

---

8   Erzähler: *den grâl erwerben*, V. 388,29; *nâch dem grâle strîten*, V. 428,26; *nâch dem grâle vorschen*, V. 503,24; *nâch dem grâle rîten*, V. 432,29 f.; *sich dem grâle mit dem swerte nâhen*, V. 503,27–29; Vergulaht: V. 424,22 f.; 425,5; 428,21 f.; Liddamus: V. 425,23; 425,26; Artus: V. 769,24 f.; Plippalinot: V. 559,18; Ginover: V. 646,16 f.; ein ‹Heide›: V. 479,19; Parzival: V. 772,25; 732,19; vgl. auch 433,10 f. und 442,25–30.

9   [D]*az der grâl ist unerkennet, / wan die dar sint benennet / ze Munsalvaesche ans grâles schar. / wan einr kom unbenennet dar* (V. 473,9–12, Trevrizent); *sint beidiu mit dir benant* (V. 781,19, Cundrie); *da ergienc dô dehein ander wal, / wan die diu schrift ame grâl / hete ze hêrren in benant* (V. 796,18 f., Erzähler); vgl. *zuo dem grâle gegern werden* (V. 454,30, Flegetanis), vgl. V. 470,23–30.

net. Im weiteren Sinne sprechen beide vom Bestimmtsein für den Gral als *gordent sîn*, was sich neben Erbe auch auf göttliche Planung oder den Gang der Erzählung beziehen könnte (V. 455,19; 803,13; 827,7; 820,14).

Welches Modell sich letztendlich durchsetzt und inwiefern alle drei Agenten – Parzival, Gral und Erbe oder allgemeiner ‹Ordnung› – zusammenkommen, dazu bietet der Text widersprüchliche und oft mehrdeutige Aussagen, unter anderem aus der Perspektive Trevrizents, Parzivals, Cundries und des Erzählers.[10] Daher ist dies eine der weiterhin unlösbaren Fragen der Parzivalforschung, die jetzt aus der Perspektive der Dingtheorie neu gestellt wird. Festzuhalten ist aber bereits, dass der Gral bei allem Mangel an Verfügbarkeit mehr als die Rolle eines passiven Objekts und Sprachrohrs Gottes spielt, essentielle Dingeigenschaften unterwandert, selbst Handlungsfähigkeit entwickelt und eine eigene Biographie hat, die sich im engen Zusammenhang mit der des menschlichen Protagonisten entfaltet.

Bibliographie

Konrad von Megenberg: *Das Buch der Natur*. Herausgegeben von Robert Luff und Georg Steer. 2 Bde. Tübingen 2003 (Texte und Textgeschichte 53–54).

Wolfram von Eschenbach: *Parzival*. Nach der Ausgabe Karl Lachmanns. Revidiert und kommentiert von Eberhard Nellmann. Übertragen von Dieter Kühn. 2 Bde. Frankfurt a. M. 2006 (Deutscher Klassiker Verlag im Taschenbuch 7).

Brüggen, Elke: Die Rüstung des Anderen. Zu einem rekurrenten Motiv bei Wolfram von Eschenbach. In: Anna Mühlherr, Bruno Quast, Heike Sahm und Monika Schausten (Hgg.): Dingkulturen. Objekte in Literatur, Kunst und Gesellschaft der Vormoderne. Berlin, Boston 2016 (Literatur – Theorie – Geschichte 9), S. 127–144.

Bumke, Joachim: Wolfram von Eschenbach. 8., völlig neu bearbeitete Auflage. Stuttgart 2004 (Sammlung Metzler 36).

Groos, Arthur: Romancing the Grail. Genre, Science, and Quest in Wolfram's *Parzival*. Ithaca (NY), London 1995.

---

10   Trevrizent: V. 468,12–14; 798; Parzival: V. 472,8 f.; 786,3–12; Cundrie: V. 781,15–782,30; Erzähler: V. 333,27–30; 827,6 f. Für die Berufung zur Gralsgemeinschaft allgemein gilt auch, dass sowohl Gral und Gott die Hüter nominieren (V. 493,19–22) als auch diese sich als würdig erweisen müssen (V. 495,7 f.).

Kopytoff, Igor: The Cultural Biography of Things. Commodization as Process. In: Arjun Appadurai (Hg.): The Social Life of Things. Commodities in cultural perspective. Cambridge [11]2013, S. 64–91.

Marshall, Sophie: Körper – Ding – Schrift im *Parzival* und *Titurel*. In: ZfdPh 137 (2018), S. 419–452.

Quast, Bruno: Dingpolitik. Gesellschaftstheoretische Überlegungen zu Rundtafel und Gral in Wolframs von Eschenbach *Parzival*. In: Anna Mühlherr, Bruno Quast, Heike Sahm und Monika Schausten (Hgg.): Dingkulturen. Objekte in Literatur, Kunst und Gesellschaft der Vormoderne. Berlin, Boston 2016 (Literatur – Theorie – Geschichte 9), S. 171–184.

Stolz, Michael: «A thing called the Grail». Oriental Spolia in Wolframs *Parzival* and its Manuscript Tradition. In: Anja Eisenbeiß und Lieselotte E. Saurma-Jeltsch (Hgg.): The Power of Things and the Flow of Cultural Transformations. Art and Culture between Europe and Asia. Berlin, München 2010, S. 188–216.

Stolz, Michael: Dingwiederholungen in Wolframs *Parzival*. In: Anna Mühlherr, Bruno Quast, Heike Sahm und Monika Schausten (Hgg.): Dingkulturen. Objekte in Literatur, Kunst und Gesellschaft der Vormoderne. Berlin, Boston 2016 (Literatur – Theorie – Geschichte 9), S. 267–292.

Abb. 8: Das Herz des Geliebten wird vor seiner Minnedame auf dem Esstisch präsentiert.

Quelle: München, BSB, Rar. 4027, Straßburg 1551: Jacob Frölich. Jörg Wickram: *Gabriotto und Reinhart*, S. 202, Holzschnitt auf Papier, 138,9 x 190 mm.

Herz

Anja Becker

Man könnte fragen, was das Herz in einem *Abecedarium* von Dingen in der Literatur des Mittelalters zu suchen hat, handelt es sich hierbei doch in erster Linie um ein Körperorgan, um einen Teil eines (lebendigen) Organismus. Das Herz ist sicherlich kein Ding im Sinne eines Artefakts, und als Entität ist es primär weder durch Funktionalität noch Objekthaftigkeit gekennzeichnet. Freilich kann es zum Ding gemacht werden, etwa dann, wenn das Herz aus dem Körper entfernt, in ein Behältnis gesteckt, von A nach B transportiert und dann einer neuen Verwendung zugeführt wird. Aber selbst in einem medizinisch-technischen Kontext wie dem der Organspende widersetzt es sich seiner vollständigen Verdinglichung, bleibt das Herz ein besonderes Körperorgan mit hoher semantisch-symbolischer Aufladung. Gewissermaßen eine verdinglichende Behandlung erfährt das Herz auch im *Herzmaere*[1] Konrads von Würzburg, um 1260 entstanden, und im Prosaroman *Gabriotto und Reinhart*[2] von Jörg Wickram aus der Mitte des 16. Jahrhunderts. Die Erzählungen teilen folgenden Basisplot: Ein Liebespaar kann aufgrund einer Überwachungsinstanz (*huote*) nicht zusammenkommen. Als die heimliche Liebe entdeckt wird, muss der Ritter das Land und damit seine Dame verlassen. In der Ferne verstirbt er vor Liebesschmerz, nicht ohne zuvor seinen Knappen damit beauftragt zu haben, ihm nach seinem Tod das Herz aus dem Leib zu schneiden und dieses an seine Geliebte zu senden. Das Herz wird von der *huote*-Instanz abgefangen, als Speise zubereitet und von der Dame gegessen (so im *Herzmaere*) bzw. der Dame beim Essen überreicht (so im *Gabriotto und Reinhart*). Sie stirbt daraufhin ihrem Geliebten nach.

Konrads *Herzmaere*, das ist vielfach analysiert worden, ist durchzogen von einer dichten Herz-Semantik und umspielt die zahlreichen Konnotatio-

---

1   Zitiert nach: Konrad von Würzburg: *Herzmaere*, 1996.
2   Zitiert nach: Georg Wickram: *Gabriotto und Reinhart*, 1967.

nen, die mittelhochdeutsch *herze* im 13. Jahrhundert haben kann: das Herz als physisches Organ, als Sitz des Lebens, als Symbol der Liebe, als geistiger Mittelpunkt des Menschen, als Ort der Affekte sowie der Reflexion und des Willens.[3] Beständig oszilliere der Begriff im Text zwischen gegenständlicher und übertragener Verwendung.[4] Wenig beachtet wurde bislang die hier in den Fokus zu rückende Dimension der zeitweisen Verdinglichung des Herzens, dabei kündigt bereits der Prolog eine Geschichte von «Dingen des Herzens» (*von herzeclichen dingen*; *Herzmaere*, V. 14) an. Der erzählte Kasus ist bekannt: Ein namenloser Ritter liebt eine namenlose Dame, die allerdings verheiratet ist. Die Unerfüllbarkeit der Minne ruft Leid hervor, das beide über ihre Herzen, die zunächst primär als Wahrnehmungsorgane des Schmerzes fungieren, erfahren (*grôz smerze wart ir herzen / von der süezen minne kunt*; V. 42 f., «Großen Schmerz lernten sie / durch die süße Liebe kennen»). Die seelischen Qualen des Ritters schlagen, ebenso metaphorisch wie konkret gemeint, auf sein Herz als physische Entität durch, es ist wund (V. 66) und verletzt (*versniten*; V. 67). Der Ehemann wird bald argwöhnisch und beschließt, mit seiner Frau nach Jerusalem zu reisen in der Hoffnung, dass die Liebe des Ritters durch die Trennung abkühlt. Die Dame, die die gefährliche Reise fürchtet, überredet ihren Geliebten, statt ihrer ins Heilige Land zu fahren. Der Ritter willigt schweren Herzens ein (*ûz trüebes herzen sinne*; V. 195, «betrübten Herzens»), die Liebenden nehmen Abschied voneinander, wobei sich ihre Herzen enger als je zuvor zusammenfügen (V. 216–221). Zwar tauschen sie nun erstmals Küsse aus, doch ihre Herzen sind bereits tot (*an werltlicher wünne / lag ir beider herze tôt*; V. 222 f., «Für weltliche Freuden waren / ihre beiden Herzen gestorben»). Tatsächlich dauert es nicht lange, bis der Ritter im fernen Jerusalem sein Leid derart in seinem Herzen eingemauert hat (V. 240–245), dass es seinen Körper dahinrafft. Den Tod vorausahnend, unternimmt er nun Schritte, durch die sein Herz zu einem Ding, genauer zu einem Dingsymbol, ähnlich dem Ring, den

---

3   Vgl. bes. von Ertzdorff: Die Dame im Herzen, 1965; Schulze: Konrads von Würzburg novellistische Gestaltungskunst, 1971; Grubmüllers Kommentar in: Novellistik, 1996; Philipowski: Die Gestalt des Unsichtbaren, 2013.
4   Vgl. Kragl: Wie man in Furten ertrinkt, 2008.

seine Dame ihm auf Reisen mitgegeben hat, gemacht wird. Zunächst aber zur narrativen Ausgangslage im *Gabriotto und Reinhart*.

In Jörg Wickrams Prosaroman wird die problematische Liebeskonstellation verdoppelt. Zwei Liebespaare können aufgrund des Standesunterschieds nicht zueinanderfinden: Gabriotto ist zwar Sohn eines französischen Grafen, liebt aber die Schwester des englischen Königs; sein Freund Reinhart, einem einfachen Adelsgeschlecht entstammend, liebt die engste Vertraute der Königsschwester, Rosamunda, eine Grafentochter. Als *huote*-Instanz tritt in beiden Fällen der König von England auf, der die Protagonistinnen zwar weitgehend mit Heiratsplänen in Ruhe lässt, aber gleichwohl auf standesgemäße Verbindungen wert legt. Im Roman geht das Verlieben schnell: Gleich beim ersten Tanz ist es um die beiden Paare geschehen. Das Offenbaren der Liebe dem Freund bzw. der Freundin sowie der Angebeteten bzw. dem Angebeteten gegenüber ist dagegen ein langwieriger Prozess. Das Herz fungiert zunächst als Versteck der Liebe, als Ort für Heimliches; es geht um das Ver- und Entbergen von Affekten. Daneben tritt das Herz freilich auch als Wahrnehmungsorgan des Liebesschmerzes in Erscheinung, die Herzen sind krank (*Gabriotto und Reinhart*, S. 39, Z. 6), betrübt (S. 143, Z. 27) und trauern (S. 186, Z. 13 f.). Generell werden die Herzen der Liebenden aber auffällig wenig angesprochen, vielleicht weil es im Roman nicht vorrangig um die Liebe selbst, sondern um die Kommunikation über die Liebe geht.[5] So trickreich die Liebespaare ihre Botschaften und Briefe heimlich austauschen, so unerwartet plump ist die Aktion, die letztlich den Argwohn des Königs auf den Plan ruft. Bei einem großen Turnier tun sich die Ritter nicht nur kämpferisch, sondern vor allem modisch hervor. Gabriotto trägt auf seinem Helm ein goldgekröntes Herz und lauter rote Herzen auf seiner Satteldecke. Doch bringt der König dies nicht mit seiner Schwester in Verbindung, vielmehr erwecken die Rosenstöcke und Rosen auf Reinharts Kleidung sein Misstrauen. Letztlich trennen sich die Freunde freiwillig von ihren Damen, um den Argwohn des Königs zu zerstreuen. Ihre Zeit in der französischen Heimat bringt den Liebespaaren zwar viel Leid, zeitigt aber keine körperlichen Konsequenzen. Als der französische König die Ritter zwangsverheiraten will, kehren sie fluchtartig nach England zurück, und alles beginnt von Neuem.

---

5 Vgl. Schulz: Liebe und Wahrheit, 2007.

Bald schon fällt der Verdacht des Königs auf Gabriotto, und er schmiedet ein Mordkomplott, damit dieser seine Schwester nicht entehrt. Nun wird es ernst. Gabriotto erfährt vom Plan des Königs, zwingt den designierten Mörder, selbst den vergifteten Apfel zu essen, und flieht außer Landes. Doch schon auf dem Schiff ahnt er, dass die unwiderrufliche Trennung von Philomena sein Ende bedeuten wird. Ebenso wie der Ritter im *Herzmaere* trifft er daraufhin Vorkehrungen, wie er in Form seines Herzens zu seiner Geliebten zurückkehren kann. In beiden Erzählungen vom physisch der Dame geschenkten Herzen wollen die Ritter ihrer Geliebten über den Tod hinaus im Organ nahe sein. Im Zuge dessen machen sie ihr Herz jedoch zu unterschiedlichen Dingen: Der Ritter des *Maere* versendet eine Minnereliquie, Gabriotto einen Seelenbehälter.[6]

Im *Herzmaere* trägt der Protagonist seinem Knappen auf, ihm nach seinem Tod sein blutiges und schmerzgezeichnetes (*bluotic unde riuwevar*; *Herzmaere*, V. 300, «blutig, wie es ist, und von trostlosem Aussehen») Herz aus dem Leib schneiden zu lassen, es einzubalsamieren, damit es frisch bleibt, es gemeinsam mit dem Ring seiner Geliebten in ein kostbares Kästchen zu legen (*eine lade cleine / von golde und von gesteine*; V. 305 f., «ein kleines Kästchen / aus Gold und Edelsteinen») und seiner Dame zu überbringen. Anhand dieser Gabe solle ihr ansichtig gemacht werden, wie viel Schmerz sein Herz um ihrer Liebe willen erlitten habe (*wie mîn herze sî versniten / nâch ir vil süezen minne*; V. 316 f., «wie mein Herz versehrt ist / durch die Liebe zu ihr»). Seine tiefen Affekte, so die Vorstellung, haben sich physisch ins Herz eingezeichnet und können deshalb an ihm als Gegenstand abgelesen werden. Zudem sind Herz und Ring freilich Wahrzeichen, gleichermaßen des Todes wie der Liebe des Ritters – so wird später der Ehemann die Gaben decodieren. Durch die Verwahrung in einer kostbaren Lade gewinnt das

---

[6]   Dies gegen Reichlin: Ansteckung zum Tode, 2006, S. 89 f., die den Status des Herzens im *Gabriotto und Reinhart* mit einer durch Präsenz und Aura ausgezeichneten Reliquie vergleicht. Von den Figuren des Romans wird das lederne Kästchen, in dem das Herz verwahrt wird, jedenfalls nicht als Reliquiar wahrgenommen. Der Bub, der es auf der Schiffsüberfahrt stiehlt, denkt, es enthalte Zinsgelder des englischen Königs. Allenfalls Philomena könnte es als Reliquie interpretieren, doch auch sie versteht das Herz so, wie Gabriotto es ihr im Abschiedsbrief beschreibt: als Seelenbehälter.

Herz jedoch eine weitere Konnotation hinzu: die einer Reliquie.[7] Während das «Reliquiar», die *lade*, ein Artefakt ist, das der Knappe auf Wunsch des Ritters herstellt (*frum ein lade cleine*; V. 305, «mache ein kleines Kästchen»), war das in ihm verwahrte Herz einmal Teil des Organismus des Ritters und steht nun *pars pro toto* für ihn als ganze Person. Analog zum Knochen eines Heiligen besitzt es realpräsentische Verweisfunktion; im einbalsamierten Herzen ist der Ritter tatsächlich zugegen.[8]

Im *Gabriotto und Reinhart* gibt der Protagonist seinem Diener ganz ähnliche Anweisungen, doch fallen signifikante Änderungen in der Szenengestaltung auf. Triefte das aus dem Leib entfernte Herz im *Maere* vor Blut, auf das sexuelle Verlangen des Ritters anspielend, so ist das aus Gabriottos Brust entfernte Organ ebenso rein, wie die erzählten Liebschaften als keusch, ja geradezu als asexuell dargestellt werden. Gabriotto ordnet vor seinem Tod auch viel konkreter sein Vermächtnis, insbesondere indem er Briefe an seinen Vater und an Philomena schreibt. Im Brief an die Geliebte begründet er die ungewöhnliche Minnegabe: *darumb aller liebste junckfraw / ich euch verschafft hab mein hertz zuo bringen / das selbig mein unsichtbare seel nimmer verlassen soll* (*Gabriotto und Reinhart*, S. 200, Z. 12–15). Sie solle dem Herzen Herberge geben, *dann wo diß mein hertz ist / da selbs würt auch mein edle seel sein / und euch bei wonen* (S. 200, Z. 20 f.), bis sie im Jenseits wieder vereint seien. Eben darum solle sie auch seinen Tod nicht betrauern. Entsprechend lauten die letzten Worte des Ritters: «*frew dich mein edle seel / dann du würst in einer kleinen weil dein aller liebste Philomena sehen*» (S. 202, Z. 33 f.). Als Behältnis für seinen organischen Seelenbehälter

---

7   Das Herz wird als Minnereliquie (vgl. Ortmann und Ragotzki: Zur Funktion exemplarischer *triuwe*-Beweise, 1988, S. 96) bzw. Reliquie eines Märtyrers (vgl. Müller: Wie christlich ist das Mittelalter, 2015, S. 407) interpretiert. Zu weit geht sicherlich Wagner: Irdisches und himmlisches Jerusalem, 2012, S. 457, wenn er das Herz des Ritters mit «einer Reliquie des ebenfalls in Jerusalem gestorbenen Christus analogisiert». Kragl: Wie man in Furten ertrinkt, 2008, S. 313, fasst die *lade* als Minneschrein auf, Scheuer: *Receptaculum Amoris*, 2014, S. 163, als liturgisches *receptaculum*.

8   Müller: Wie christlich ist das Mittelalter, 2015, S. 413. Schulze: Konrads von Würzburg novellistische Gestaltungskunst, 1971, S. 45, verweist auf realhistorische Bräuche, ganze Körper oder Körperteile von gefallenen Kreuzfahrern einzubalsamieren und in die Heimat zurückzuschicken.

bestimmt Gabriotto vor seinem Tod eine kleine lederne Lade (*ein liderins ledlin*, S. 200, Z. 29), die mit dem kostbaren Prunkstück in Konrads Erzählung nicht zu vergleichen ist; einzig ihr subtiles silbernes Schloss wird hervorgehoben (S. 200, Z. 29–31). Das Kästchen ist bei Wickram nicht religiös konnotiert, sondern primär funktional: Es ist ein sicheres Behältnis für das herausgeschnittene Herz, Philomenas Ring und Gabriottos Abschiedsbrief. Und so weckt auch nicht die Kostbarkeit der ledernen Lade auf der Schiffsüberfahrt nach England die Begehrlichkeit eines schalkhaften Jungen. Aus der Beobachtung, dass der Bote das Kästchen immer am Gürtel trägt und *also wol verwaret*, schließt der Bub, er sei *ein Zollerier und fuort koestlich steyn / so er dem Künig auß Engelandt bringen wolt* (S. 204, Z. 5–7). Der Junge stiehlt die Lade, bringt sie aber sogleich zurück, als er erfährt, dass sie ‹nur› ein einbalsamiertes Herz enthält, also ein für ihn wertloses Ding.

Wieder in England, unternimmt der Bote alles, um unerkannt zu Philomena zu gelangen – ohne Erfolg. Er wird sogleich enttarnt, gewaltsam vor den König geführt und sein Bericht vom Tod des Ritters als Lüge zurückgewiesen. Um der angedrohten Folter zu entkommen und die Wahrheit seiner Worte zu beweisen, öffnet der Bote die Lade und zeigt dem König Herz, Ring und Brief Gabriottos vor. Die Reise des Herzens vom Sterbeort des Ritters zur Geliebten verläuft in Konrads *Herzmaere* dagegen ganz ohne Zwischenfälle, wäre da nicht der übelwollende Zufall: Kurz vor der Burg läuft der Bote zufällig (*von geschiht; Herzmaere*, V. 353) dem Ehemann in die Arme. Dieser erkennt den Knappen sogleich, wird auf das kostbare Behältnis an dessen Gürtel aufmerksam (*dô gesach er schiere dâ / die lade von gezierde cluoc*; V. 368 f., «Plötzlich sah er / das so schön verzierte Kästchen») und fragt nach dem Inhalt des Kästchens. Als der Bote nur ausweichend antwortet (‹*herr, ez ist einer hande dinc / daz verre bî mir ist gesant*›; V. 380 f., «Herr, es ist etwas, / das durch mich von weither geschickt wird»), bringt der Ehemann es gewaltsam in seinen Besitz, öffnet das *cleinœte* (V. 406, «Kleinod») und versteht sogleich, dass das einbalsamierte Herz Wahrzeichen des Todes und der Liebe des Ritters ist.

In den anschließenden Sterbeszenen unterscheiden sich die beiden Erzählungen vom physisch geschenkten Herzen am deutlichsten. Im *Herzmaere* lässt der Ehemann bekanntlich das Herz vom Koch als köstliche Mahlzeit zubereiten. Das durch das Herausschneiden und Herumtragen verdinglichte Organ, das zugleich als Minnereliquie konnotiert ist, wird derart zunächst zu ‹bloßem› Fleisch transformiert, woraufhin die kunstreiche Zubereitung aus ihm fast schon ein Artefakt macht. Als die Dame nun das Herz ihres Geliebten verspeist, isst sie vieles: köstlich gekochtes Fleisch, ein von der Liebe gezeichnetes Organ, eine Körperreliquie, den Geliebten selbst. Sie stirbt, als sie erfährt, was sie da gegessen hat.[9] In beiden Erzählungen ist der Liebestod der Frauen ein bewusster Entschluss, nur kreist die Sterbeszene im *Herzmaere* um das Leid der Dame, wohingegen Philomena im *Gabriotto und Reinhart* fröhlich in den Tod geht. Der Grund hierfür ist ein doppelter: Zunächst einmal hat sie ihrem Bruder das Versprechen gegeben, von nun an fröhlich zu sein, wenn er ihr die Botschaft ihres Geliebten zukommen lasse. Bei einem festlichen Mahl, das Essen des Herzens ist hier noch als abgewiesene Alternative im Hintergrund präsent, darf der Bote das Kästchen samt Inhalt überbringen. Als es aufgeschlossen wird, verströmt das einbalsamierte Herz einen lieblichen Geruch, Philomena erblickt ihren Ring, liest den Brief ihres Geliebten, wickelt das Herz aus dem Seidentuch, küsst es *zuo tausend malen* und drückt es an ihr Herz (*Gabriotto und Reinhart*, S. 215, Z. 26). Zuletzt spricht sie das Herz an, als wäre es ihr Geliebter, und fasst den Entschluss, fröhlich *mit meim aller liebsten hertzen* (S. 216, Z. 29 f.) zu verscheiden. Philomenas Sterbeworte nehmen die Gabriottos wieder auf: ‹*nun frew dich geliebte sel meines Ritters / dann die mein sich bald zuo dir gesellen würt*› (S. 217, Z. 4 f.).

Mit dem Sterben Philomenas ist Gabriottos Herz als Seelenbehälter funktionslos geworden. Übrig bleibt ein bloßes Ding, dessen Berührung den Tod bringt: Als Reinhart es in die Hand nimmt, verblutet er. Rosamunda verscheidet dann beim allgemeinen Begräbnis, als sie sich über die Leiche ihres Geliebten wirft. Im *Gabriotto und Reinhart* ist der Tod ansteckend.[10] Dadurch, dass die Dame das Herz des Ritters im *Herzmaere* (unwissend) gegessen hat, ist es in dieser Erzählung am Ende als Ding verschwunden. Es ist wieder zu dem geworden, was es ursprünglich war: Teil eines Organismus. Und vereint mit dem Organismus der Geliebten wird das Herz nun ein zweites Mal sterben.

---

9   Zur Szene bes. Quast: Literarischer Physiologismus, 2000; Kiening: Ästhetik des Liebestods, 2007; Müller: Wie christlich ist das Mittelalter, 2015.
10   Vgl. Reichlin: Ansteckung zum Tode, 2006.

Bibliographie

Konrad von Würzburg: *Herzmaere*. In: Novellistik des Mittelalters. Märendichtung. Herausgegeben, übersetzt und kommentiert von Klaus Grubmüller. Frankfurt a. M. 1996 (Bibliothek deutscher Klassiker 138, Bibliothek des Mittelalters 23), S. 262–295 [Text], S. 1120–1135 [Kommentar].

Wickram, Georg: *Gabriotto und Reinhart*. In: ders.: Sämtliche Werke. Herausgegeben von Hans-Gert Roloff. Bd. 2. Berlin 1967 (Ausgaben deutscher Literatur des 17.–18. Jahrhunderts 2).

Ertzdorff, Xenia von: Die Dame im Herzen und das Herz bei der Dame. Zur Verwendung des Begriffs ‹Herz› in der höfischen Liebeslyrik des 11. und 12. Jahrhunderts. In: ZfdPh 84 (1965), S. 6–46.

Kiening, Christian: Ästhetik des Liebestods. Am Beispiel von *Tristan* und *Herzmaere*. In: Manuel Braun und Christopher Young (Hgg.): Das fremde Schöne. Ästhetische Dimensionen mittelalterlicher Literatur. Berlin, New York 2007 (TMP 12), S. 171–193.

Kragl, Florian: Wie man in Furten ertrinkt und warum Herzen süß schmecken. Überlegungen zur Historizität der Metaphernpraxis am Beispiel von *Herzmaere* und *Parzival*. In: Euphorion 102 (2008), S. 289–330.

Müller, Jan-Dirk: Wie christlich ist das Mittelalter oder: Wie ist das Mittelalter christlich? Zum *Herzmaere* Konrads von Würzburg. In: Beiträge 137 (2015), S. 396–419.

Ortmann, Christa und Hedda Ragotzky: Zur Funktion exemplarischer *triuwe*-Beweise in Minne-Mären: *Die treue Gattin* Herrands von Wildonie, *Das Herzmäre* Konrads von Würzburg und die *Frauentreue*. In: Klaus Grubmüller, L. Peter Johnson und Hans-Hugo Steinhoff (Hgg.): Kleinere Erzählformen im Mittelalter. Paderborner Colloquium 1987. München, Paderborn 1988 (Schriften der Universität-Gesamthochschule Paderborn, Rh. Sprach- und Literaturwissenschaft 10), S. 89–109.

Philipowski, Katharina S.: Die Gestalt des Unsichtbaren. Narrative Konzeptionen des Inneren in der höfischen Erzählliteratur. Berlin, New York 2013 (Hermaea N. F. 131).

Quast, Bruno: Literarischer Physiologismus. Zum Status symbolischer Ordnung in mittelalterlichen Erzählungen von gegessenen und getauschten Herzen. In: ZfdA 129 (2000), S. 303–320.

Reichlin, Susanne: Ansteckung zum Tode: Diskontinuierliche Kommunikation zwischen Leben und Tod in Jörg Wickrams *Gabriotto*. In: Patrick Eiden, Nacim Ghanbari, Tobias Weber und Martin Zillinger (Hgg.): Totenkulte. Kulturelle und literarische Grenzgänge zwischen Leben und Tod. Frankfurt a. M., New York 2006, S. 81–102.

Scheuer, Hans J.: *Receptaculum Amoris*. Annäherung an den Topos *Minne* über den Begriff des mentalen Diagramms (Burkhard von Hohenfels, *KLD XI* – Konrad von Würzburg, *Das Herzmaere*). In: LiLi 44/4 (2014), S. 149–170.

Schulz, Armin: Liebe und Wahrheit. Jörg Wickrams *Gabriotto und Reinhart*. In: Michael Mecklenburg und Maria E. Müller (Hgg.): Vergessene Texte – Verstellte Blicke. Neue Perspektiven der Wickram-Forschung. Frankfurt a. M. u. a. 2007, S. 333–346.

Schulze, Ursula: Konrads von Würzburg novellistische Gestaltungskunst im *Herzmaere*. In: Ursula Hennig und Herbert Kolb (Hgg.): *Mediaevalia litteraria*. Festschrift Helmut de Boor. München 1971, S. 451–484.

Wagner, Silvan: Irdisches und himmlisches Jerusalem als Auslagerungsort einer Minnereligion im *Herzmaere* Konrads von Würzburg. In: Annette Hoffmann und Gerhard Wolf (Hgg.): Jerusalem as Narrative Space. Erzählraum Jerusalem. Leiden, Boston 2012 (Visualising the Middle Ages 6), S. 443–461.

Abb. 9: Pygmalion erschafft sich eine Statue als Geliebte.

Quelle: Oxford, Bodleian Library, MS. Douce 195, 1475, Frankreich. Guillaume de Lorris und Jean de Meung: *Le Roman de la Rose*, fol. 149ʳ, Deckfarbenmalerei auf Pergament, 355,6 x 247,65 mm.

Isoldestatue

Sebastian Winkelsträter

In der mittelalterlichen Literatur ist allenthalben von technischen Wunder-
werken wie Kampf- oder Musikautomaten, Maschinen, sprechenden Köpfen
und anderen *mirabilia mechanica* zu lesen. Mit technischen Mitteln schein-
verlebendigte Artefakte begegnen auf Grabmälern, Helmen, Bäumen oder als
Statuen. Die Narrativierung solcher Gegenstände ist als hochgradig prekär
anzusprechen, ist doch die Schöpfung des Lebendig-Beseelten (noch) eine
ausschließlich göttliche Domäne. Folglich werden mechanisch ebenso wie
magisch hergestellte Artefakte zwar oftmals unter negativen Vorzeichen verhandelt, zumeist jedoch auch mit einer Detailgenauigkeit zur Anschauung
gebracht, die eine Faszination für diese Wunderwerke kaum zu verdecken
vermag.

Die auf Thomas' d'Angleterre *Tristan*-Fragment zurückgehende ‹Statuensaal›-Episode ist am ausführlichsten in der altnordischen *Tristrams Saga
ok Ísondar* greifbar, einer 1226 von einem gewissen Bruder Robert für den
norwegischen König Hákon angefertigten Prosabearbeitung von Thomas'
altfranzösischem *Tristan*-Fragment.[1] Die Episode folgt handlungslogisch auf
die Trennung des durch einen Zaubertrank lebenslang aneinander gebunde-
nen Liebespaars Tristram und Isönd: Um der drohenden Entdeckung durch
den gehörnten König Markis zu entgehen, sieht sich Tristram zum Abschied
von seiner Geliebten gezwungen. Zu diesem Anlass überreicht ihm Isönd
einen Ring, einen Memorialgegenstand, der «der undinglichen Erinnerung

---

1   Die norwegische Dichtung, in erster Linie zum Zwecke der Rekonstruktion der ver-
lorenen Teile des altfranzösischen *Tristan* konsultiert und erst in jüngerer Zeit als eigenständiger Gegenstand literaturwissenschaftlicher Auseinandersetzung wahrgenommen,
wird in Heiko Ueckers Übersetzung zitiert: Der mittelalterliche Tristan-Stoff in Skandinavien, 2008.

[...] einen gegenständlichen Körper geben soll[]»[2]: «Er soll Brief und Siegel, Zeugnis und Trost für das Eingedenken an unsere Liebe und an diese Trennung sein» (*Tristrams Saga*, S. 92). Nach einem tränenreichen Abschied begibt sich Tristram auf die Suche nach Abenteuern und gelangt schließlich in das Land seines Ziehvaters, wo er alsbald und unvermittelt das Isönd-Substitut Isodd – bei Thomas Iseut aux Blanches-Mains – ehelicht. Eine Passage aus der Schilderung der Hochzeitsnacht sei hier herausgegriffen:

> Doch wie der Tag verging und die Nacht kam, da wurde das Mädchen zu einem prächtigen Bett geleitet, und danach kam Tristram und legte das kostbare Oberkleid ab, in das er gekleidet war, und es steht ihm der Rock gut. Als sie ihm den Rock auszogen, blieb sein Ring im Ärmel hängen, derselbe, den ihm Isönd geschenkt hatte, als sie sich zuletzt im Apfelgarten getrennt hatten, wo sie ihn beschwor, seine Liebe zu ihr nicht zu verraten. Als Tristram den Ring erblickte, da fiel er erneut ins Nachdenken, so daß er nicht wußte, wie er sich verhalten sollte [...]. (*Tristrams Saga*, S. 94 f.)

Der Ring, im Ärmel hängen bleibender Memorialgegenstand, dem auch in der späteren Statuensaal-Episode eine zentrale Bedeutung zukommen wird, stellt sich dem Vollzug der Ehe in den Weg. Und erst einmal wahrgenommen, betritt mit ihm ein weiterer unsichtbarer Akteur, Tristrams Geliebte Isönd, die Kemenate. Im latourschen Sinne wird der Ring an dieser Stelle zum Aktanten, er wird als Träger von Handlungspotential imaginiert, der das Aktionsprogramm der Hochzeitsnacht zerstört.[3] Das Mithandeln des Dings bewirkt in dieser Szene eine dramatische Wendung, in deren Folge Tristram in unentschlossen-kummervolles Grübeln gerät und, schließlich, den Plan fasst, einen Gedächtnisraum und Profanschrein zu schaffen: den Statuensaal.

Bruder Robert widmet sich in seiner ekphrastischen Beschreibung dieses Saals, in ihrer Breite und Detailliertheit im Übrigen singulär für die literari-

---

2   So Philipowski: Mittelbare und unmittelbare Gegenwärtigkeit, 1998, S. 34 zur entsprechenden Szene in Gottfrieds *Tristan*.
3   Vgl. hierzu Latour: Der Berliner Schlüssel, 1996, S. 37–83.

sche Prosa des Altnordischen,[4] zunächst der im Zentrum des Gewölbes stehenden Statue von Isönd. Die Passage beginnt signifikanterweise aber nicht deskriptiv, sondern mit einem Hinweis auf die artifizielle Gemachtheit der Figur:

[D]ie Gestalt des Körpers und das Gesicht waren so geschickt g e f e r t i g t, daß keiner, der dies sah, etwas anderes glauben konnte, als daß sie in allen Gliedern lebendig wäre, und so schön und gut g e m a c h t, daß man in der ganzen Welt keine schönere Gestalt finden konnte. (*Tristrams Saga*, S. 104; Hervorhebungen S. W.)

Die Darstellung zielt, dies wird gleich zu Beginn deutlich, nicht darauf, den Rezipienten analog zu den Betrachtern innerhalb der erzählten Welt zu ‹täuschen› – an die Stelle einer Illusion tritt die Dekonstruktion der scheinlebendigen Statue in ihre Einzelteile. Ganz in diesem Sinne wird zunächst, sämtliche erotische Konnotationen abblendend, der Blick des Rezipienten durch ein Loch in der Brust unterhalb der Brustwarze ins Statueninnere gelenkt: Tristram habe auf Brusthöhe eine Büchse «voll der süßesten, goldvermischten Kräuter, die es in der ganzen Welt gab» (*Tristrams Saga*, S. 104), installiert und den Wohlgeruch mithilfe von zwei goldenen Röhrchen zu Mund und Nacken geführt. Der süße Geruch der Statue eröffnet ein Assoziationsfeld, das von berühmten literarischen Grabmälern bis hin zu historischen Berichten über die Graböffnung Heiliger reicht und dem sakralen Anspielungspotential der gesamten Passage zuspielt:

zwei vaz, / volle balsamen beide ensamen (*Eneasroman*, V. 254,2 f., «zwei Gefäße […], die mit Balsam gefüllt waren»[5]), dienen etwa der Konservierung von Pallas' und Camillas Leichnam im *Eneasroman* Heinrichs von Veldeke; Theoderich von Echternach erklärt den *odor suavissimus* aus theologischer Perspektive als Wunder: Das Fleisch der Heiligen habe den Gestank der Verwesung (*fetor corruptionis*)

---

4 Dass ekphrastische Passagen, solche also, die mit sprachlichen Mitteln Bildkunstwerke zu imaginieren und dem Rezipienten vor Augen zu stellen suchen, in der altnordischen Literatur allenfalls anzitiert, abgesehen von dem vorliegenden Fall allerdings nicht ausgeführt werden, zeigt Marianne Kalinke zu Beginn ihrer lesenswerten Analyse des 80. Kapitels von Bruder Roberts *Saga*; vgl. Kalinke: *Tristrams saga ok Ísöndar*, 2009.

5 Zitiert nach: Heinrich von Veldeke: *Eneasroman*, 1992.

weder in sich, noch bewirke es diesen aus sich heraus, sondern den Geruch zukünftiger Unverwestheit; es stinke nicht, sondern verbreite einen Wohlgeruch; es verpeste nicht die Luft, sondern erfülle Nase und Brust der Gläubigen mit einem paradiesisch-süßen Duft.[6]

Die Statue als synästhetischer Wahrnehmungsgegenstand hat somit teil an dem für den gesamten *Tristan*-Stoff ebenso integralen wie spannungsreichen In- und Gegeneinander von Leben und Tod, das in Gottfrieds von Straßburg Roman auf die berühmte Formel gebracht wird: *wir lesen ir leben, wir lesen ir tôt / und ist uns daz süeze alse brôt* (*Tristan*, V. 235 f., «Wir hören von ihrem Leben, hören von ihrem Tod, / und das ist uns köstlich wie Brot»).[7]

Anschließend an die Beschreibung des Statueninneren wendet sich der Erzähler ihrem Äußeren zu, welches, dem klassisch-rhetorischen Modell der *descriptio* folgend, *de capite ad calces*, vom Scheitel bis zur Fußsohle, beschrieben wird. Hierbei stehen nicht etwa die Formen des Statuenkörpers im Vordergrund, sondern dessen dingliche Ausstattungsgegenstände: «Leben täuscht nicht der nackte Körper vor, sondern eine höfisch drappierte Kleiderpuppe, deren Mechanik geschickt verborgen wird.»[8] Neben den repräsentativen Herrschaftssymbolen Krone und Zepter geraten mit einem purpurnen Kleid und einem Inschrift tragenden Ring Gegenstände in den Fokus, welche über die Darstellung der Isöndstatue als Herrscherinnenabbild hinausweisende Bezüge stiften. Die Beschreibung des Purpurkleids etwa bezeugt eine literarische Technik, welche den Bezug des hier Dargestellten zu der bei Gottfried überlieferten Minnegrottenepisode evident werden lässt:

> Diese Figur war in besten Purpur mit weißem Pelzbesatz gekleidet, aber deshalb war sie in Purpurpelz gekleidet, weil der Purpur Kummer, Trauer, Mühsal und Elend bezeichnet, die Isönd wegen ihrer Liebe zu Tristram erduldete. (*Tristrams Saga* S. 105)

---

6   *Non habet in se, non egerit ex se corruptionis fetorem, sed futurae incorruptionis odorem; non olet, sed redolet; non aerem inficit, sed paradisiaci odoris suavitate nares et petora fidelium afficit* (Goffridi Abbatis Vindocinensis *Opera omnia*, 1854, Sp. 328, C–D).

7   Zitiert nach: Gottfried von Straßburg: *Tristan und Isold*, 2012.

8   Müller: Pygmalion, höfisch, 1997, S. 469.

Die Auslegung des Textils macht den Gegenstand auf seine Bedeutung hin transparent und legt das polyseme Ding ‹Purpurkleid› damit eigens als Signifikant über seine farbliche Qualität (‹purpurn›) auf bestimmte Signifikate (‹Kummer› etc.) fest. Damit folgt Bruder Robert dem in der spätantiken und mittelalterlichen Gelehrsamkeit weit verbreiteten Sinngebungsmodell der Dingallegorese, die als rhetorische Strategie für ‹die› mittelalterliche Perspektive auf die Welt Pate steht: «Sie ist P e r spektive im wahrsten Sinne, indem sie durch das Sichtbare auf das Unsichtbare, durch das Significans auf das Significatum hindurchschaut.»[9] Es ist, so ließe sich zuspitzen, allgemein gesprochen weit weniger die Dinghaftigkeit, an der mittelalterliche Autoren interessiert sind, als die zeichenhafte Bedeutung der Dinge, deren stumme Sprache es zum Sprechen und zur Offenbarung göttlicher Botschaften zu bringen galt.[10] Die explizite Fixierung der Farbe auf bestimmte Bedeutungen zeugt von einem grundsätzlichen Bewusstsein über die offene Semantik des Materiellen – ein Bewusstsein, das auch zum Abschluss der Statuenbeschreibung zum Vorschein kommt: Auf dem Ring nämlich sind

> die Worte geschrieben, die Königin Isönd bei ihrem Abschied gesprochen hatte: «Tristram», hatte sie gesagt, «nimm diesen Ring zur Erinnerung an unsere Liebe und vergiß nicht unseren Kummer, Mühsal und Elend, die du um meinet- und deinetwillen erduldet hast!» (S. 111)

---

9   Ohly: Vom geistigen Sinn des Wortes im Mittelalter, 1977, S. 15 (Hervorhebung im Original). Die Ausstattung der Isöndstatue mit Krone und Purpurkleid mag, gerade vor dem Hintergrund der hier offen zur Schau gestellten rhetorischen Bildung des Verfassers, auf eine Vertrautheit mit der im Mittelalter weit verbreiteten *Rhetorica ad Herennium* deuten. Hier heißt es im Abschnitt zur *ars memorativa: Imagines igitur nos in eo genere constituere oportebit, quod genus in memoria diutissime potest haberi. Id accidet, [...] si non mutas nec vagas, sed aliquid agentes imagines ponemus; [...] si aliquas exornabimus, ut si coronis aut veste purpurea, quo nobis notatior sit similitudo* («Bilder müssen wir also in der Art festlegen, die man am längsten in der Erinnerung behalten kann. Das wird der Fall sein, [...] wenn wir nicht stumme und unbestimmte Bilder, sondern solche, die etwas in Bewegung bringen [*agentes imagines*], hinstellen; [...] wenn wir irgendwelche Bilder ausschmücken wie mit Kränzen [*coronis*; auch: Kronen] oder einem Purpurkleid [*veste purpurea*], damit die Ähnlichkeit für uns umso bemerkenswerter sei»). Text und Übersetzung zitiert nach: *Rhetorica ad Herennium*, 1998, III, 37; S. 176 f.

10   Vgl. Friedrich: Zur Verdinglichung der Werte, 2016, S. 266.

Mit der Verschriftlichung von Isönds Abschiedsworten erstarrt die Präsenz des gesprochenen Wortes zur Schrift-Spur, einer Spur, die von den an früherer Stelle wiedergegebenen Worten (s. o.) inhaltlich durchaus bemerkenswert abweicht und diese auf den Schmerz der Trennung hin perspektiviert.[11] Die inhaltliche Differenz indiziert eine Umdeutung des Geschehens durch die *artifex*-Figur Tristram und geht mit einem Bruch der Nachahmung einher, zeigt doch nicht zuletzt der Umfang der Ringinschrift neuerlich unzweideutig an, dass das Statuenensemble ein artifizielles ist. Während in der mittelalterlichen Erzählung von Flore und Blanscheflur die goldenen Statuen und Sprachautomaten auf dem von Flores Eltern errichteten Scheingrab *mit zouberworten* und komplexer Technik zum Sprechen gebracht werden, endet die Illusion in der norwegischen *Tristram*-Saga (spätestens) mit der Beschreibung des Mediums Ring und seiner Inskription als Supplement des Gesprochenen. Vergleichbar mit dem Scheingrab in *Flore und Blanscheflur* ist auch der Statuensaal «ein Ort der Inszenierung erinnerter Liebe, der Vergegenwärtigung realer Personen mithilfe der *artes mechanicae*»[12], doch erweist sich Präsenz hier wie dort letztlich als im Kunstwerk nicht darstellbar.

Mit der Inskription auf Isönds Ring korrespondiert ein weiterer schrifttragender Gegenstand, das Gefäß in den Händen der Isöndzofe Bringvet, Abbild des berühmten archaisch-magischen Zaubertranks. Sinnfällig ist hier die abermalige Abweichung des im Kunstwerk Dargestellten von der zuvor erzählten Geschichte, in der ja gerade Bringvets Abwesenheit die Einnahme des ‹trügerischen› (vgl. S. 65), eigentlich dem Ehepaar Markis und Isönd zugedachten und auf die Absicherung des «‹Staats›akt[s]» und die Konstitution der «neue[n] Herrschaft»[13] hin funktionalisierten Tranks bedingt. Während in allen Versionen der *Tristan*-Erzählung eine Kette von Zufällen zur Einnahme des magischen Tranks führt, erstarrt die Trank-Szene hier, in Tristrams bildlicher Nacherzählung, zu einer Situation der intentionalen Übergabe. Die Geschichte im Bild verschiebend und verdichtend, deutet Tris-

11   Vgl. Kalinke: *Tristrams saga ok Ísöndar*, 2009, S. 233.

12   Ridder: Ästhetisierte Erinnerung – erzählte Kunstwerke, 1997, S. 73.

13   «*Der Zaubertrank soll diesen ‹Staats›akt absichern, die neue Herrschaft konstituieren* und damit auch Isoldes *ere und al ir dinc* (11478) bewahren helfen» (Czerwinski: Glanz der Abstraktion, 1989, S. 274).

tram so auch diese Szene um und enthüllt damit seine Wahrnehmung der Geschehnisse, in welcher Bringvet für die Trankeinnahme verantwortlich zeichnet. Wie schon im Falle der Ringinschrift übernimmt der Erzähler somit neuerlich Tristrams Deutungsperspektive, indem er die Schrift als diejenigen Worte ausweist, «die sie [Bringvet] gesprochen hatte: ‹Königin Isönd, nimm diesen Trank, der in Irland für König Markis gemacht wurde›» (*Tristrams Saga*, S. 105). Dass die im Bild dargestellten Dialogpassagen unverbunden nebeneinanderstehen, lässt evident werden, dass die einzelnen Bestandteile des Kunstwerks nicht in Bezug aufeinander konzipiert sind, sondern auf Tristram als Schöpfer und Rezipient, mithin als lebendigen Mittelpunkt des Statuenensembles zentriert sind.

In der restlichen Beschreibung des Saals gelangen weitere Figuren zur Darstellung, die unterschiedliche Stationen der Erzählung verkörpern und das Ensemble zu einem typisch mittelalterlichen Simultanbild verdichten: ein sich schüttelnder und mit seiner Schelle klingelnder Hund (aus Gottfrieds *Tristan* als Petitcreiu bekannt), ein Riese und ein Löwe, der seinen Schwanz um jenen Höfling windet, «der Tristram vor König Markis verleumdet und geschmäht hatte» (S. 105) – «a pre-figuration of the ultimate spiritual victory of Good over Evil».[14]

Auf der Ebene der Handlung erweisen sich die Dinge in allen Tristanromanen – man denke an den Ring in der Hochzeitsnacht oder auch an den Minnetrank – als der Handlungsgewalt der Figuren sich wiederholt entziehende Aktanten, deren Mithandeln zentrale Umschlagspunkte der Erzählung markiert. Der Versuch ihrer Hegung und Domestizierung scheitert im Falle Petitcreius, er scheitert auch im Falle des Statuensaals: Nachdem Tristram diesen wiederholt zum Zweck der Affektbewältigung aufgesucht, zu den anthropomorphen Statuen gesprochen und – wie im Gegenüber Isodds – ein «Wechselbad der Gefühle»[15] Trauer und Freude durchlebt hat, endet die Illusion mit Eintreten eines Dritten in den Saal. Als Isodds Bruder Kardin in der Episode vom ‹kühnen Wasser› von ihrer Jungfräulichkeit erfährt, zeigt ihm Tristram sein *paradis artificiel* und stellt ihm zur Besänftigung die Hand Bringvets in Aussicht. Dieser fordert, die Menschen zu sehen, «die an Ausse-

---

14   Harris: The Cave of Lovers, 1977, S. 480.

15   Eming: Emotionen im *Tristan*, 2015, S. 205.

hen und Schönheit diesen Figuren gleichen» (S. 111), und leitet so die Rückkehr nach England ein. Da jede Figur, jedes Ding im Statuensaal von Tristram konzipiert, auf Tristram bezogen ist und ausschließlich Tristram adressiert, erlaubt dieser Raum keinen zweiten Rezipienten – ganz analog zu der
bei Gottfried überlieferten Minnegrotte, die neben dem Liebespaar keinen
Dritten erlaubt –, weicht die Illusion einer künstlichen Wirklichkeit unter
Kardins Blick der Suche nach einer Wirklichkeitsreferenz. Das Kunstwerk als
auratisches Medium der Präsentifikation und sich zugleich Entziehendes ist
Tristram, *face à ce qui se dérobe* (Henri Michaux), somit endgültig entzogen,
und die künstlichen ‹Seinsderivate› in der Statuenhalle vermögen letztlich
weder Tristram noch den Rezipienten über die Abwesenheit des Nachge-
ahmten hinwegzutäuschen.[16]

Bibliographie

Gottfried von Straßburg: *Tristan und Isold.* Herausgegeben von Walter Haug und Man-
    fred G. Scholz. Mit dem Text des Thomas. Herausgegeben, übersetzt und kommen-
    tiert von Walter Haug. 2 Bde. Berlin 2012.
Goffridi Abbatis Vindocinensis *Opera omnia. Iuxta Editionem Sirmondianam.* Herausge-
    geben von Jacques Paul Migne. Paris 1854 (Patrologia Latina 157).
Heinrich von Veldeke: *Eneasroman.* Die Berliner Bilderhandschrift mit Übersetzung und
    Kommentar. Herausgegeben von Hans Fromm, mit den Miniaturen der Handschrift
    und einem Aufsatz von Dorothea und Peter Diemer. Frankfurt a. M. 1992 (Biblio-
    thek deutscher Klassiker 77, Bibliothek des Mittelalters 4).
Der mittelalterliche Tristan-Stoff in Skandinavien. Einführung – Texte in Übersetzung –
    Bibliographie. Herausgegeben von Heiko Uecker. Berlin, New York 2008.
Rhetorica ad Herennium. Lateinisch-deutsch. Herausgegeben und übersetzt von Theodor
    Nüßlein. Düsseldorf, Zürich ²1998.

Blumenberg, Hans: Nachahmung der Natur. Zur Vorgeschichte der Idee des schöpferi-
    schen Menschen. In: ders.: Wirklichkeiten, in denen wir leben. Aufsätze und eine
    Rede. Stuttgart 1981 (RUB 7715), S. 55–103.
Czerwinski, Peter: Der Glanz der Abstraktion. Frühe Formen von Reflexivität im Mittel-
    alter. Exempel einer Geschichte der Wahrnehmung. Frankfurt a. M. 1989.

---

[16]   Zur Kulturgeschichte des schöpfenden Menschen vgl. Blumenberg: Nachahmung
der Natur, 1981.

Eming, Jutta: Emotionen im *Tristan*. Untersuchungen zu ihrer Paradigmatik. Göttingen 2015 (BMFF 20).

Friedrich, Udo: Zur Verdinglichung der Werte in den *Gesta Romanorum*. In: Anna Mühlherr, Bruno Quast, Heike Sahm und Monika Schausten (Hgg.): Dingkulturen. Objekte in Literatur, Kunst und Gesellschaft der Vormoderne. Berlin, Boston 2016 (Literatur – Theorie – Geschichte 9), S. 249–266.

Harris, Sylvia S.: The Cave of Lovers in the *Tristramssaga* and Related *Tristan* Romances. In: Romania 98 (1977), S. 460–500.

Kalinke, Marianne: *Tristrams saga ok Ísöndar*, ch. 80. Ekphrasis as Recapitulation and Interpretation. In: Heinrich Beck, Klaus Blödl und Wilhelm Heizmann (Hgg.): Analecta Septentrionalia. Beiträge zur nordgermanischen Kultur- und Literaturgeschichte. Berlin, New York 2009 (Ergänzungsbände zum RGA 65), S. 221–237.

Latour, Bruno: Der Berliner Schlüssel. Erkundungen eines Liebhabers der Wissenschaften. Aus dem Französischen von Gustav Roßler. Berlin 1996.

Müller, Jan-Dirk: Pygmalion, höfisch. Mittelalterliche Erweckungsphantasien. In: Matthias Meyer und Gerhard Neumann (Hgg.): Pygmalion. Die Geschichte des Mythos in der abendländischen Kultur. Freiburg i. Br. 1997 (Rombach-Wissenschaften, Rh. Litterae), S. 465–495.

Ohly, Friedrich: Vom geistigen Sinn des Wortes im Mittelalter. In: ders.: Schriften zur mittelalterlichen Bedeutungsforschung. Darmstadt 1977, S. 1–31.

Philipowski, Silke: Mittelbare und unmittelbare Gegenwärtigkeit. Oder: Erinnern und Vergessen in der Petitcriu-Episode des *Tristan* Gottfrieds von Straßburg. In: Beiträge 120 (1998), S. 29–35.

Ridder, Klaus: Ästhetisierte Erinnerung – erzählte Kunstwerke. Tristans Lieder, Blanscheflurs Scheingrab, Lancelots Wandgemälde. In: LiLi 27/1 (1997), S. 62–85.

Abb. 10: Morolff steht bei Salme am Schachtisch. Die Menschenhaut, die er einem alten Mann abgezogen hatte, gleicht einer Maske und dient der Verschleierung seiner Identität.

Juden hut

Doris Walch-Paul

Die Haut hat es in sich. Davon zeugen schon die vielen Redewendungen: ‹aus der Haut fahren›, ‹nicht aus seiner Haut können›, ‹in der Haut eines Anderen stecken›, um nur einige zu nennen. Dass die Haut auch realiter eine wichtige Rolle spielen kann, zeigt ein Blick in die Kulturgeschichte, die nicht nur vom Verwenden von Tierhäuten für Bekleidung erzählt, sondern von Tier- und Menschenopfern in alten Zeiten, auch vom Schinden bei lebendigem Leibe als grausamst denkbare Strafe. Die antike Mythologie liefert Beispiele, und auch der Hl. Bartholomäus soll auf diese Weise das Martyrium erlitten haben,[1] zu besichtigen am Dreikönigsschrein im Kölner Dom. Dass auch im Mittelalter noch das Schinden bei lebendigem Leib vollzogen wurde, scheint, bei aller Grausamkeit mittelalterlicher Hinrichtungsmethoden, nicht belegt zu sein,[2] wohl aber das Ausschlachten der Körper der Hingerichteten für medizinische Zwecke (Blut und Körperfett). «Insbesondere [war] die Haut von Interesse, aus der Riemen geschnitten wurden, denen man magische Wirkung zuschrieb», dazu medizinische; solche Riemen aus getrockneter Haut sollten Schwangeren das Gebären erleichtern.[3] Wird nun das Körperorgan Haut als Kleidungsstück verwendet, gänzlich losgelöst von seinem (ehemaligen) Träger, wird es verdinglicht; dasselbe gilt, wenn es als Talisman wirkt.[4]

Nicht um eine Hinrichtung, sondern um einen Mord geht es allerdings im Folgenden. In der anonym überlieferten Verserzählung *Salman und*

---

1   Vgl. Jung: Vom Schinden, 2007, S. 54–59.

2   Vgl. Schuster: Verbrecher, Opfer, Heilige, 2015, S. 211.

3   Vgl. ebd., S. 212. In diesem Zusammenhang noch ein Hinweis: Ein schwankhaftes Beispiel der Verwendung einer Tierhaut zu Erziehungszwecken einer hoffärtigen Ehefrau findet sich bei Heinrich dem Teichner in seiner Erzählung *Die Rosshaut.* Dazu Schallenberg: Spiel mit Grenzen, 2012, S. 78 ff.

4   Zur Haut als Ding vgl. Bowden: Dinge und *ars*, 2016.

Morolff,[5] entstanden wohl in der zweiten Hälfte des 12. Jahrhunderts,[6] aber überliefert erst in sechs Handschriften kurz vor 1500 und in zwei Straßburger Drucken 1499 und 1510,[7] wird im Rahmen einer doppelten Brautwerbungs- und Entführungsgeschichte erzählt, wie Morolff, Bruder des *kunig Salmon* (V. 1,4), diesem hilft, seine entführte Frau Salme zurückzuholen. Zweimal entscheidet sich diese, einem Zauber erliegend, ihren Ehemann zu verlassen und einem ‹Heidenkönig› zu folgen. In der ersten Fahrt handelt es sich um den König Fore, in der zweiten um den König Princian. Beide Male bricht Morolff zunächst alleine in die Ferne auf, um Salme ausfindig zu machen und seinen Bruder anschließend zu beraten, wie dieser sie wieder zurückholen könnte. Vor allem ringt Morolff seinem Bruder vor der zweiten Fahrt ab, nach der Rückführung Salme eigenhändig töten zu dürfen: *kunig, woltest du mir din truwe geben, / obe ich sie herwider brechte, / daz ich ir hie neme das leben?* (V. 614,3–5, «König, wolltest du mir deine Treue schwören, dass, wenn ich sie dir zurückbringe, ich ihr das Leben nehmen dürfe?»). Den Grund für diese Form der Todesstrafe verschweigen sowohl Morolff als auch der überlieferte Text.

Ehe Morolff das erste Mal aufbricht, um Salme zurückzuholen, sucht er einen alten Juden auf, vorgeblich um ihn um Rat zu fragen, den der Angesprochene auch bereit ist zu geben. Das Alter des Juden macht sein Bart deutlich: *der was von alter wiß als der sne, / sinen grisen bart / sach man ime uber den gurtel gen* (V. 159,3–5, «Der war auf Grund des Alters weiß wie Schnee, seinen greisen Bart sah man bis über den Gürtel reichen»). Ohne Vorwarnung ersticht Morolff nun den arglosen alten Mann, und dann, *horribile dictu,* wird von folgender Tat erzählt:

> *Morolff Salmons drut*
> *oberthalp dem gurtel*
> *loste er dem juden abe die hut.*
> *Er balsamte sie und leite sie an sinen lip.*
> *Er sprach: «nu wil ich nimmer erwinden,*
> *ich finde dann das wunder schone wip.»* (V. 162,1–6)

---

5   Zitiert nach: *Salman und Morolf*, 1979.
6   Vgl. Curschmann: *Salman und Morolf*, 1992.
7   Dazu ausführlich Griese: *Salomon und Markolf*, 1999.

«Morolff, Salmons Vertrauter, löste dem Juden die Haut oberhalb des Gürtels ab. Er balsamierte sie und zog sie über seinen eigenen Körper. Er sprach: ‹Nun will ich nicht eher zurückkehren, ehe ich nicht die wunderschöne Frau gefunden habe.›»

Mit *des juden hut* (V. 169,4) bekleidet, *in allen den geberden, / als were sie im gewachssen an* (V. 163,4 f., «sich so gebärdend, als wäre sie ihm angewachsen»), von Ronja Flick als «umfassende Transformation» gedeutet,[8] tritt Morolff anschließend vor den König, der ihn in dieser Verkleidung nicht erkennt. Erst nachdem Morolff wieder *gut scharlach cleider* (V. 169,5, «prächtige scharlachrote Kleider») angezogen hat, stattet ihn Salmon, voll Bewunderung für die *liste* des Bruders, mit *stap und desche* (V. 173,2, «Stab und Tasche») aus und schickt ihn in der Verkleidung als Pilger (!) los, seine Ehefrau zurückzuholen. Im Weiteren erwähnt der Erzähler die *hut* noch zwei Mal: Zum einen legt Morolff sie nach dem Töten des ehemaligen Wächters vor Fores Burg an und bedeckt sie mit einem Pilgermantel (V. 185,2); wenig später entledigt er sich ihrer im Gespräch mit Salme (V. 261,2) – dann verliert der Erzähler anscheinend das Interesse an dem makabren Requisit; es verschwindet aus der Erzählung.

Meines Wissens ist das Motiv, die Haut eines Ermordeten für eine Verkleidung zu nutzen, in der mittelhochdeutschen Literatur singulär.[9] Nur um dieses Motiv soll es im Folgenden gehen; weitere Verkleidungen des Protagonisten interessieren hier nicht. Warum lässt der unbekannte Autor den Protagonisten für das Verschleiern seiner Identität zu diesem Mittel greifen, noch dazu der *hut* eines Juden? Sollen gängige Vorurteile gegenüber Juden angesprochen oder ein abschreckendes Bild unterschwellig gezeichnet werden, wie es spätmittelalterliche Darstellungen von Juden zeigen?[10] Oder glaubt der Erzähler, mit dem grausigen Motiv entsprechende Erwartungen seiner zeitge-

---

8   Flick: Morolfs Verwandlungen, 2017, S. 76.

9   Ein Beispiel aus der Moderne: In dem Film *Das Schweigen der Lämmer* zieht der lang gesuchte Mörder ermordeten Frauen die Haut ab, um sich mit dem daraus angefertigten Kleid als Frau fühlen zu können …

10   Dem Erzähler kann es mit dieser Verkleidung kaum um den (fragwürdigen) Schutz gehen, der Juden, die ja keine Waffen tragen durften, offiziell zustand, da Morolf über der *hut* noch einen diese bedeckenden Pilgermantel trägt.

nössischen Zuhörer/Leser zu bedienen? «Das an Leibern exekutierte Grauener-
regende ist freilich [...] in der Dichtung nicht nur ästhetischer Selbstzweck
oder leidenschaftslos geübte handwerkliche, poetisch brillierende Artistik des
Schrecklichen, sondern Allegorie und Gleichnis.»[11] In der Realität allerdings
war das mittelalterliche Publikum wahrscheinlich gewohnt, Grausames zu
sehen, etwa bei öffentlichen Hinrichtungen, die von der Obrigkeit erklärterma-
ßen zur Abschreckung benützt und in der Zeit des beginnenden Druckens
auch durch Abbildungen, auf Flugblättern z. B., verbreitet wurden.[12] Und doch
ist hier etwas anders, denn der Mord am Juden geschieht ja anscheinend spon-
tan; er ist keine durch einen Rechtsbruch motivierte Hinrichtung. Dass
Morolff sich die Haut des Opfers später gar anzieht, ist eine Überbietung des
Gewohnten und gerade deshalb besonders erschreckend, selbst für ein an
Grausamkeiten gewöhntes Publikum: «Eigentliche schauerliche Empfindun-
gen mochten aber die ‹Variationen› evozieren, die den ‹gewöhnlichen› Schrecken überboten. Sie zielen *bewußt* auf die Erzeugung von Schauer.»[13] Morolff,
der *liebe bruder* des Salmon (V. 55,5), ist zwar ein *tegen lobesam* (V. 191,5,
«lobenswerter Held»), dazu äußerst schlau, aber eben auch skrupellos und
gewalttätig. Stehendes Attribut ist *listig,* was auf den ambivalenten Charakter
seiner Persönlichkeit verweist. Nach dem Juden ermordet er noch einen
unschuldigen Wächter vor der Burg des Königs Fore (s. o.) und ganz am Ende
Salme, die entführte und rückentführte Ehefrau, wie er dies vor der zweiten
Fahrt von seinem Bruder verlangt hatte (V. 614,3–5). Die Haut des jüdischen
Opfers dient aber nur für die wenigen benannten Szenen (s. o.) dem Rollenspiel des Morolff und der Verschleierung seiner Identität und wird danach
nicht mehr erwähnt. Stattdessen benützt Morolff im Fortgang der Erzählung
gängige Verkleidungen für sein Rollenspiel: Er spielt den (verkrüppelten) Pilger (V. 185, 204, 362), den Spielmann (V. 687 ff.), den Krämer und sogar
einen Metzger (V. 701 ff.).[14]

---

11   Krause: Imaginierte Gewalt, 1997, S. 204.

12   Mehrere zeitgenössische Darstellungen bei Schuster: Verbrecher, Opfer, Heilige,
2015, im Anschluss an S. 224.

13   Krause: Imaginierte Gewalt, 1997, S. 217 (Hervorhebung im Original).

14   Detaillierte Hinweise auf die bekannten Rollenspiele Tristans und z. B. auch des
Pfaffen Amis erübrigen sich wohl.

Nun findet sich aber im Text eine Stelle, auf die einzugehen ist, die oben erwähnte Wächterszene. Morolff, nach sieben Jahren des Suchens nach der Königin Salme vor Fores Burg angekommen, ermordet einen namenlosen Wächter, damit dieser ihn nicht verrät, und verkleidet sich dann erneut: Er *sloff zu dem andern male in die hut* (V. 185,2, «er schlüpfte ein zweites Mal in die Haut»), ehe er sich mit dem Mantel über der *hut,* mit Palmzweig und Krücke als behinderter Pilger ausstaffiert, in einer Art doppelter Verkleidung. Nur eine *junge[] hertzogin* bemerkt vor der Begegnung des Pilgers mit Salme, dass dieser am Körper unter seinem Pilgerhabit einen *pantzer von stahel* (V. 213/214,1, «Panzer aus Stahl») trägt – einen Panzer, der übrigens vorher nicht erwähnt wurde –, und sie teilt diese Beobachtung auch der Königin mit. Die aber hält den Fremden weiter für einen Pilger und befiehlt, ihn gastfreundlich zu behandeln. Salme trifft sich am nächsten Morgen mit dem Unbekannten, den sie zunächst, vielleicht des langen weißen Bartes wegen, nicht erkennt, zum Schachspiel. Als ihr schließlich die Augen aufgehen (Str. 260) und Morolff *die juden hut* abzieht, bringt ihn das in eine gefährliche Situation,[15] die er aber meistert. Bemerkenswert ist nun, dass im Druck von Mathis Hüpffuff (Straßburg 1499) ein Holzschnitt eingefügt ist (vgl. Abb. 10), diese Szene des Schachspiels illustrierend, der unter der Begleitschrift zum Holzschnitt (*vn zoch die iude hüt abe*) zeigt, dass Morolff eine Gesichtsmaske abgenommen und neben sich gelegt hat. Diese Maske zeigt einen älteren Menschen mit langem Bart (Str. 261). Die Bekleidung seines Oberkörpers könnte auf einen Panzer hinweisen, wie er kurz zuvor im Text durch die junge *hertzogin* erwähnt worden ist. Hier dient eine menschliche Maske als *pars pro toto* für die gesamte abgezogene Haut, und dies betont erneut, dass es Morolff wohl hauptsächlich darum geht, seine Identität zu verschleiern. Er erreicht das durch das Verhüllen seines Antlitzes mithilfe einer Maske, die von einem anderen Menschen stammt und die auch sein wahres Alter verschleiert.

Nach dem Treffen mit Salme ist von der Verkleidung des Morolff mit *des juden hut* nicht mehr die Rede. Sie hat keinen Vorrang vor den anderen Verkleidungen Morolffs in den verschiedenen Rollen, die er spielt. Es fällt

---

15 Eine ähnlich brenzlige Situation hat er vorher auf drastische Weise entschärft: *er ließ vor der kunigin einen großen furtz* (V. 244,2).

aber auf, dass er die Haut einsetzt, wenn Morolff einkalkuliert, anderen, ihm bekannten Figuren zu begegnen. Mit der Maske täuscht er seinen Bruder Salmon und seine Schwägerin Salme in der persönlichen Begegnung bei der ersten Fahrt; beide sind nahe Verwandte, die sein Äußeres kennen. Auf der zweiten Fahrt trifft er ausschließlich Figuren, die ihn nur vom Hören-Sagen kennen, aber nicht persönlich, und damit wird eine solche Maskerade überflüssig.[16] Eine einfache Verkleidung als (armer) Pilger genügt z. B., um den König Princian zu täuschen (Str. 654 ff.) und von diesem einen Ring zu erbetteln. Die Maske aus der Judenhaut dient also nur dazu, die engsten Vertrauten zu täuschen. Verglichen mit den anderen Verkleidungen, erhält sie damit einen anderen Stellenwert, da sie die ganze Identität Morolffs verbergen muss.

Bemerkenswerterweise finden sich im Text keine Anzeichen antijüdischer Polemik, weder im Zusammenhang mit der Episode noch im Ganzen, obwohl solche in der Entstehungszeit des Textes und in der Zeit seiner Überlieferung um 1500 virulent waren.[17] Ganz im Gegensatz zu den üblichen unhaltbaren Beschuldigungen der Juden ist hier ein Jude ja das völlig unschuldige Opfer, dessen Tod den Plänen Morolffs dienen soll, die dieser auch auf andere Art, d. h., ohne einen Juden zu ermorden, hätte durchführen können. Vielleicht wäre die Täuschung auch mit einem anderen *alten grißen man* (V. 171,2, «alten, greisen Mann») gelungen, denn nur vom Alter des angeblichen Pilgers sprechen Salmon und Salme (V. 204,1 f.), dazu deren Ritter (V. 212,3) und Damen (V. 232,2).

Das Motiv charakterisiert also vor allem den Protagonisten Morolff, der schon als *listige* Figur beschrieben wurde, außerordentlich fähig zu planen und Pläne umzusetzen. Zusätzlich spekuliert der Erzähler hier auf das mit Sensationsgier gepaarte Entsetzen[18] bei Zuhörern und Lesern, die «Freude

---

16   Diese Erklärung verdanke ich Birgit Zacke, die mich in einem Gespräch darauf hingewiesen hat.

17   Sarah Bowden stellt fest, dass Morolff nur den einen Juden, aber mehrere ‹Heiden› tötet, die aus (damaliger) christlicher Sicht eine Außenseiterposition einnahmen. Salme aber als zweifache Ehebrecherin muss nach mittelalterlichem Recht zum Tode verurteilt werden. Vgl. dazu Bowden: Dinge und *ars*, 2016, S. 233.

18   Dieses Entsetzen wird im weiteren Verlauf der Erzählung wieder etwas neutralisiert durch die Listen, mit denen sich Morolff aus dem Machtbereich Salmes rettet.

am Bösen»[19]. Hierin liegt möglicherweise eine Andeutung des Erzählers, dass die Adressaten auch der Handschriften die betreffenden Episoden und die spezielle Verkleidung nicht realiter, sondern metaphorisch auffassen sollten und das vielleicht auch getan haben. Denn die Haut als Maske verweist, zusammen mit dem langen grauen Bart, als Fragment eines Körpers «auf das Ganze, d. h. auf die durch sie (synekdochisch) repräsentierte[] Person[en]»[20]. Trotz ihrer Herkunft ist sie aber nur ein Requisit in der Kette einfallsreicher Verkleidungen, die dabei helfen, die abtrünnige Ehefrau schließlich noch als Ehebrecherin der gottgefälligen Strafe zu unterwerfen. Dafür spricht auch die Fortsetzung im Straßburger Druck, in dem Morolffs Seele schließlich von einem Engel in den Himmel geführt wird.[21]

Auch die Federzeichnung von Hans Dirmstein in der Frankfurter Handschrift, der möglicherweise auch den Text geschrieben hat,[22] zeigt zwar den Mord an dem alten Juden, dargestellt mit Judenhut und langem Bart, und in derselben Zeichnung das Öffnen des Brustkorbs des Ermordeten, nicht aber das im Text beschriebene Enthäuten. Nicht nur in den angesprochenen Episoden, sondern generell schwankt der Text zwischen Ernst und Scherz, zwischen halbwegs seriöser Unterhaltung und schwankhafter Belustigung mit gewalttätigen und grotesk-gruseligen Elementen, vielleicht vom angesprochenen Publikum so erwartet und goutiert, sonst wäre die Erzählung wohl nicht mehrfach handschriftlich überliefert und so früh gedruckt worden. Zwar entschärft das von mir vorgeschlagene metaphorische Verstehen der Verkleidung als Körpermaske die Aussage, aber das Bedienen auch niederer Instinkte durch die Art des Erzählens kann kaum übersehen werden. Es verspricht jedoch geschäftlichen Erfolg – damals wie heute.

---

19 So der Titel von Werner Röckes Untersuchung zum spätmittelalterlichen Schwankroman, in dem er dieses Phänomen u. a. an den deutschen Bearbeitungen des *Dialogus Salomonis et Marcolphi* untersucht. Vgl. Röcke: Die Freude am Bösen, 1987, S. 85–142.

20 Krause: Imaginierte Gewalt, 1997, S. 221. Abgedruckt bei Flick: Morolfs Verwandlungen, 2017, S. 88.

21 Vgl. *Salman und Morolf*, 1979, S. 261.

22 Dazu Griese: *Salomon und Markolf*, 1999, S. 143.

Bibliographie

Salman und Morolf. Herausgegeben von Alfred Karnein. Tübingen 1979 (ATB 85).

Bowden, Sarah: Dinge und *ars* in *Salman und Morolf.* In: Anna Mühlherr, Bruno Quast, Heike Sahm und Monika Schausten (Hgg.): Dingkulturen. Objekte in Literatur, Kunst und Gesellschaft der Vormoderne. Berlin, Boston 2016 (Literatur – Theorie – Geschichte 9), S. 232–246.

Curschmann, Michael: [Art.] *Salman und Morolf.* In: [2]VL 8, Sp. 515 ff.

Flick, Ronja: Morolfs Verwandlungen. Überlegungen zur Rezeptionslenkung in den spätmittelalterlichen illustrierten Handschriften und Drucken von *Salman und Morolf.* In: Annika Bostelmann, Doreen Brandt und Kristin Skottki (Hgg.): Sprechen, Schreiben, Handeln. Interdisziplinäre Beiträge zur Performativität mittelalterlicher Texte. Münster, New York 2017, S. 73–93.

Griese, Sabine: Salomon und Markolf. Ein literarischer Komplex im Mittelalter und in der frühen Neuzeit. Studien zu Überlieferung und Interpretation. Tübingen 1999 (Hermaea N. F. 81).

Jung, Ernst G.: Vom Schinden. In: ders. (Hg.): Kleine Kulturgeschichte der Haut. Darmstadt 2007, S. 54–59.

Krause, Burkhardt: Imaginierte Gewalt in der mittelhochdeutschen Literatur. Der fragmentierte Leib: Teile und Ganzes. In: ders. (Hg): Verstehen durch Vernunft. Festschrift für Werner Hoffmann. Wien 1997 (Philologica Germanica 19), S. 201–226.

Röcke, Werner: Die Freude am Bösen. Studien zu einer Poetik des deutschen Schwankromans im Spätmittelalter. München 1987 (Forschungen zur Geschichte der älteren deutschen Literatur 6).

Schallenberg, Andrea: Spiel mit Grenzen. Zur Geschlechterdifferenz in mittelhochdeutschen Verserzählungen. Berlin 2012 (Deutsche Literatur, Studien und Quellen 7).

Schuster, Peter: Verbrecher, Opfer, Heilige. Eine Geschichte des Tötens 1200–1700. Stuttgart 2015.

Verlebendigte Dinge: Menschenähnliches und Vermenschlichtes

Peter Glasner

Der Zug ‹verspätet sich›, der Motor ‹streikt›, der PC ‹hat einen Virus› – die Reihe von Beispielen für eine sprichwörtliche Eigenmächtigkeit von Dingen ließe sich zahllos fortsetzen, denn Erfahrungen etwa von Ohnmacht gegenüber Dingen oder von deren Dysfunktion korrelieren mit deren Ansprache als menschenähnliche, weil eigensinnig, gar widerständig wirkende Objekte. Was Dinge aber ‹eigentlich› sind, steht derartigen Hinsichten entgegen: leb- und fühllose Gegenstände, Instrumente ohne Intention oder Willen, mithin Hilfsmittel des Menschen, deren Dinglichkeit als Kleidung, Werkzeug oder Waffe schier ausschließlich dienende Funktion hat. Bruno Latour spricht Dingen in ihrem Verhältnis zum Menschen zu, «[a]ußer zu ‹determinieren› und als bloßer ‹Hintergrund für menschliches Handeln› zu dienen, könnten Dinge vielleicht ermächtigen, ermöglichen, anbieten, ermutigen, erlauben, nahelegen, beeinflussen, verhindern, autorisieren, ausschließen und so fort».[1] Ganz allgemein lässt sich konstatieren, dass in der Beziehung von Subjekt und Ding diesem «unabhängig von seinen kulturell festgelegten Funktionen eine *obdurate objecthood* [...], eine semiotischen Vereinnahmungen nicht restlos gefügige Materialität und Präsenz [...] sowie eine spezifische *agency* [...] zugesprochen»[2] werden kann.

Je nach kultursemiotischer Zuschreibung ist aber von je eigenem Wirkungspotential von Dingen etwa als Gabe (Marcel Mauss), Sakralem (Maurice Godelier), Trophäe (Otto Fenichel), von «Fetischismus» (Hartmut Böhme) oder einer regelrechten «Macht der Dinge» (Karl-Heinz Kohl) auszugehen. Obwohl also Dingen ‹Subjekthaftigkeit› sowie ‹Intentionalität› abzusprechen ist, kann «[g]erade in fiktionaler Literatur [...] die Trennung

---

1   Latour: Eine neue Soziologie, 2007, S. 124.
2   Holm: Dingkultur, 2008, S. 132 f.

von Mensch und Ding verfremdet oder problematisch»[3] wirken. Daher können «erzählte Gegenstände [...] als eigenständige *Aktanten* [...] erscheinen
und (das gilt speziell für mythische Erzählformen) eine Form von *agency*
besitzen».[4] In diesem Sinne hat Michael von Albrecht am Beispiel von Waffen und Kleidung im Vergil'schen Œuvre gezeigt, dass derartige Dinge «oft
gleichsam zu Mithandelnden»[5] werden. Überall dort, wo Dinge als Aktanten
auftreten, hat ihre Dinglichkeit auch Potential für Anthropoides oder gar
Anthropomorphes. Und es hängt nicht nur vom jeweiligen Kontext ab, dass
dingliches ‹Agieren› menschliche Züge bzw. medialen, magischen, mythischen oder wundersamen Charakter hat, führte doch Georg Simmel bereits
an einem so harmlos wie unzweideutig erscheinenden Gegenstand eines
Henkels vor,[6] «wie schwierig die kategoriale und ästhetische Erfassung von
Dingen ist»[7]. Die Bandbreite der Kategorien von Dingen lässt sich aufgrund
ihrer unterschiedlichen «Funktionen und Bedeutungen» mit den beiden Ska-
lenenden «*Gebrauchsgegenstand* und *Symbol*»[8] angeben. Christoph Schanze
unterscheidet seinerseits «zwischen normalen Dingen (‹Requisiten›) und
besonderen Dingen, die einen Eigensinn tragen und in gewissen Grenzen
auch ein Eigenleben führen können»[9]. Für das Mittelalter und seine Literatur
gilt zudem, dass nicht nur die Grenzen zwischen diesen Ding-Kategorien so
fließend wie verhandelbar sind. Vielmehr sind historische Praxen und künst-
lerische Darstellungen des Mittelalters auch besonders reich an ‹eigensinni-
gen› Dingen. Als *Anthropomorphismus* (gr. *ánthrōpos* = ‹Mensch›, *morphé*
= ‹Form›, ‹Gestalt›) wird die Projektion menschlicher Eigenschaften etwa in
Fabeln auf Tiere, in mythischen Erzählungen auf Götter und Naturgewalten
oder in mittelalterlichen Erzählwelten von Epos, Legende und Roman eben
auch auf Dinge bezeichnet. Sowohl deren jeweilige Gestalt als auch deren
Gebaren kann menschliche Züge aufweisen. Unabhängig von Epoche und
Kultur faszinieren profane und religiöse Geschichten von Dingen, denen

3   Christ: Bausteine, 2015, S. 15.
4   Ebd.
5   Albrecht: Vergil, 2007, S. 111.
6   Vgl. Simmel: Der Henkel, 1986.
7   Böhme: Fetischismus und Kultur, 2012, S. 54.
8   Beide Zitate Christ: Bausteine, 2015, S. 16.
9   Schanze: Dinge erzählen, 2016, S. 159.

menschliche oder menschenähnliche Eigenschaften zugesprochen werden oder die gar von Verlebendigungen einst lebloser Materie handeln. So wird von Dingen erzählt, denen so Menschliches eigen ist wie Körperteile und Charaktereigenschaften oder Wirkmacht und Handlungsvermögen. Die Studien von Karl-Heinz Kohl zu *Geschichte und Theorie sakraler Objekte* oder Hartmut Böhmes zu *Fetischismus und Kultur* haben

> im Anschluss an Ideen Latours die Tragfähigkeit des Konzepts von Dingen als blo-
> ßen Substraten menschlicher Bearbeitung, Aneignung und Aktion grundsätzlich in
> Frage gestellt. Gegen das modern-‹aufgeklärte› Verständnis von Dingen als ‹stum-
> men› Objekten menschlichen Handelns werden hier Mensch-Ding-Hybride, Macht
> und Eigensinn der Dinge, Dinge als Aktanten oder Akteure gesetzt.[10]

Im Folgenden wird hier der Versuch unternommen, Dinge in mittelalterlichen Erzählwelten in den Blick zu nehmen, die auf unterschiedliche Weise das «Kriterium der Belebtheit»[11] und eine Vermenschlichung ihrer Dinglichkeit verbinden.

«So gut wie jede menschliche Kultur [...] kennt eine oder mehrere Schöpfungsgeschichten.»[12] Das *Gilgamesch*-Epos erzählt von der Erschaffung eines Menschen. Einer der Götter formt hier «einen wilden Mann aus Lehm [...], der zum Freund des Helden wird, zu dessen Lebenspartner».[13] Und in Ovids *Metamorphosen* werden gleich mehrere Schöpfungsgeschichten geboten. Zwei handeln davon, dass der Mensch «aus Erde gewandelt» oder «in der schwangeren Erde gereift»[14] sei. Abermals wird auch von der Verähnlichung von Gott und seinem Geschöpf erzählt, der vom «Schöpfer des Universums» oder von Prometheus geschaffene Mensch «erinnerte [...] in seiner Gestalt an die Herren aller Dinge, die Götter».[15] Der jüdisch-christliche Anfang der Menschheitsgeschichte ist auch eine Erzählung einer regelrechten Anthropomorphisierung – einer wundersamen Verlebendigung von ursprünglich Leblosem. Während der erste Schöpfungsbericht uns nicht mit-

---

10   Mühlherr: Einleitung, 2016, S. 3.
11   Christ: Bausteine, 2015, S. 15.
12   Greenblatt: Die Geschichte von Adam und Eva, 2018, S. 354.
13   Ebd., S. 76 f.
14   Ebd., S. 356.
15   Zitiert nach: ebd., S. 355 f.

teilt, aus welchem Stoff Gott die ersten Menschen geschaffen hat, sondern lediglich «den Menschen nach seinem Bilde, nach dem Bilde Gottes» (Gen 1,26 f.[16]) geformt weiß, präzisiert der zweite Schöpfungsbericht den menschlichen Ursprung: «Dann bildete Jahwe Gott den Menschen aus Staub von dem Erdboden» (Gen 2,7). Gerade an diesem niedrigsten Stoff erweist sich Gott als Ursprung allen Lebens und wahrer *deus artifex*, denn Gott allein ist es möglich, den Staub dadurch zu verlebendigen, dass er in des ersten Menschen «Nase einen Lebenshauch blies» (Gen 2,7). Schöpfungsgeschichten lassen sich ihrerseits als Urerzählungen von Schöpfer und Geschaffenem, von Verlebendiger und Verlebendigtem, mithin also auch von Künstler und Kunstwerk auffassen. Warum ist nun das Narrativ des Verlebendigens von ursprünglich Unbelebtem – von Pygmalions Statuenbelebung über Goethes Zauberlehrling bis zu Frankensteins Monster oder gar zu technischen Anthropoiden unserer Tage – so faszinierend? Vielleicht weil das Vermögen, aus Materie oder Gegenständlichem Lebewesen werden zu lassen, göttlich anmutet? Sicherlich auch, weil Geschichten von Verlebendigungen ihrerseits um das Geheimnis des Lebens kreisen. Und das geschenkte Leben birgt Risiken, denn viele Schöpfungsgeschichten – ‹Adam und Eva› ist nur eine davon – erzählen auch, dass sich die Verlebendigten an ihren Schöpfern oder zumindest an deren Geboten vergehen (können), zu Ungehorsam oder gar zu Widerstand fähig sind. Und das haben derart Verlebendigte mit leblosen Dingen gemeinsam: Sie lassen nicht vollends über sich verfügen, haben das Potential von Aktanten und eigene Wirksamkeit, gar Eigensinn.

Welche Wirkungsweisen lassen sich nun aber bei Dingen in mittelalterlichen Erzähltexten beobachten? «Dinge sind nicht nur in mittelalterlicher Literatur», so Christoph Schanze, «zunächst einmal ‹Requisiten›: Sie übernehmen in erzählten Handlungen bestimmte Funktionen und haben Einfluss auf das Agieren der handelnden Figuren, indem sie Aktionen ermöglichen oder unterbinden.»[17] So müssen Dinge weder magischen noch mythischen Charakters oder gar anthropoid-anthropomorphen Anscheins sein, um ihrerseits menschliches Handeln zu provozieren: Das Faszinosum der Dinge in ihrer Ästhetik und Materialität wirkt unmittelbar auf Betrachter, Benutzer

---

16 Zitiert nach: *Die Bibel*, 1968.
17 Schanze: Dinge erzählen, 2016, S. 158.

und Besitzer. Ithers rote Rüstung in Wolframs von Eschenbach *Parzival* oder noch prominenter der sagenhafte, weil unermessliche Nibelungenhort fordern heraus, weil Rüstung wie Hort Gierobjekte sind. Als solche veranlassen sie Handlungen, die zu ihrem Besitz bzw. zur Verfügungsgewalt über sie führen sollen: ‹Mord und Totschlag›, Raub und Verrat. Die Attraktivität solcher Dinge motiviert ebenso Geschichten von Gabentausch wie von Besitzerwechseln, die immer auch die soziale und die symbolische Funktion von Dingen ausstellen. Das von Schlägen zerfetzte Hemd Gahmurets, das seine Witwe Herzeloyde selbst tragen möchte (vgl. *Parzival*, V. 111,25 f.), wird zwar weniger aus Gier denn aus sehnendem Verlangen nach Unverfügbarem ‹besessen›: Als signifikanter Gegenstand zeigt es aber ebenso wie Siegfrieds Schwert in Hagens Hand im Angesicht der trauernden Kriemhild (vgl. *Nibelungenlied*, V. 1781,1), dass Dingen, zumal von verstorbenen Geliebten, auch memoriale Funktion eignet. Ohnehin können Dinge nicht nur als Wissensspeicher von Gedächtnisinhalten oder als Liebespfänder Emotionen auslösen. Walther von der Vogelweide anthropomorphisiert einen schlichten Strohhalm dahingehend, sprechenderweise Hoffnung, Trost, gar Freude auslösen zu können: *Mich hât ein halm gemachet frô. / er giht, ich süle gnâde finden* (L66,5 f., «Mich hat ein Halm froh gemacht, / er sagt, ich werde Gnade finden»). Ein Strohhalm aber, der nicht als Objekt betrachtet wird, sondern mit eigenem Sprechen Wirkung hervorruft, ist bereits ein anthropoides Ding.

Nicht nur in der mittelalterlichen Literatur treten Dinge auf, die in einem unmetaphorischen, also in nicht übertragenem Sinne sprechen, sondern eine regelrechte Stimme haben. Nach Horst Wenzel findet sich «[d]ie Personalisierung von schrifttragenden Objekten [...] schon in den altorientalischen Kulturen».[18] Als «ein besonders poetisches Beispiel» zitiert Wenzel das sog. Midas-Epigramm:

> «*Mädchen aus Erz bin ich und lieg auf dem Grabe des Midas.*
> *Und solange das Wasser noch quillt, die Bäume noch grünen,*
> *Und der Mond noch aufgeht und scheint und die Sonne noch leuchtet,*
> *Und die Flüsse noch strömen, das Meer noch rauscht am Gestade,*
> *Bleibe ich hier auf dem Hügel der vielbejammerten Stätte*

---

[18] Wenzel: Die Sprache der Dinge, 2003, S. 205.

Und verkünde den Wanderern: Hier unten liegt Midas begraben.»[19]

Im Mittelalter sind sprechende Dinge auch deshalb keine Seltenheit, weil «die Selbstaussage künstlerisch verfertigter Gegenstände»[20] sowie der «Inschriftentypus ‹N. N. me fecit› […] sich auf zahlreichen Kunstwerken findet»[21]. «Am Fuß des siebenarmigen Leuchters im Essener Münster (10. Jh.) steht geschrieben: ‹Äbtissin Mathilde ließ mich anfertigen und weihte mich Christus.›»[22]

Mit dem allegorischen Potential von Bescheidenheit, Duldsamkeit und Dienstbereitschaft begegnen in mittelalterlichen Rätselreden zudem geheimnisvoll von sich sprechende Schreibfedern: «Einfacher Art bin ich und ziehe von nirgendher Weisheit. Doch jeglicher Weise ziehet für immer die Fußspur mir nach. Heute bewohn ich gespreitete Erde wie vormals in hohen Himmeln ich zog. Und schein ich auch weiß, lass ich doch hinter mir schwarz meine Spur.»[23] Bescheiden stellt sich hier eine Schreibfeder als von schlichter Natur dar, die als Schreibwerkzeug im unausgesprochenen Vergleich mit dem Schreiber keinerlei Intellektualität für sich beansprucht. Dennoch aber wäre jegliche Weisheit ohne die Schreibfeder flüchtiger Art und ohne ihre Schreibspur vergänglich. Einst als Flugfeder die Lüfte durchziehend, ist die Schreibfeder der Erde verhaftet. Und auch dieser Wesenszug spielt ins rätselhaft Paradoxe: Die weiße Schreibfeder hinterlässt schwarze (Tinten-)Spuren. Wenn schon Gebrauchsgegenstände im Mittelalter derart von sich reden machen, was ist dann erst von schier einzigartigen Objekten der Handwerkskunst oder literarischen Meisterwerken zu erwarten?

Das herausragende Ding, das Meisterwerk zumal, provoziert seinerseits vermenschlichende Perspektiven auf Gegenständliches. Antike Traditionen fortsetzend und deren Topoi aufgreifend, adressieren Autoren ihre und die Werke anderer wie Menschen. Bereits Ovid, Horaz, Martial u. a. haben ihre Werke ebenso personalisiert wie Thomasîn von Zerclaere.

---

19 Ebd., S. 201.

20 Ebd., S. 207.

21 Ebd.

22 Wenzel: Hören und Sehen, 1995, S. 218.

23 Aus St. Aldhelms *Epistola ad Acircium* zitiert nach Brinker-von der Heyde: Die literarische Welt des Mittelalters, 2007, S. 19.

Wirnt von Grafenberg geht in seinem *Wigalois* sogar noch einen Schritt weiter in Richtung Anthropomorphisierung seines Werkes, indem er dieses aus sich heraus selbst das Wort an seine Leserschaft richten lässt: *Wer hât mich guoter ûf getân?* (*Wigalois*, V. 1, «Welch vortrefflicher Mensch hat mich aufgeschlagen?»). Die Adressierung des eigenen Werks oder Buchs, das Ansprechen des eigenen literarischen Produkts durch den Autor stellt zudem deren anthropoide Beziehung aus. Während Michael Giesecke mit Blick auf das gedruckte Buch als «von einem Teil der Autorenpersönlichkeit»[24] gesprochen hat, weist Wenzel darauf hin, dass bereits Thomasîns *Welscher Gast* Autor und Werk als Beziehung von Vater und Kind vorstelle: «Der Text fingiert den Körper, den er repräsentiert, dessen faktisches Verschwinden aber auch die Reichweite der Schrift erst eigentlich begründet: Das *buoch* erscheint als ‹Kind› des Autors [...].»[25] Als ein weiteres Beispiel für ‹Personalisierungen des Buches›[26] führt Wenzel das sogenannte *Zweite Büchlein*, Hartmann von Aue zugeschrieben, an. Diese Personalisierung wird ihrerseits nicht als Botschaft oder abstraktes Medium des liebenden Autors angesprochen, sondern – ganz anthropoid – als dessen Zunge und Mund gegenüber der Angebeteten:

Kleinez büechel, swa ich si,
so wone miner frowen bi:
wis min zunge und min munt
und tuo ir staete minne kunt,
daz si doch wizze daz ir si
min herze ze allen ziten bi,
swie verre joch der lip var. (*Das zweite Büchlein*, V. 811–817)

«Kleines Büchlein, wo immer ich auch sei, bleibe du bei meiner Herrin: Sei meine Zunge und mein Mund und künde ihr von meiner beständigen Liebe, damit sie weiß, dass mein Herz jederzeit bei ihr ist, wie weit sich auch mein Leib von ihr entfernt.» [Übersetzung P. G.]

---

24   Giesecke: Der Buchdruck, 1991, S. 456.
25   Wenzel: Hören und Sehen, 1995, S. 208 f.
26   Vgl. das gleichnamige Kapitel in: Wenzel: Hören und Sehen, 1995, S. 204–225.

Wenn sich Dinge äußern und eigenständig fortbewegen können, wenn also einmal die Phantasie ihnen menschliche Züge verliehen hat, dann ist auch nicht mehr auszuschließen, dass Gegenstände selbsttätig zu handeln scheinen. Vom Eigensinn ursprünglich unbelebter Dinge hin zu autark handelnden ist es in magischen, mythischen oder religiösen Kontexten nur ‹ein kleiner Schritt›. Aus der Fülle mittelalterlicher Beispiele von handelnden Dingen sei hier auf ein einziges, aber umso ‹sprechenderes› Beispiel verwiesen. Im *Dialogus Miraculorum* des Caesarius von Heisterbach findet sich unter den zahllosen Wundererzählungen von Engeln, Dämonen und Reliquien auch diese Geschichte: *De hominibus qui viderunt reliquias montis Gudinsberg transmigrare in Stromberg* (*Dialogus Miraculorum*, S. 1606 f. «Von den Leuten, die gesehen haben, wie die Reliquien vom Godesberg zum Stromberg hinüberfliegen»). Caesarius erzählt von Bautätigkeiten des Kölner Erzbischofs Dietrich von Hengebach (1150–1224), der 1210 «den Grundstein für die Godesburg»[27] legte. Weiterhin berichtet er von Erscheinungen des Hl. Michael vor dem Hintergrund, dass wahrscheinlich «die Kapelle des Michael für den Bau der Burg abgerissen werden»[28] musste. Bei Caesarius ruft die Bautätigkeit aber nicht nur *sanctum Mychaelem Archangelum in specie bene nota* (S. 1606 f., «den Erzengel Michael in der bekannten Gestalt») auf den Plan:

> *Eodem tempore homo quidam Theodericus nomine, de villa proxima cum uxore ad ecclesiam prosperans, de praedicto monte capsellam cum reliquiis quam saepe viderat, super Stromberg per aerem duci vidit. Ambo illam viderunt, et usque hodie ambo testes sunt tantae visionis.* (S. 1606 f.)

> «Zur gleichen Zeit sah ein Mann namens Theoderich, der mit seiner Frau aus dem unmittelbar am Berg befindlichen Dorf zur Kirche eilte, das Kästchen mit den Reliquien, das er oft gesehen hatte, vom besagten Godesberg durch die Luft zum Stromberg fliegen. Beide sahen es und beide sind bis heute Zeugen der so wunderbaren Vision.»

Das wundersame Reliquienkästchen hat zwar bei Caesarius keinerlei anthropomorphe Züge. Es erscheint aber in der verknappten Erzählweise des Heis-

---

27   Caesarius von Heisterbach: *Dialogus Miraculorum*, 2009, S. 1606, Anm. 1446.

28   Ebd., S. 1606, Anm. 1447.

terbacher Mönchs nicht als ein Gegenstand, den himmlische oder menschliche Kräfte bewegen, sondern als ein Objekt, das ganz ohne äußere Einflüsse zu jenem spektakulären Fluge vom Godesberg zum Stromberg in der Lage ist. Gegen die Unglaubwürdigkeit eines selbstständig fliegenden Reliquienkästchens bietet der Erzähler bei Caesarius über die Augenzeugen des Vorgangs hinaus noch einen unmittelbaren Ohrenzeugen, den Priester vom Stromberg, auf, dem die Augenzeugen des Wunders eines fliegenden Dings unmittelbar Bericht erstattet hätten.

Aus dem Bisherigen von belebten, menschenhaften oder -ähnlichen Gegenständen lässt sich auch schlussfolgern: Das Detailwissen, das sich ihnen anlagert, rückt sie in Menschennähe, als hätten auch Dinge eine regelrechte Vita. Aus ihren jeweiligen Beziehungen zu ihren Besitzern und Benutzern kommt Dingen, insbesondere erzählten Dingen, schließlich eine weitere Eigenheit zu, die sie menschenähnlich erscheinen lässt: Geschichten von ihren Herstellern und ihrer Herstellung, ihren Erwerbern und ihrer Erwerbung, ihren Besitzern und ihren Besitzerwechseln, ihrem symbolischen Kapital als Liebespfänder oder Freundschaftszeugnisse, ihrer Mitführung, Aufbewahrung oder Ausstellung erzählen regelrechte ‹Biographien› von Dingen. Seinerseits weniger anthropomorphisierend stellt der Begriff des ‹Steckbriefs von Dingen› aus, dass diese ebenso als Wissensspeicher wie als Symbolisierung diverser Zuschreibungen fungieren können. Es sind folglich nicht die Dinge selbst, nicht einzig ihre Materialität oder Medialität, sondern die vielfältigen Zuschreibungspraktiken, die mittelalterliche Dinge, zumal in Erzählkontexten, aussagekräftig werden lassen über das Verhältnis zu ihren Eignern, das sie seinerseits dann anthropomorph oder anthropoid wirken lassen kann.

Bibliographie

Die Bibel. Die Heilige Schrift des Alten und Neuen Bundes. Deutsche Ausgabe mit den Erläuterungen der Jerusalemer Bibel. Herausgegeben von Diego Arenhoevel, Alfons Deissler und Anton Vögtle. Freiburg i. Br. 1968.

Caesarius von Heisterbach: *Dialogus Miraculorum. Dialog über die Wunder.* Eingeleitet von Horst Schneider. Übersetzt und kommentiert von Nikolaus Nösges und Horst Schneider. Bd. 4. Turnhout 2009 (Fontes Christiani 86/4).

Hartmann von Aue: *Die Klage. Das (zweite) Büchlein.* Aus dem *Ambraser Heldenbuch* herausgegeben von Herta Zutt. Berlin 1968.

Das Nibelungenlied. Mittelhochdeutsch/Neuhochdeutsch. Nach der Handschrift B herausgegeben von Ursula Schulze. Ins Neuhochdeutsche übersetzt und kommentiert von Siegfried Grosse. Stuttgart 2011 (RUB 18914).

Thomasin von Zerklaere: *Der Welsche Gast.* Ausgewählt, eingeleitet, übersetzt und mit Anmerkungen versehen von Eva Willms. Berlin, New York 2004 (de Gruyter Texte).

Walther von der Vogelweide: Werke. Gesamtausgabe. Bd. 2: Liedlyrik. Mittelhochdeutsch/Neuhochdeutsch. Herausgegeben, übersetzt und kommentiert von Günther Schweikle. Zweite, verbesserte und erweiterte Auflage herausgegeben von Ricarda Bauschke-Hartung. Stuttgart 2011 (RUB 820).

Wirnt von Grafenberg: *Wigalois.* Text der Ausgabe von Johannes M. N. Kapteyn übersetzt, erläutert und mit einem Nachwort versehen von Sabine und Ulrich Seelbach. Berlin, New York 2005 (de Gruyter Texte).

Wolfram von Eschenbach: *Parzival.* Studienausgabe. 2. Auflage. Mittelhochdeutscher Text nach der sechsten Ausgabe von Karl Lachmann. Übersetzung von Peter Knecht. Mit Einführungen zum Text der Lachmannschen Ausgabe und in Probleme der *Parzival*-Interpretation von Bernd Schirok. Berlin, New York 2003 (de Gruyter Texte).

Albrecht, Michael von: Vergil: *Bucolica, Georgica, Aeneis.* Eine Einführung. Heidelberg [2]2007 (Heidelberger Studienhefte zur Altertumswissenschaft).

Assmann, Jan: Kollektives Gedächtnis und kulturelle Identität. In: ders. und Tonio Hölscher (Hgg.): Kultur und Gedächtnis. Frankfurt a. M. 1988 (stw 724), S. 9–19.

Böhme, Hartmut: Fetischismus und Kultur. Eine andere Theorie der Moderne. Reinbek bei Hamburg [3]2012 (rororo 55677).

Brinker-von der Heyde, Claudia: Die literarische Welt des Mittelalters. Darmstadt 2007 (WBG Bibliothek).

Christ, Valentin: Bausteine zu einer Narratologie der Dinge. Der *Eneasroman* Heinrichs von Veldeke, der *Roman d'Eneas* und Vergils *Aeneis* im Vergleich. Berlin, Boston 2015 (Hermaea N. F. 137).

Fenichel, Otto: Über Trophäe und Triumph. Eine klinische Studie. In: ders.: Aufsätze. Bd. 2. Herausgegeben von Klaus Laermann, übersetzt von dems. und Ulrich Schönleber. Olten, Freiburg i. Br. 1981, S. 159–182.

Giesecke, Michael: Der Buchdruck in der frühen Neuzeit. Eine historische Fallstudie über die Durchsetzung neuer Informations- und Kommunikationstechnologien. Frankfurt a. M. 1991 (stw 1357).

Glasner, Peter: ‹Textzeugin› und Medium für das (un-)recht Maß: Die sprechende Feder im *Welschen Gast* Thomasîns von Zerclaere. In: ZfdPh 137 (2018), S. 381–418.

Godelier, Maurice: Das Rätsel der Gabe. Geld, Geschenke, heilige Objekte. Aus dem Französischen übersetzt von Martin Pfeiffer. München 1999 (C. H. Beck Kulturwissenschaft).

Greenblatt, Stephen: Die Geschichte von Adam und Eva. Der mächtigste Mythos der Menschheit. Aus dem Englischen von Klaus Binder. München 2018.

Holm, Christiane: [Art.] Dingkultur. In: Metzler Lexikon Literatur- und Kulturtheorie. Ansätze, Personen, Grundbegriffe. Herausgegeben von Ansgar Nünning. Stuttgart, Weimar 2008, S. 132 f.

Kohl, Karl-Heinz: Die Macht der Dinge. Geschichte und Theorie sakraler Objekte. München 2003 (C. H. Beck Kulturwissenschaft).

Latour, Bruno: Eine neue Soziologie für eine neue Gesellschaft. Einführung in die Akteur-Netzwerk-Theorie. Frankfurt a. M. 2007 (stw 1967).

Mauss, Marcel: Die Gabe. Form und Funktion des Austauschs in archaischen Gesellschaften. Mit einem Vorwort von Edward E. Evans-Pritchard. Übersetzt von Eva Moldenhauer. Frankfurt a. M. 1990 (stw 743).

Mühlherr, Anna: Einleitung. In: dies., Bruno Quast, Heike Sahm und Monika Schausten (Hgg.): Dingkulturen. Objekte in Literatur, Kunst und Gesellschaft der Vormoderne. Berlin, Boston 2016 (Literatur – Theorie – Geschichte 9), S. 1–21.

Schanze, Christoph: Dinge erzählen im Mittelalter. Zur narratologischen Analyse von Objekten in der höfischen Epik. In: KulturPoetik 16 (2016), S. 153–172.

Simmel, Georg: Der Henkel. In: ders.: Philosophische Kultur. Über die Abenteuer, die Geschlechter und die Krise der Moderne. Gesammelte Essays. Mit einem Vorwort von Jürgen Habermas. Berlin 1986 (Wagenbachs Taschenbücherei 133), S. 111–118.

Wenzel, Horst: Hören und Sehen. Schrift und Bild. Kultur und Gedächtnis im Mittelalter. München 1995 (C. H. Beck Kulturwissenschaft).

Wenzel, Horst: Die Sprache der Dinge. Zu den Interferenzen alter und neuer Medien. In: Peter Berz (Hg.): FAKtisch. Festschrift für Friedrich Kittler zum 60. Geburtstag. München 2003, S. 203–214.

Abb. 11: Dil Ulenspiegel zeigt den Gläubigen die vorgebliche Kopfreliquie des Hl. Brandan.

Quelle: Berlin, SBB-PK, Yt 5603, Straßburg 1531: Christoph Grüninger. *Ulenspiegel*, Lage J, fol. 2ʳ, Holzschnitt auf Papier.

Kopfreliquie

Hans Rudolf Velten

Bereits in vorchristlicher Zeit wurden Schädel von Toten als dingliche Konkretisierung des Heiligen oder Mächtigen verwendet. Livius berichtet in *Ab urbe condita*, wie die Kelten den Kopf eines unterlegenen römischen Heerführers abtrennten, im Tempel vom Fleisch reinigten und den nackten Schädel mit Gold überzogen, um ihn als Trinkgefäß zu gebrauchen; der darin gereichte Wein sollte besondere Wirkung besitzen, da der Kopf als Hauptsitz der Kraft galt.[1] Das Christentum übernahm diese Wertschätzung des Kopfes, indem das Märtyrern abgeschlagene, als inkorrupt geltende Haupt getrennt vom Körper aufbewahrt und verehrt wurde, «um das Martyrium zu demonstrieren»[2] und Objekte der Verbindung von immanenter und transzendenter Welt zu schaffen. Die berühmtesten dieser Primärreliquien sind wohl die Köpfe von Petrus und Paulus, die in S. Giovanni in Laterano, dem ‹Haupt› aller Kirchen, verehrt werden. Die Vorstellung, dass der Heilige in jedem Teil seines Leichnams virtuell anwesend war (*ubi est aliquid ibi totum est*), charakterisiert den christlichen Reliquienkult in Spätantike und Mittelalter, wobei Schädel und Kopfreliquiare besonderen Wert besaßen, da man ihnen einen hohen Grad an der von Gott an die Heiligen verliehenen himmlischen Kraft, der *virtus* zuschrieb, welche für iatromagische Wirkungen (Wunderheilungen) von Reliquien sowie ihre Schutzwirkung verantwortlich gemacht wurde.[3]

Als heilsvermittelnde Dinge waren Körperteile von Heiligen im Mittelalter sehr begehrt; 1236 grub man den Leichnam der 1231 verstorbenen Elisabeth von Thüringen aus und fand ihn unverwest vor. Ihr Kopf wurde abgetrennt und in ein von Kaiser Friedrich II. gestiftetes Reliquiar eingefasst, die

---

1   Vgl. Legner: Reliquien in Kunst und Kult, 1995, S. 281.
2   Angenendt: Heilige und Reliquien, 1994, S. 152.
3   Vgl. ebd., S. 155 f.

anderen Körperteile wurden ebenfalls abgeschnitten, um sie als Reliquien aufzubewahren. Kopfreliquien waren keineswegs selten, sondern weit verbreitet; bekannte Beispiele sind die Kopfreliquie des Hl. Cyprian von Karthago im Kornelimünster in Aachen, die der Hl. Katharina von Siena (S. Domenico in Siena), der Hl. Kunigunde, der Ehefrau Heinrichs II. (Dom zu Bamberg), der Kopf des Apostel Jakobus d. J. (S. Daniele, Venedig), jener des Hl. Dionysius, des ersten Bischofs von Paris (Kathedrale St. Denis), des Hl. Valentinus (S. Maria in Cosmedin, Rom) sowie eine Reihe berühmter Schädelreliquien im Halberstädter Dom (Johannes der Täufer, Maria Magdalena, Hl. Stephanus). Von Johannes dem Täufer existieren mehrere Kopfreliquien, sodass bereits der benediktinische Historiker Guibert de Nogent im 12. Jahrhundert die Verehrung mehrerer Köpfe als missbräuchlich beschrieben hatte.[4] Guibert war ein früher Kritiker der *infecta miracula*, der fälschlich zugeschriebenen Wunder durch Reliquien, die etwa einem Kloster höhere Einnahmen einbringen konnten. Im Spätmittelalter wurde die Verbindung von Reliquienverehrung, ihrer öffentlichen Schau (Heiltumsweisungen) und dem Sündenablass gängig (zuerst 1119 in Benevent belegt[5]).

Sicherlich ist die Verdichtung auf Visualität in den Heiltumsweisungen des Spätmittelalters eine neue Tendenz der Verehrung, die neben die ältere Form des haptischen Kontakts mit dem heilsvermittelnden Ding tritt. Beides ist kaum möglich ohne das Wissen über Reliquien, das über Erzählungen tradiert wird. Sie waren in ein narratives Netz von Legenden und Wundererzählungen von Heiligen und Märtyrern eingebunden, von Berichten über die spezifischen Leistungen der Heiligen und ihrer besonderen Verbindung zu Gott. Die literarische Existenz von Kopfreliquien ist weitläufig, doch ihre interessantesten Beispiele finden sich – in der Schwankliteratur.

Nach dem siegreichen Wettstreit mit seinem Bischof beschließt der Held von Strickers Schwankroman *Der Pfaffe Amis*[6] (1249) auf Reisen zu gehen und seine Einkünfte zu erhöhen, um damit die Bewirtung seiner zahlreichen Gäste finanzieren zu können. Bereits im ersten Schwank der Reise legt er viel Wert auf Spektakel und zieht mit *sechs knappen herlich (Der Pfaf-*

---

4   Vgl. Fuchs: Zeichen und Wunder, 2008, S. 66.

5   Vgl. Paulus: Geschichte des Ablasses, 2000, S. 180.

6   Zitiert nach: Stricker: *Der Pfaffe Amis*, 1994.

fe Amis, V. 336) und einer besonderen Reliquie auf der Suche nach Kirch-weihfesten umher. Den Landpfarrern bietet er die Hälfte des Erlöses an, wenn sie ihn predigen lassen; so ist schon beim ersten Mal die Kirche voll mit *gebouren und von vrowen* (mit «Bauern, aber auch edle[n] Damen»), der Erzähler schätzt sie auf *zweinzick hundert oder me* (V. 357–359):

«*Ir muget immer wesen vro,*
daz mich got hat her gesant.
Ich han euh bracht in die lant
ein heilichtum also gut,
daz alle tage zeichen tut.
Euch mag wol genade hie geschen.
Ich laz euch heute zeichen sehen,
daz ir mir geloubet.
Sant Brandanes houbet
daz schowet hie, daz han ich.
Iz hat gesprochen wider mich,
ich sul im ein munster machen
mit also reinen sachen,
daz got wol zeme,
und daz ich des opphers niht neme,
daz hat ez mir verboten an den lip,
daz mir gebe dehein wip,
die zu irem elichen man
ie keinen andern gewan. [...]» (V. 364–382)

«Ihr könnt euch glücklich schätzen, / daß Gott mich hierher gesandt hat. / Ich habe euch an diesen Ort / eine heilbringende Reliquie mitgebracht, / die alle Tage Wunderzeichen bewirkt. / Euch wird göttliche Gnade zuteil werden. / Ich führe euch heute ein Wunder vor, / mit dem ich euch überzeugen werde. / Schaut hier das Haupt des heiligen Brandan, / das ich besitze. / Es hat mir aufgetragen, / ihm einen Dom zu errichten / aus unbefleckten Spenden, / die Gott angemessen seien, / und kein Almosen anzunehmen – / das hat es mir bei meinem Leben verboten –, / das mir eine Frau gibt, / die neben ihrem Mann / jemals irgendeinen anderen Liebhaber genommen hat [...]».

Der Pfaffe Amis, der hier in der Rolle eines Wanderpredigers agiert,[7] reüssiert zunächst mit seiner rhetorisch brillant aufgebauten Predigt,[8] in welcher er Bedingungen für das Opfer stellt: Nur die tugendhaften Ehefrauen dürfen opfern, und so tun es alle, um tugendhaft zu erscheinen. Wahrheit wird durch den äußeren Anschein ersetzt,[9] was aber allen Beteiligten Nutzen bringt, denn die Frauen werden ja im doppelten Sinne öffentlich prämiert. Das rhetorische Strategem baut jedoch auf einer performativen Inszenierung auf, in welcher *Sant Brandanes houbet*, ein Teil des heiligen Körpers, ein heiliges Ding, im Mittelpunkt steht. Amis teilt den zahlreichen Anwesenden mit, sie würden ein Wunder (*zeichen*) sehen und Gottes Gnade erhalten. Dieses Wunder ist an das Schauen der Reliquie geknüpft, die als *heilichtum* bezeichnet wird. Das Wunder ist somit nichts anderes als die Heiltumsweisung, die visuelle Konsumption der Kopfreliquie (*daz schowet hie*) als eine Art eucharistischer Gnadenakt. Dabei geht es um mehr als die bloße Präsenz der Reliquie: Denn Amis behauptet, dass Brandans Kopf ihm im Gespräch (*Iz hat gesprochen wider mich*) befohlen habe, ihm eine Kirche zu bauen, allerdings *mit also reinen sachen*, also Spenden, die rein, unbefleckt seien. Das Vorzeigen und Schauen der Reliquie sowie das Gespräch mit ihr bilden den theatralen Rahmen für das Gelingen der Schwanklist. In der Neuzeit funktioniert so etwas nicht mehr – hier wird nur der Totenschädel wahrgenommen, der noch kein Beweis für den Heiligen ist. Das Reliquienverständnis des Mittelalters eröffnet die kulturelle Alterität der Erzählung.

Doch warum wählt Amis gerade den Schädel des Hl. Brandan als Reliquie? Darüber wird nichts erzählt, aber dass die Wahl Brandans vom Stricker wohlkalkuliert sein muss, vermutet Schilling, indem er in der mangelnden Wundergläubigkeit des legendarischen Brandan und seiner Bußfahrt ein Analogon zum anwesenden Publikum erkennt, welches – die Bekanntheit Brandans vorausgesetzt – dadurch umso mehr bereit sei, die angekündigten *zeichen* zu akzeptieren.[10] Dies ist auch deshalb plausibel, weil schon Vincent von Beauvais die Pilgerschaft des Hl. Brendan nicht in sein kanonisches *Spe-*

7   Vgl. Wailes: Studien zur Kleindichtung, 1981, S. 230 f.
8   Vgl. Ragotzky: Gattungserneuerung und Laienunterweisung, 1981, S. 154 ff.
9   Vgl. Röcke: Die Freude am Bösen, 1987, S. 63.
10   Vgl. *Der Pfaffe Amis*, 1994, Stellenkommentar, S. 160 f.

culum Historiale aufnahm, mit der Begründung, sie sei häretisch inspirierter Unsinn (*propter apocrypha quaedam deliramenta*[11]), ein Urteil, das im 13. und 14. Jahrhundert häufig wiederholt wurde. Dennoch erscheinen die Beziehungen zu Brandan, wie sie im *Pfaffen Amis* erzählt werden, auf den zweiten Blick jedenfalls komplexer. Interessant ist, dass das *houbet* Brandans offensichtlich menschliche Eigenschaften hat: Es kann sprechen. Und mehr noch, es kann dem Pfaffen Amis Befehle erteilen: *daz hat ez mir verboten an den lip*, besitzt somit eine gewisse Autorität, die mit dem Heiligen und der Präsenz der Reliquie gleichermaßen einhergeht. Der Kopf Brandans ist quasi der Heilige selbst, den der Pfaffe mit sich herumträgt, sodass die Reliquie nicht nur als Teil für den ganzen Körper des Heiligen, sondern für diesen selbst im transzendentalen Status steht – was dem Jenseitsreisenden Brandan in besonderem Maße entsprechen dürfte.

Nun gibt es keinen Beleg für eine tatsächliche Kopfreliquie des Heiligen. Aber es gibt literarische Bezüge: In der mittelniederländischen Reise-Fassung C der Brandanlegende (*De reis van Sint Brandaan*[12], 13. Jh.) wird von einem Gespräch Brandans mit dem Schädel eines toten Riesen erzählt (V. 137–260),[13] das in keiner anderen Fassung der Reise, aber auch nicht in der lateinischen *Navigatio Sancti Brendani* enthalten ist. Darin wird berichtet, dass Brandan und seine Mönche den Schädel eines Riesen am Strand finden. Brandan spricht mit dem Schädel, der sich als ‹Heide› zu erkennen gibt und die Taufe ablehnt, da er glaubt, Sünden nicht widerstehen zu können, und als getaufter Sünder schlimmere Höllenqualen zu erleiden hätte, als wenn er ‹Heide› bliebe.[14] Dieser einzige Beleg für einen sprechenden Schädel im

---

11 Vincenz von Beauvais: *Speculum Historiale* Tom. XXII, cap. 81, zitiert nach Strijbosch: The Heathen Giant, 1999, S. 370. Nach der Kritik von Vincenz wird auch in der volkssprachigen Literatur die kritische Haltung gegenüber den von Brandan berichteten Wundern fassbar, etwa in ironischen Anspielungen im *Moriz von Crâun* (vgl. Kästner: Der zweifelnde Abt, 1992, S. 404, sowie Kühn: Heilige sind anders, 2008, S. 116 ff.).

12 Zitiert nach: Strijbosch: The Heathen Giant, 1999.

13 Vgl. ebd.

14 Die Forschung sah darin ein keltisches Motiv, Clara Strijbosch vermutet hingegen eine Insertion des Schreibers von C. Die Herkunft der Episode ist noch immer unklar; infrage kommen die Vita des Hl. Malo/Maclovius und die Makariuslegende (vgl. Strijbosch: The Heathen Giant, 1999, S. 373–378).

Zusammenhang mit dem Hl. Brandan weist auf die Ambivalenz hin, die der Schwank auf der Folie seines Prätextes konstruiert: Einerseits sakralisiert der Stricker das Gespräch mit dem Totenschädel, indem er ihn im *Pfaffen Amis* zu einer Reliquie macht, die durchaus als Vermittlungsmedium des Pfaffen zum transzendenten Heiligen dienen kann. Die sprechende Reliquie ist als ein «Medium anschaulicher Konkretion»[15] überdeterminiert, sie ist gleichzeitig Repräsentationsmedium göttlicher Kraft wie handlungsmächtige Instanz. Andererseits familiarisiert der Stricker den Prätext, indem der Gesprächspartner des Riesen, der Hl. Brandan, nun selbst zur sprechenden Reliquie gemacht wird.[16] Dazu gehört auch, dass die Kopfreliquie nun gerade nicht nur im heilsvermittelnden Sinn wirkt, sondern vor allem zum Zweck der Versorgung des Pfaffen mit Geldmitteln. Ambivalenz und *jocularitas* sind bereits der Episode der *reis van Sint Brandaan* eingeschrieben, der Stricker nimmt sie auf und macht daraus einen parodistischen Schwank voller Inversionen (so kommen nicht die Pilger zur Reliquie, sondern umgekehrt), der einen krafterfüllten und heilbringenden Gegenstand sowohl als Fetischobjekt als auch als sprechendes Organ des transzendenten Heiligen verwendet und ihn effektiv zum allgemeinen Nutzen einsetzen kann. Der Schwankroman vermag wie kaum eine andere literarische Erzählung den Glauben an die Wunderkraft der Reliquie und ihre inhärenten Täuschungsmöglichkeiten transparent zu machen, wenn er das Netzwerk, das Reliquien zwischen Himmel und Erde herstellen und eine unsichtbare *virtus* präsent machen, erzählerisch ausbreitet und es gleichzeitig ausbeutet.[17]

---

15   Vgl. Laube: Von der Reliquie zum Ding, 2011, S. 8.

16   Andere sprechende Köpfe erwähnt Christa Tuczay: Kulturgeschichte, 2012, S. 317 f.: «Um 1245 taucht das sprechende Haupt als einer der wunderbaren Automaten auf, die Vergil konstruiert haben soll. In Analogie zur Gerbert-Legende befragt Vergil den Kopf nach den Umständen seines eigenen Todes, dieser antwortet ihm ebenfalls zweideutig, und der Magier kommt zu Tode.» Ferner gab es zahlreiche Nachrichten und Legenden über sprechende Bronzehäupter im 13. und 14. Jahrhundert.

17   Über den ungebrochenen Wunderglauben des 13. Jahrhunderts schreibt Karl Heussi: Kompendium, 1956, S. 225: «Die Frömmigkeit lebte vom Wunder. [...] Die Heiligen, die Reliquien, die Bilder wurden verehrt, weil man Wunder von ihnen erwartete. Der Überschwänglichkeit des Wunderglaubens entsprach die Häufigkeit des frommen Betrugs.»

Der Schwank mit der Kopfreliquie ist eine von mehreren Episoden, die der Autor des Straßburger Eulenspiegelbuchs von 1515 aus dem *Pfaffen Amis* übernimmt. In der 31. Historie, die ankündigt, *wie Ulenspiegel mit einem Todtenhoupt umbzoch, die Leut damit zu bestreichen, unnd vil Opffer darvon uffhub*, gibt sich Eulenspiegel als ein *Statzinierer* (Mönch mit Reliquien; *Ulenspiegel*, S. 93) aus, der mit einem *Heiltumb* im Land umherreist. Weiter heißt es, er *cleidet sich mit einem Schuler in eins Priesters Gestalt und nam ein Todtenkopff und ließ ihn inn Silber fassen* (S. 93). Die Historie beginnt mit einem Prolog über die *Schalckeit* und das *Gükelspil* Eulenspiegels, der überlegt, wie er sich ohne Mühe und Aufwand ernähren könne: Seine Intentionen werden eindeutig genannt, seine betrügerischen Maßnahmen (Verkleidung, falsche Reliquie, Täuschung) sind evident. Er verwendet auch keine Reliquie, sondern einen tatsächlichen Totenschädel, dessen wahre Herkunft später genannt wird: *das villeicht eins Schmidß Haubt geweßen wer, das er uff einem Kirchoff genummen hat* (S. 94). Diesen Kopf lässt Eulenspiegel *inn Silber fassen* (S. 93), d. h., er schafft selbst ein wunderkräftiges Objekt, indem er durch den Wert des Silbers ein Reliquiar vortäuscht. Wie in der Vorlage gibt Eulenspiegel die Reliquie als das *Haubt St. Brandonus* (S. 93) aus, allerdings fehlen das Gespräch mit dem Heiligen und dessen Auftrag und somit auch der intertextuelle Verweis auf die Reise Brandans. Stattdessen wird kurz gesagt, *daz ihm befolhen wär, damit ze samlen* (S. 93), um eine neue Kirche zu bauen. Der Trick, er würde keine Opfer von Ehebrecherinnen annehmen, gleicht dann wiederum der Vorlage.

Der Verfasser des Eulenspiegelbuchs ist somit stärker an Inszenierung und Verlauf des Betrugs interessiert als an der Komplexität des Schwankverlaufs oder der handlungsmächtigen Reliquie aus Strickers *Amis*. Bei Eulenspiegel wird der Schädel zum bloßen Objekt degradiert, er wird von der Reliquie zum Fetisch, denn Leser und Hörer der Historie erfahren, dass er zweifellos eine Fälschung ist. Er ist *factitius*, gemacht, ein künstliches Heilmittel, was beim Stricker in dieser Eindeutigkeit nie gesagt wird. Auf die Künstlichkeit weist auch der selbst gemachte Silberüberzug hin, der ein Reliquiar vortäuschen soll, ohne eines zu sein. Der Schädel verliert gänzlich seinen heilsvermittelnden und sakralen Gehalt (vom Wunder ist keine Rede mehr), sondern täuscht ihn nur noch vor – somit entfällt auch die Dialektik von Sakralität und Familiarisierung. Die Bauern, vor denen Eulenspiegel predigt, küssen zwar das Haupt, doch sie tun es in einer Art rückständiger

Wundergläubigkeit, die sie als borniert ausweist. Als lächerlich erscheinen sie vollends, wenn gesagt wird, dass die *einfältigen Frawen an sein listige, schalck-hafftige Sach* (S. 94) glaubten. Eine Kopfreliquie, ein Ding mit Aura, ein sakrales Zeugnis in eine Schwankhandlung mit Betrugsabsicht einzubinden, erscheint hier nicht mehr gewagt wie im *Pfaffen Amis*. Die Heiligkeit der falschen Reliquie wird von Beginn an im Rahmen der Büberei denunziert, das Sakrale wird in einen schwankhaften Kontext gesetzt und von diesem gerahmt. Folglich spielt das mittelalterliche Reliquienverständnis keine Rolle mehr, der Schwankroman propagiert nun eine profane und kritische, fast reformatorische Auffassung des Heiltums. Die Kopfreliquie ist nur noch ein Ding, das seinen Zweck erfüllt, sie hat ihre Funktion der Heilsvermittlung und der Evidenz des Heiligen verloren. Damit verliert sie auch ihre *agency*, die sie im *Pfaffen Amis* – wie auch immer ironisch verhüllt – noch besessen hat.

Bibliographie

Ein kurzweilig Lesen von Dil Ulenspiegel. Nach dem Druck von 1515. Mit 87 Holzschnitten. Herausgegeben von Wolfgang Lindow. Stuttgart 1966 (RUB 1687).
Der Stricker: *Der Pfaffe Amis.* Mittelhochdeutsch/Neuhochdeutsch. Nach der Heidelberger Handschrift cpg 341. Herausgegeben, übersetzt und kommentiert von Michael Schilling. Stuttgart 1994 (RUB 658).

Angenendt, Arnold: Heilige und Reliquien. Die Geschichte ihres Kultes vom frühen Christentum bis zur Gegenwart. München 1994.
Beissel, Stephan: Die Verehrung der Heiligen und ihrer Reliquien in Deutschland im Mittelalter. Darmstadt 1991 [Nachdruck der Ausgabe Freiburg i. Br. 1890/92].
Bosselmann-Cyran, Kristian: [Art.] Reliquie. In: Enzyklopädie der Medizingeschichte. 3 Bde. Herausgegeben von Werner E. Gerabek, Bernhard D. Haage, Gundolf Keil und Wolfgang Wegner. Berlin, New York 2005, S. 1231–1233.
Burgess, Glyn und Clara Strijbosch (Hgg.): *The Legend of Saint Brendan.* Dublin 2000.
Fuchs, Karin: Zeichen und Wunder bei Guibert de Nogent. München 2008 (Pariser historische Studien 84).
Hartmann, Andreas: Zwischen Relikt und Reliquie. Objektbezogene Erinnerungspraktiken in antiken Gesellschaften. Berlin 2010 (Studien zur alten Geschichte 11).
Heussi, Karl: Kompendium der Kirchengeschichte. 12., neu bearbeitete Auflage. Tübingen 1960.

Kästner, Hannes: *Der zweifelnde Abt* und die *Mirabilia descripta*. Buchwissen, Erfahrung und Inspiration in den Reiseversionen der Brandan-Legende. In: Xenja von Ertzdorff und Dieter Neukirch (Hgg.): Reisen und Reiseliteratur im Mittelalter und in der Frühen Neuzeit. Amsterdam, Atlanta 1992 (Chloe 13), S. 389–416.

Kellermann, Karina: Der Körper. Realpräsenz und symbolische Ordnung. Eine Einleitung. In: Das Mittelalter 8/1 (2003), S. 3–8.

Kühn, Christine: Heilige sind anders. Das Spiel mit religiösen Motiven in der mitteldeutschen ‹Reise-Fassung› des heiligen Brandan. In: Albrecht Greule, Hans Walter Herrmann, Klaus Ridder und Andreas Schorr (Hg.): Studien zu Literatur, Sprache und Geschichte in Europa. Wolfgang Haubrichs zum 65. Geburtstag gewidmet. St. Ingbert 2008, S. 113–132.

Laube, Stefan: Von der Reliquie zum Ding. Heiliger Ort – Wunderkammer – Museum. Berlin 2011.

Legner, Anton: Reliquien in Kunst und Kult. Zwischen Antike und Aufklärung. Darmstadt 1995.

Paulus, Nikolaus: Geschichte des Ablasses im Mittelalter. Vom Ursprunge bis zur Mitte des 14. Jahrhunderts. Bd. 2: Vom Ursprunge bis zur Mitte des 14. Jahrhunderts. Darmstadt ²2000 [Nachdruck der Ausgabe Paderborn 1922].

Ragotzky, Hedda: Gattungserneuerung und Laienunterweisung in Texten des Strickers. Tübingen 1981.

Röcke, Werner: Die Freude am Bösen. Studien zu einer Poetik des deutschen Schwankromans im Spätmittelalter. München 1987 (Forschungen zur Geschichte der älteren Literatur 6).

Schreiner, Klaus: *Discrimen veri ac falsi*. Ansätze und Formen der Kritik in der Heiligen- und Reliquienverehrung des Mittelalters. In: AfK 48 (1966), S. 1–53.

Strijbosch, Clara: The Heathen Giant in the *Voyage of St. Brendan*. In: Celtica 23 (1999), S. 369–389.

Strijbosch, Clara: The Seafaring Saint. Dublin 2000.

Tuczay, Christa A.: Kulturgeschichte der mittelalterlichen Wahrsagerei. Berlin 2012.

Wailes, Stephen L.: Studien zur Kleindichtung des Stricker. Berlin 1981 (PhSt 104).

Abb. 12: Sigune liest den Text einer beschrifteten Hundeleine, die ihr Geliebter Schionatulander dem Bracken Gardeviaz abgewonnen hatte.

Quelle: München, BSB, cgm. 8470, sog. Fernberger-Dietrichsteinsche Handschrift, 2. Viertel 15. Jh. (?). Albrecht von Scharfenberg: *Jüngerer Titurel* (W), fol. 164ʳ, Deckmalfarben und Blattgold auf Pergament, 305 x 235 mm.

Leine

Irmgard Rüsenberg

Die Hundeleine, das *bracken seil* (*Titurel*, V. 143,4), das uns im zweiten Fragment des *Titurel*, einem unvollendeten Spätwerk Wolframs von Eschenbach, begegnet, stellt ein wundersam luxuriöses und elaboriertes Kunstwerk dar, das in der Literaturgeschichte seinesgleichen sucht. Auf das Halsband aus grünem arabischem Samt und das zugehörige zwölf Klafter lange Seil, zusammengesetzt aus Spannen gelber, grüner, roter und brauner Seide, sind zu Buchstaben ausgelegte Edelsteine, namentlich Smaragde, Rubine, Diamanten, Chrysolithe und Granate appliziert. Auf dem Seil lässt sich die Schrift auf Blättern zwischen perlenbesetzten Ringen auffalten. Der Erzähler offeriert uns dazu den Kommentar, dass er in jedem Fall die kostbare Leine vor dem dazugehörigen Hund wählen würde (V. 147,4) – womit schon eingangs der zentrale Umstand in den Horizont gerät, dass Bracke und Seil, Natur und Kultur, Trieb und Text kaum voneinander zu trennen sind.

Hier sei aber nun fürs Erste der Kontext dieser Begebenheit dargelegt, die, der Leser mag es erahnen, der Sphäre der Minne angehört. Besagter Hund läuft einem jungen, in der Natur lagernden Paar zu, das wir bereits aus Wolframs *Parzival* kennen: Sigune und Schionatulander. In dem vorgängigen Roman trifft Parzival auf seine Cousine Sigune, die als eine Ikone weiblichen Leidens ihren toten Freund Schionatulander in den Armen hält. Bei einer späteren Begegnung findet er schließlich auch Sigune tot vor; Parzival hatte sie zuvor erzählt, dass ein Brackenseil Anlass ihres Unglücks gewesen sei (*Parzival*, V. 141,16) und sie darunter litte, ihrem Freund nicht ihre Liebe geschenkt zu haben (V. 141,20 f.). Wolfram hebt also an, uns über diese tragisch verlaufene und im *Parzival* zugleich rätselhaft bleibende Liebesgeschichte aufzuklären, und erweckt beide Figuren im *Titurel* zu neuem Leben.

Im ersten der zwei Fragmente des *Titurel* erfahren wir zunächst etwas über die Kinderschicksale der beiden Liebenden (Str. 14–46). Sigunes Mutter Schoysiane stirbt bei deren Geburt, während sich im Kummer um diesen Verlust der Vater aus dem weltlichen Leben zurückzieht. Gemeinsam mit ihrer Cousine Kondwiramurs wächst Sigune zunächst bei dem Vaterbruder Tampunteire auf und wird als Fünfjährige nach dessen Tod von ihrer Mutterschwester Herzeloyde aufgenommen. Dieser Geschichte fortlaufender Trennungen steht die Geschichte Schionatulanders zur Seite. Auch er verliert seinen Vater früh und wird nach Entwöhnung von der Amme nicht von seiner Mutter Mahaute aufgenommen, sondern von Anphlise, der ersten Minneherrin Gahmurets. Anphlise wiederum gibt Schionatulander seinem Cousin Gahmuret (Mutterschwestersohn) bei dessen Schwertleite in die Obhut (Str. 39). Nachdem Gahmuret und Herzeloyde ein Paar geworden sind, zieht Gahmuret beide Kinder gemeinsam in Kanvoleis auf, wo sie, wie es im Text heißt, viel zu früh von Liebe und heftigem Liebesleid überfallen werden (Str. 47 f.). Schließlich bricht Schionatulander mit Gahmuret auf zu seiner Fahrt in den Orient. Entborgenheit und Mangel markieren so weit die Welt zweier Halbwaisen, über denen zudem das zukünftige Unglück von Gahmuret schwebt, der die Geburt seines Sohnes Parzival nicht mehr erleben und Herzeloyde als trauernde Witwe hinterlassen wird.

Das zweite Fragment des *Titurel* beginnt dann unvermittelt mit der Brackenseilepisode, in der eine innere Bewegung der Liebenden zwischen Bindung und Trennung nach außen projiziert wird und fürs Erste pralle Vitalität die Szene belebt. Schionatulander hört das aufgeregte Gebell eines Jagdhundes, der die Blutspur eines flüchtigen Wilds verfolgt, will im ersten Impuls seinerseits dem Hund nachjagen, geht aber in Deckung, als das Wild vorbeiläuft, und fängt, begleitet von den negativen Prophezeiungen des Erzählers (Str. 143), den nachjagenden Hund samt Leine ein, um ihn Sigune zu überreichen. Die Nähe zur geliebten Freundin macht die Beute gleichsam zum Geschenk, das der Jäger der Geliebten in Stellvertretung seiner selbst aushändigt. Im Folgenden erfährt der Leser, dass der Hund bereits dem Fürsten Ehkunat entflohen war, ihm zugesandt von seiner Geliebten Clauditte, sodass eine Kette instinkthafter Ansteckung zwischen Fliehen und Jagen, Hund und Mann vorliegt, an deren Beginn und Ende jeweils eine geliebte Frau steht. Die äußere Bewegung kommt dann auch in Sigune wieder zur Ruhe, deren Aufmerksamkeit gegenüber diesem mehrdeutigen Geschenk jedoch ausschließlich der kostbar schillernden Schrift auf Halsband und Leine gilt. Schionatulander hingegen vergnügt sich derweil damit, Äschen und Forellen mit einer Angel zu fangen (Str. 159).

Auf dem Halsband liest Sigune zunächst, dass der Hund *Gardevîaz* heißt, zu deutsch: *Hüete der verte* (V. 148,4, «Gib Acht auf die Fährte!»), und damit verbunden das ethische Postulat, Männer und Frauen möchten auf den rechten Weg achthaben (Str. 149 f.). Auf der Leine selbst liest Sigune nachfolgend die Geschichte zweier Liebespaare aus der Familie Schionatulanders. Zunächst ist die Rede von Florie und Ilinot als einer eigentümlich inzestuösen Verbindung. Sie hatte ihn als eine Ersatzmutter großgezogen, liebte ihn aber wie einen Geliebten, wenngleich ohne *ligende minne* (Str. 152,3, «die letzte Liebesvereinigung»), bis Ilinot im Minnedienst für sie den Tod findet und sie ihm nachstirbt. Die Krone vererbt sie ihrer Schwester Clauditte. Clauditte wiederum wählt vor der Reichsversammlung Herzog Ehcunaver von der wilden Blume zum Geliebten und Landesherrn. Ihm sandte sie den ‹wilden› Bracken:

Sît er von der wilde hiez, gegen der wilde
si sante im disen wiltlichen brief, den bracken, der walt unt gevilde
phlac der verte, als er von arte solte. (V. 158,1–3)

«Da er nach der Wildnis hieß, sandte sie ihm in die Wildnis diesen Wildfang als Brief, den Bracken nämlich, der durch Wald und Felder auf der Fährte blieb, wie es seine Art war.»

Just an diesem Punkt löst Sigune nun den Strick von der Zeltstange, um weiterlesen zu können, während wir zugleich erfahren, dass Schionatulanders Aufmerksamkeit unausgesetzt ganz dem Angeln gilt (Str. 159). Gardeviaz reißt sich, noch bevor ihm etwas zu fressen gebracht werden kann, los, unmittelbar der blutigen Fährte nach, während Sigune mit aufgeschürften Händen zurückbleibt. Als Schionatulander das Gebell des Hundes hört, wirft er die Angel weg, setzt ihm mit bloßen Beinen nach, am Ende wie ein waidwundes Wild selbst eine Blutspur hinterlassend.

Nach diesem vergeblichen Einsatz beklagen Sigune und Schionatulander, beide verwundet, einander wechselseitig (Str. 168). Sigune verlangt aber nun, dass Schionatulander ihr die Leine wiederbringe, um die darauf zu findende Aventiure zu Ende lesen zu können, es gäbe nichts Wichtigeres mehr in ihrem Leben. Schionatulander, man staune, zieht die mögliche Existenz einer Schrift auf einem Brackenseil schlichtweg in Zweifel, unterwirft sich aber dann doch der Forderung Sigunes mit den Worten: *wis genaedec, süeziu maget, unt halt niht mîn herze sô lange in dînen banden!* (V. 172,4, «Schenke mir Erhörung, süßes Mädchen, und halte mein Herz nicht so lange gefesselt»). *Sus hêten si mit worten ein ander ergetzet* (V. 175,1, «So hatten sie sich gegenseitig mit Worten getröstet») heißt es in' der Schlussstrophe, aber *der anevanc vil kumbers* (V. 175,2, «Der Anfang großen Leids») ist damit nicht mehr aufzuhalten.

Der Assoziationsrahmen zur Minne, den Wolfram in seiner kleinen Erzählung, ausgehend von der Metapher der Jagd, entfaltet, ist weit gespannt. Zunächst spiegeln die heftigen Bewegungen des Hundes wider, wie die Liebenden selbst sich in der Übermacht ihrer Zuneigung als gefesselt erleben und immer wieder um Freiheit bzw. Erlösung ringen (vgl. V. 121,4; 175,1). Während Schionatulander seinen Triebwunsch durchaus sportlich als Jäger und Angler zur Darstellung bringt, spielt sich hingegen Sigunes ‹Wildheit› weithin als eine nach innen gewendete Leidenschaft ab. Sie quälen *wilde gedanken* (V. 121,4) und zum Schluss ein wahrhaft obsessiver Lesehunger. Letzteren soll ihr nun Schionatulander zu befriedigen helfen, noch bevor dessen eigene Triebnatur Resonanz gefunden hat. Er wiederum unterwirft sich der Frau, der doch eigentlich sein aggressiv-männliches Begehren gilt. Keiner bekommt in seinem ungerichteten Begehren den anderen zu fassen, der immer wieder entflieht. So wenig der wilde Bracke zu halten ist, so wenig können die Liebenden sich halten.

Sinnfällig wird diese Konstellation mit der Übergabe des Hundes durch Schionatulander. Er überreicht Sigune den Jagdhund als Boten seiner selbst, während Sigune diesen glattweg übersieht und sich ihrerseits ganz auf die Leine und den Text konzentriert. Mehr als das Tier (im Mann) interessiert sie die anhängende Liebesgeschichte, für die wiederum Schionatulander nicht das mindeste Interesse aufbringt. Beide bleiben blind für die Position des anderen. Sollte der Interpret aber Sigune darüber belehren wollen, dass das Leben primär in der unmittelbaren Gegenwart und nicht in der zurück- oder vorausschauenden Reflexion zu fassen ist, bleibt festzustellen, dass es im Medium dieser exzeptionellen Leine um mehr geht als nur um die Liebe oder eine Liebesgeschichte. Im Bild dieser Leine wird sich Kunst selbst zum Thema, genauer gesagt: Dichtung. Wolfram bietet in seinem Alterswerk Buchstaben und Worte als funkelnde Edelsteine auf einer Leine an, die dem Ich-Erzähler mehr gilt als der Jagdhund (V. 147,4). Der zur edelsteinhaften Materialität mutierte Text sticht für ihn die lebendige Wertigkeit eines Jagdhundes aus, ohne den allerdings die kostbare Leine, so viel bleibt anzumerken, kaum zu ihrem Leser finden würde. Der Dichter, sprich Wolfram, dürfte also nicht nur aus dem Ich-Erzähler sprechen, sondern nicht minder aus Schionatulander und dem Hund, aber womöglich im Besonderen aus Sigune. Für Sigune gibt es nichts Wichtigeres mehr in ihrem Leben als diese Leine, die sich gleichsam verselbständigt hat und der Lesenden, wie das Leben selbst, das Ende ihrer Geschichte vorenthält. Wie diese aber hat sich auch Sigunes Liebesleidenschaft verselbständigt und sich in eine ästhetische Sphäre symbolischer Zeichen hinüberbewegt, in der die Liebe, die Rede von ihr und die Selbstbespiegelung in dieser Rede miteinander verschmelzen.

Aus Wolframs schillernden *Titurel*-Fragmenten, die sich uns ihrerseits wieder entziehen, mögen wir demnach zweierlei herauslesen: zum einen, dass Kunst und Leben wie Seil und Bracke in Konkurrenz zueinander stehen und sich wechselseitig ihren Platz streitig machen, zum anderen aber auch, dass Leben und Kunst wie Bracke und Seil eine unauflösliche Einheit bilden. Eine Geschichte von der Liebe ist zwar nicht gleichzusetzen mit dieser, aber sie verkörpert nicht minder das Leben selbst. Lesend ergreifen wir dieses entlang der Leine von Wolframs hoher Erzählkunst.

Bibliographie

Wolfram von Eschenbach: *Parzival*. Nach der Ausgabe Karl Lachmanns revidiert und kommentiert von Eberhard Nellmann, übertragen von Dieter Kühn. 2 Bde. Frankfurt a. M. 2006 (Deutscher Klassiker Verlag im Taschenbuch 7) [zitierte Ausgabe].

Wolfram von Eschenbach: *Titurel*. Text, Übersetzung, Stellenkommentar. Herausgegeben, übersetzt und mit einem Stellenkommentar sowie einer Einführung versehen von Helmut Brackert und Stephan Fuchs-Jolie. Berlin, New York 2003 (de Gruyter Texte) [zitierte Ausgabe].

Brackert, Helmut: Sinnspuren. Die Brackenseilinschrift in Wolframs von Eschenbach *Titurel*. In: Harald Haferland und Michael Mecklenburg (Hgg.): Erzählungen in Erzählungen. München 1996 (Forschungen zur Geschichte der älteren deutschen Literatur 19), S. 155–175.

Gephart, Irmgard (später: Rüsenberg): Textur der Minne. Liebesdiskurs und Leselust in Wolframs *Titurel*. In: ABäG 60 (2005), S. 89–128.

Kiening, Christian und Susanne Köbele: Wilde Minne. Metapher und Erzählwelt in Wolframs *Titurel*. In: Beiträge 120 (1998), S. 249–265.

Abb. 13: Isolde und Tristan trinken auf hoher See den Minnetrank.

Quelle: Köln, Historisches Archiv der Stadt Köln, Best. 7020 W* 88, 1323. Gottfried von Straßburg: *Tristan* (B), fol. 141vb, kolorierte Federzeichnung auf Pergament, 215 x 135 mm.

Minnetrank

Peter Kern

Wie in allen Tristan-Erzählungen kommt dem Minnetrank auch im Werk Gottfrieds von Straßburg[1] eine zentrale Stellung zu. Tristan hat während seines Aufenthalts am Hof seines Onkels, des Königs Marke von Cornwall, den im Auftrag des feindlichen irischen Königs Tribut fordernden riesenhaften Morolt im Zweikampf besiegt, ist dabei aber von Morolts mit Gift kontaminiertem Schwert verwundet worden, heilbar nur – wie er weiß – von der medizinkundigen irischen Königin, Morolts Schwester, weshalb er in das feindliche Irland fährt, sich als Spielmann Tantris ausgibt, tatsächlich von der irischen Königin Isolde geheilt wird und seinerseits ihre gleichnamige Tochter in höfischer Kunst und Sitte unterrichtet.

Nach Cornwall zurückgekehrt, erzählt er dort von der schönen Königstochter. König Marke, der seinen Neffen Tristan als seinen Thronerben ausersehen hat und deshalb unvermählt bleiben will, wird von der auf Tristans Stellung neidischen Hofgesellschaft zur Heirat gedrängt und verkündet, er wolle sich mit keiner anderen Frau verbinden als eben mit der von Tristan gepriesenen Isolde, weil er sicher zu sein glaubt, dass eine Ehe mit der Tochter des feindlichen Königshauses unmöglich zustande kommen könne und so die für Tristans Zukunft hinderlichen Pläne der Höflinge scheitern würden. Auch sie halten die Absicht einer ehelichen Verbindung mit dem verfeindeten irischen Königshaus für völlig aussichtslos; deshalb schlagen sie Tristan, um ihn in Todesfurcht zu bringen, als Brautwerber für König Marke vor. Tristan nimmt den Auftrag an und hat gegen alle Erwartung Erfolg, weil er einen Irland terrorisierenden Drachen zu erlegen vermag und als Drachentöter gemäß einer Zusicherung des irischen Königs das Anrecht auf die Hand

---

1   Im Folgenden zitiert nach: Gottfried von Straßburg: *Tristan*, 2004. Die Übersetzungen stammen aus: Gottfried von Straßburg: *Tristan und Isold*, 2012.

der Königstochter erwirbt, das er (als Brautwerber) nicht für sich, sondern für König Marke geltend macht.

Um ihrer Tochter die unverbrüchliche Liebe Markes zu sichern, stellt die nicht nur heilkundige, sondern auch mit zaubermächtigen Fähigkeiten begabte Brautmutter *einen tranc von minnen* (V. 11435, «einen Minnetrank») her, den sie – verschlossen in einem Glasgefäß – einer vertrauten Dienerin (Brangaene) übergibt. Diese wird beauftragt, Marke und ihrer Tochter Isolde nach deren Vereinigung in der Hochzeitsnacht diesen Minnetrank zu kredenzen, dem die magische Kraft innewohnt, die davon Trinkenden zeitlebens in inniger, unzertrennlicher Liebe zu verbinden (V. 11432–11478). Während der Schifffahrt von Irland nach Cornwall geschieht es aber, dass Tristan – während Brangaene abwesend ist – in der Kielkemenate die ihm anvertraute Isolde besucht und beide – in der Meinung, es sei Wein – den Minnetrank trinken (V. 11664–11689) und so, wie es heißt, von der Liebe überwältigt und zu unverbrüchlicher Einheit verbunden werden (V. 11711–11721).

Bis zu diesem wichtigen Ereignis habe ich die Romanhandlung in gebotener Kürze referiert, um mich nun der Frage zuzuwenden, weshalb trotz der offenbar doch eindeutigen Sachlage in der Forschung die Frage kontrovers diskutiert werden konnte, ob in Gottfrieds Dichtung der Minnetrank als Wirkursache der Liebe zwischen Tristan und Isolde zu betrachten sei oder ob er bei ihnen die schon zuvor (wenn auch noch uneingestanden) vorhandene Liebe nur bewusst mache.[2] Bei diesem Forscherdisput wurden immer wieder drei Romanszenen beleuchtet, denen auch ich mich hier zuwenden will,[3] um die Frage nach dem Grund für die unterschiedliche Sichtweise der Interpreten zu erörtern.

Wie schon erwähnt, preist Tristan nach seiner ersten Irlandfahrt (bei der er – als Tantris – die Heilung seiner ihm von Morolt beigebrachten Giftwunde erreichte) nach seiner Rückkunft in Cornwall Isolde emphatisch in einem alle Zuhörer begeisternden Panegyrikus als schönste junge Frau, schö-

---

2   Überblick über die an diesem Disput beteiligten Forscher z. B. bei Schulz: Gottfried von Straßburg, 2017, S. 85–89.

3   Ich kann dabei auf einen von mir vor längerer Zeit veröffentlichten Aufsatz zurückgreifen: Kern: Sympathielenkung im *Tristan*, 1988.

ner sogar als Helena, in ihrer Schönheit alle, die sie erblicken, in glühende Begeisterung versetzend (V. 8257–8304).

Sollen wir daraus mit Gottfried Weber schlussfolgern, «daß unbewußt Tristan Isolde bereits liebt»?[4] Gewiss, wir als Romanleser sind schon im Prolog darauf vorbereitet worden und wissen so von vorneherein, dass Tristan und Isolde füreinander als Liebespaar bestimmt sind, und so könnten wir versucht sein, in Tristans meisterhaft kunstvollem Frauenpreis schon die Stimme des Liebenden zu vernehmen. Das ist ein durch das Arrangement des Erzählers verursachter Eindruck, der aber mit der Bewusstseinslage der Romanfigur Tristan nicht übereinstimmt, bei dem es keinerlei Anzeichen dafür gibt, dass seine Preisrede Ausdruck eines schon tatsächlich bestehenden und ihm nur noch nicht bewussten Gefühls sein soll. Und im Handlungsgefüge des Romans veranlasst Tristans Preisrede ja König Marke dazu, sich die gepriesene Schöne als Ehefrau zu wünschen, sodass Tristan dann nach Irland fährt, nicht, um Isolde für sich zu gewinnen, sondern als Brautwerber für Marke – auch wenn es dann anders kommen sollte.

Bei seiner zweiten Irlandfahrt (als Brautwerber für König Marke) ist Tristan – nach seinem siegreichen Drachenkampf völlig geschwächt und ohnmächtig daliegend – von Isolde aufgefunden, als ihr Hofmeister Tantris erkannt und heimlich von ihr, ihrer Mutter und ihrer vertrauten Dienerin Brangaene in ihre Gemächer gebracht worden. Sie dürfen hoffen, er werde im Zweikampf öffentlich beweisen können, dass die Prahlereien des ihnen verhassten Truchsessen, der sich selbst den Sieg über den Drachen und damit den Anspruch auf Isoldes Hand anmaßt, erlogen sind.

Als Tristan in ihrer Obhut wieder völlig zu Kräften gekommen ist, da betrachtet die Königstochter Isolde heimlich oft seine Gestalt (seine Hände und sein Gesicht, seine Arme und seine Beine):

si bespehete in oben hin ze tal:
swaz maget an manne spehen sol,
daz geviel ir allez an im wol
und lobete ez in ir muote. (V. 10004–10007)

---

4   Weber: Gottfrieds von Strassburg *Tristan*, 1953, S. 219.

«sie beschaute ihn von oben bis unten: / was für ein Mädchen an einem Mann sehenswert ist, / das gefiel ihr alles sehr, / und sie war in Gedanken voller Lob.»

In Isoldes verstohlener Neugier sieht Emil Nickel «halbbewußte Verliebtheit» am Werk.[5] In der Tat hat der Erzähler die Szene so angelegt, dass sich uns dieser Eindruck aufdrängen kann: Der Mann, ganz den Blicken der jungen Frau ausgesetzt, findet bei ihr ungeteiltes Wohlgefallen; hier scheint sich doch anzubahnen, dass die beiden zueinandergehören, und der Erzähler will wahrscheinlich diese Assoziation bei uns evozieren. Aber er korrigiert sie dann doch wieder, indem er im Folgenden berichtet, welchen Schluss Isolde aus ihren intensiven Beobachtungen zieht, und da hören wir nichts von Verliebtheit; vielmehr stellt Isolde die Diskrepanz zwischen dem rittermäßigen Aussehen dieses Mannes und seinem vorgeblichen Spielmannsstand fest, eine Erkenntnis, die sie dazu disponiert, Tantris als Tristan zu entlarven, als sie – während er im Bad sitzt – seine Rüstung und sein Schwert genau betrachtet. Was sie dabei entdeckt, deutet der Erzähler im Vorgriff an:

Nu ergienc ez aber Îsolde,
alsô der billîch wolde,
daz si aber ir herzequâle
zem anderen mâle
vor den andern allen vant. (V. 10061–10065)

«Und da geschah es, daß sie, / wie das Geschick es wollte, / zum zweiten Mal / vor allen andern / ihre Herzensqual entdeckte.»

Eine interessante Aussage, die aber nicht zu Fehlschlüssen verleiten darf. Es ist der allwissende Erzähler, der hier aus seiner die ganze Handlung überblickenden Panoramasicht spricht und so die Tatsache, dass Isolde (wie schon einmal, nach seinem Drachenkampf) vor allen anderen den fand, der ihr zur *herzequâle* zugedacht war, als schicksalhafte Fügung (*alsô der billîch wolde*) zu deuten vermag. Die in die Handlung verstrickte Romanfigur Isolde vermag aus ihrer beschränkten Perspektive noch nicht zu ermessen, welchen Sinn ihre bei der Entdeckung der vom Morolt-Kampf herrührenden Scharte in Tristans Schwert für ihr weiteres Leben haben sollte. Sie sieht in Tristan

5   Nickel: Studien zum Liebesproblem, 1927, S. 48.

den Mörder ihres Onkels (V. 10091–10101), den sie mit seinem eigenen Schwert erschlagen will und daran nur von ihrer Mutter gehindert wird (V. 10142 ff.).

Bei der Überfahrt von Irland nach Cornwall, bei der Isolde in ihrer Kielkemenate, von Heimweh geplagt, die ihr bevorstehende Vermählung mit einem ihr unbekannten Mann in der Fremde beklagt, geht Tristan manchmal zu ihr, um sie zu trösten, *so er suozeste kunde* («so liebevoll er konnte»), indem er sie *vil suoze unde lîse* («ganz zärtlich und sanft» [Übersetzung P. K.]) in seine Arme nimmt (V. 11549–11563). Isolde in den Armen Tristans! Dieses Bild nimmt das spätere Verhältnis der Liebenden nach der Einnahme des Minnetranks vorweg (V. 11974–11985) und könnte uns eine schon jetzt zwischen beiden bestehende Liebe suggerieren. Doch das ist nur das Ergebnis der raffinierten Anordnung der Szene durch den Erzähler, der freilich sofort unsere durch die Optik des Bildes erzeugte Meinung aus der Perspektive Tristans korrigiert, indem er hinzufügt, dass er Isolde in seine Arme nimmt *niuwan in der wîse / als ein man sîne frouwen sol* (V. 11564 f., «nur so, wie ein Vasall seine Herrin umarmen soll» [Übersetzung P. K.]). Tristan (von Mitleid bewegt) verhält sich also korrekt als mit der Brautwerbung für König Marke beauftragter Sendbote. Von Liebe ist bei ihm zu diesem Zeitpunkt nicht die Rede. Und Isolde? Sie verweigert sich der Umarmungsgeste aus Hass gegenüber Tristan, der – wie sie ihm vorwirft – ihren Oheim getötet habe und sie aus ihrer Heimat in die Fremde entführe (V. 11569 ff.).

Es bleibt dabei: Tristan und Isolde stehen vor dem Genuss des Minnetranks in keiner Weise unter dem Einfluss der Minne, weder bewusst noch unbewusst. Wenn sie uns als Lesern schon zuvor in der Perspektive des zukünftigen Liebespaares erscheinen, dann lassen wir uns von der Regie und der Präsentationsweise des Erzählers bestimmen, der zwar den in der Tradition der Tristanfabel fest verankerten Minnetrank als Wirkursache der Liebe beibehält, aber durch die Blickführung, das szenische Arrangement und den Hinweis auf den *billîch* (auf das, wie es sein sollte, wie es vorherbestimmt war) dem Trinken des Minnetrankes den Charakter des nur Zufälligen nimmt, es uns als schicksalhafte Notwendigkeit erscheinen lässt.

Es ist also erklärlich, dass viele Forscher schon vor der Trankszene bei Tristan und Isolde Liebe (wenn auch noch vor- und unbewusst) entdecken wollen. Sie folgen damit ihrem Leseeindruck. Allerdings suchen sie den

Grund für ihre Meinung am falschen Ort, nämlich in der Psyche der Figur statt in der klug kalkulierenden Erzählerregie. Deshalb hält ihre These dem genaueren Blick auf den Text nicht stand, wie ich hier ansatzweise zu zeigen versucht habe.

Bibliographie

Gottfried von Straßburg: *Tristan*. Bd. 1: Text. Herausgegeben von Karl Marold. Unveränderter 5. Abdruck nach dem 3., mit einem aufgrund von Friedrich Rankes Kollationen verbesserten kritischen Apparat. Besorgt und mit einem Nachwort versehen von Werner Schröder. Berlin 2004 (de Gruyter Texte).

Gottfried von Straßburg: *Tristan und Isold*. Herausgegeben von Walter Haug und Manfred G. Scholz. Mit dem Text des Thomas, herausgegeben, übersetzt und kommentiert von Walter Haug. 2 Bde. Berlin 2012.

Kern, Peter: Sympathielenkung im *Tristan* Gottfrieds von Straßburg. In: Danielle Buschinger (Hg.): Sammlung – Deutung – Wertung. Ergebnisse, Probleme, Tendenzen und Perspektiven philologischer Arbeit. Mélanges de littérature médiévale et de linguistique allemande offerts à Wolfgang Spiewok à l'occasion de son soixantième anniversaire par ses collègues et amis. Amiens 1988, S. 205–217.

Nickel, Emil: Studien zum Liebesproblem bei Gottfried von Straßburg. Königsberg 1927.

Schulz, Monika: Gottfried von Straßburg: *Tristan*. Stuttgart 2017 (J. B. Metzler Lehrbuch).

Weber, Gottfried: Gottfrieds von Strassburg *Tristan* und die Krise des hochmittelalterlichen Weltbildes um 1200. Bd. 1. Stuttgart 1953.

Abb. 14: Vor Flore steht sein *napf* auf dem gedeckten Tisch. Da das Bild des Liebespaares auf dem *napf* ihn an seine eigene Liebe zu Blanscheflur erinnert, verfällt er in Melancholie.

Quelle: Heidelberg, Universitätsbibliothek, cpg. 362, um 1442–1444, Hagenau, Werkstatt Diebold Lauber. Konrad Fleck: *Flore und Blanscheflur* (H), fol. 105ʳ, lavierte Federzeichnung auf Papier, 282 x 210 mm.

Napf

Birgit Zacke

dô stuont sîn napf der guote
vor im mit lûtertranke. (*Flore*, V. 3958 f.)
«Nun stand sein wunderbarer Pokal
gefüllt mit Würzwein vor ihm.»

Mittelhochdeutsch *napf* bezeichnet «zunächst ein hochfüsziges trinkgeschirr ohne deckel, eine trinkschale, einen becher»[1], sprich einen Kelch oder Pokal. Einem solchen Kelch kommt in Konrad Flecks *Flore und Blanscheflur*[2] eine besondere Rolle zu: Er wird gegen Blanscheflur, die Geliebte des Protagonisten Flore, eingetauscht. Der Kelch ist Substitut der Herzensdame, und man könnte meinen, er müsste bereits deshalb besonders wertvoll sein.

Flore und Blanscheflur sind zwei Kinder, die am selben Tag, am selben Ort geboren werden. Ihre Herkunft könnte unterschiedlicher aber nicht sein: Während Flore der Sohn des spanischen ‹Heiden›-Königs Fenix ist, kommt Blanscheflur als Tochter einer christlichen Sklavin zur Welt. Das Wunder der gleichzeitigen Geburt prädestiniert die beiden füreinander. Von Flores Eltern werden sie einander als Spiel- und Schulgenossen zugeeignet. Daraus entsteht eine tiefe Freundschaft, die sich mit zunehmendem Alter und fortschreitender Bildung vor allem in Sachen Liebesliteratur zu einer regelrechten Minnegemeinschaft auswächst. Dennoch wird das Paar als vorbildlich und die Minne als rein platonisch inszeniert. Das hindert Flores Eltern

---

1   [Art.] *napf.* In: DWB XIII, Sp. 348. So auch [Art.] *napf.* In: Lexer 2, Sp. 33 f. Synonym für *napf* wird im Roman auch *kopf* benutzt, was ebenfalls «trinkgefäss, becher» bedeutet. Vgl. [Art.] *kopf.* In: Lexer 1, Sp. 1676 f.

2   Im Folgenden zitiert nach: Konrad Fleck: *Flore und Blanscheflur*, 2013 [Übersetzung B. Z.]. Die Geschichte der beiden Liebenden ist im europäischen Sprachraum weit verbreitet und hatte ihren Ursprung wohl in Frankreich. Vgl. dazu Winkelman: Florisromane, 2010.

jedoch nicht daran, Verrat zu wittern. Besorgt um die Zukunft des Reiches, entschließen sie sich, diesem Treiben ein Ende zu setzen: Auf Anraten der Königin wird Flore in der Hoffnung zu seiner Tante nach Muntôre geschickt,

> *der* [Blancheflur] *muoz er vergezzen gar,*
> *swenne daz alsô geschiht,*
> *daz er sî enhœret noch ensiht*
> *und er sîn sinne*
> *wendet an ander minne.* (*Flore*, V. 950–954)

«Diese [Blancheflur] muss er wohl ganz und gar vergessen, wenn es so kommt, dass er sie weder hört noch sieht und seine Sinne anderer Liebe zuwendet.»

Seine Tante *hiez im ze minnen / sehzic megede gewinnen* (*Flore*, V. 1391 f., «befahl, ihm zu Liebe, sechzig Jungfrauen herbeizuholen»), eine von denen würde ihm schon den Kopf verdrehen; Blancheflur wiederum wird hinterrücks an vagabundierende Sklavenhändler verkauft. Dass sein einziger Sohn eine Christin ehelichte, das käme für König Fenix einem Skandal gleich. Was er seinem Sohn auch freimütig und etwas renitent zu verstehen gibt, als er ihn nach der Rückkehr von der Tante über den Verbleib seiner Herzensdame aufklärt:

> *dar umb versanten wir die kristænen,*
> *daz sî kæme ûz dînem muote,*
> *dû ze vriunde ein alsô guote,*
> *rîcher schœner baz geborn,*
> *ze wîbe hætest erkorn,*
> *diu dîn genôze wære.* (V. 2530–2535)

«Deshalb schickten wir die Christin fort, um sie aus deinen Gedanken zu tilgen, damit du zur Freundin eine ebenso gute, aber mächtigere, schönere und wohlgeborenere zur Frau wähltest, dass du diese zur Frau nehmen würdest, die dann deine Gefährtin wäre.»

Während sein Vater wieder und wieder versucht, Flore von der Wahl einer angemessenen Braut zu überzeugen, *diu sîme adele baz gezæme / an schœne und an gebürte* (*Flore*, V. 2626 f., «die seinem Adel besser gezieme, an Schönheit und an Geburt»), bleibt Flore in seiner Wahl konsequent und auf

Blanscheflur fixiert. Das erzwungene ‹aus den Augen, aus dem Sinn›[3] miss-lingt. Und so widerspricht Flore seinem Vater vehement:

> *«herre, hânt ir mîn deheine minne,*
> *sô lânt mir die rede blîben:*
> *wan under andern wîben*
> *wart nie kein vrouwe sô guot*
> *diu mir iemer kæme in mînen muot*
> *âne mîn gespile al eine,*
> *die ich mit triuwen meine.*
> *ich wæne also tuot sî mich.»* (V. 2630–2637)

«Herr, wenn ihr mir gegenüber gar keine Liebe empfindet, dann unterlasst das Spre-chen: Denn unter anderen Frauen war nie irgendeine Herrin so vortrefflich, dass sie mir jemals in den Sinn gekommen wäre, als einzig meine Geliebte, die ich in größter Treue liebe. Und ich wähne, genauso empfindet sie mir gegenüber.»

Ob der Sturheit seines Sohnes muss König Fenix ihn ziehen lassen. Er gibt ihm den Pokal[4] mit auf den Weg, gegen den Blanscheflur einst eingetauscht worden war, *der sô tiure was von sîner güete* (V. 2715, «der wegen seiner hohen Qualität so wertvoll war»), und dazu gibt er ihm noch einen Rat:

> *«disen kopf den behüete;*
> *dâ mit wart die vriundîn vergolten.*
> *er ist guot; dâ von solten*
> *vüeren sant dir hinnen.*
> *dû maht sî wider gewinnen*
> *dâ mite ob dû si vindest.»* (V. 2716–2721)

---

3   Zum Motiv der ‹entwöhnenden Trennung› der Liebenden vgl. auch das *Herzmaere.*
4   Zum Pokal vgl. vor allem Kasten: Der Pokal in *Flore und Blanscheflur*, 1996. Der Pokal selbst ist in der Forschung weniger prominent untersucht worden als die anderen Dinge, die Flecks Roman zu einem schillernden machen, so etwa das Scheingrab und die goldenen Griffel, die jeweils weitere Substitute der Liebenden darstellen mögen. Vgl. zum Scheingrab Wandhoff: Bilder der Liebe – Bilder des Todes, 2006; ders.: *sie kusten sich wol tusent stunt*, 2006. Zu den goldenen Griffeln: Hoffmann: Griffel, Ring und andere *ding*, 2016; Schanze: Dinge erzählen, 2016.

«Behüte diesen Pokal, mit ihm wurde deine Freundin bezahlt. Er ist vortrefflich; durch ihn sollst du sie mit dir zurückführen. Du kannst sie damit zurückgewinnen, sofern du sie findest.»

Der Pokal ist jedoch nicht das einzige Objekt, das Flore von seinen Eltern erhält. König Fenix gibt ihm – *durch minne* (V. 2881, «aus Zuneigung») – ein Pferd, dem der Erzähler eine längere *descriptio* widmet (vgl. V. 2736–2880). Von seiner Mutter erhält er einen Ring, *ez enwart nie bezzer dehein* (V. 2886, «nie gab es einen besseren»). Während das Pferd als wunderbar beschrieben wird, kommt ihm selbst keine Zauberkraft zu, es ist und bleibt Transportmittel. Anders steht es um Pokal und Ring, die solcherlei Wirkmacht in sich vereinen, dass allein durch ihre Hilfe Flore seine Geliebte finden kann; ihr Aufenthaltsort ist nämlich niemandem bekannt.

Der Pokal hat eine außergewöhnliche Geschichte. Von Vulkan geschmiedet, wurde er im alten Rom einst Cäsar gestohlen. Über lange Zeit in den Händen der Diebessippe, wurde er in der Jetztzeit der Romanhandlung an die Sklavenhändler verscherbelt, die ihn wiederum gegen Blanscheflur eintauschten. Vulkan hatte den Pokal mit der Trojageschichte verziert: beginnend mit dem Urteil des Paris und endend mit dem Untergang Trojas.[5]

diz was mit solher meisterschaft
ergraben alsô schînbære,
swie listic ein man wære,
der daz werc an sæhe,
nemelîche er jæhe
daz diu âventiure lebete
die an dem napfe swebete. (V. 1644–1650)

«Dies war mit solcher Kunstfertigkeit gearbeitet, so deutlich vor Augen stellend, dass, ganz gleich wie klug ein Mann auch sei, der das Bild betrachten würde, das Gefühl hätte, dass die Geschichte lebendig wäre, die auf dem Pokal abgebildet war.»

---

5   Die Forschung hat mit Blick auf den Pokal vor allem die Frage nach der Verbindung zwischen Flore und Blanscheflur und der Trojageschichte umgetrieben. Für die Interpretation des Pokals mit Blick auf das Thema des vorliegenden Bandes scheint mir die Diskussion wenig ergiebig. Ich möchte aber betonen, dass man wohl durchaus eine stärkere Engführung von Pokalbilderzählung und Florehandlung konstatieren kann.

Die Bildgeschichte auf dem Pokal hat ein enormes Suggestionspotential, denn die Bilder sind so gemacht, dass sie wahrhaftig wirken.

daz werc was sô klâr
daz er seite vür wâr
(ein man der Troye nie gesach)
allez daz dâ vor geschach. (V. 1651–1654)

«Das Werk war so detailgetreu gearbeitet, dass er die Trojageschichte und das, was dort geschehen war, für wahrhaftig erklären müsste, selbst wenn der Mann Troja noch nie gesehen hatte.»

Nichts weiter weiß der Erzähler über die Wirkmacht des Pokals, als dass er ein Jahr lang jenen gesund und schadlos halte, der aus ihm getrunken hat.

umb der kraft ist mir niht kunt
wan daz sie behielten gesunt
einen man, dem sô wol gelanc,
daz er ûz dem napfe tranc,
zwelf mânôde gar,
daz im arges niht enwar. (V. 1659–1664)

«Von dessen Kräften weiß ich nichts weiter, als dass sie einen Mann gesund hielten, der das Glück hatte, dass er aus dem Pokal zu trinken vermochte, und zwar über zwölf Monate hinweg, und dass ihm in der gleichen Zeit nichts Böses widerfahren könnte.»

Bei der Beschreibung von Flores Reise geraten der Pokal und der Ring in Vergessenheit. Hierdurch drängt sich die Frage auf, warum beide zuvor als so besonders markiert worden sind. Natürlich sollte zumindest das Substitut der Geliebten eine solche Pracht entfalten, dass es als materieller Gegenwert mehr als angemessen erscheint. Aber warum, so fragt man sich wohl zu Recht, entfalten die von Vulkan geschmiedeten Bilder eine solch betörende Wirkung, dass sie einen ins Bildgeschehen beinahe hineinziehen und zum Augenzeugen werden lassen? Die Suggestionskraft des Pokals hat nur einen Grund: Einzig die durch sie hervorgerufene Sehnsucht Flores nach seiner Blancheflur kann die Zauberkraft des Ringes überhaupt erst zur Entfaltung bringen. Der Ring nämlich schützt seinen Träger nicht nur vor Feuer und

Wasser – *dû wirst niemer schadehaft / von wazzer noch von viure* (V. 2892 f., «du wirst niemals durch Wasser oder Feuer Schaden erleiden»), keine Waffe kann den Träger verletzen, *er gît dir hôchgemüete, / und kan dich nieman genîden / noch kein wâfen versnîden* (V. 2896–2898), «er gibt dir Hochgefühl, und niemand wird dich hassen, keine Waffe dich verletzen») –, sondern er ist eine Art ‹Wünschelrute› der Liebe: *swes dû ze bitende geruochest: / daz vindestû, swaz dû suochest* (V. 2901 f., «Wonach es dich am meisten verlangt: durch den Ring findest du, was du suchst»). Er führt seinen Träger, wohin er will. Im Falle Flores natürlich zu Blanscheflur.

Im Moment größter Trauer und Verunsicherung, ungewiss, ob die Geliebte überhaupt wieder in seinen Armen liegen wird, erblickt Flore auf seinem Pokal Paris und Helena. Die Innigkeit dieses in jeglicher Hinsicht exzeptionellen Liebespaares erinnert ihn an seine eigene Liebe.

> *dô möhte iuch wol erbarmen*
> *daz er dâ von wart ermant*
> *alsô verre daz im zehant*
> *von grôzer liebe wart sô heiz,*
> *daz im ein îskalter sweiz*
> *allenthalben nider ran.*
> *dô was er ein bekumbert man.*
> *Er gedâhte in sînem muote:*
> *«jâ herre got der guote,*
> *sol iemer komen der tac,*
> *daz doch kûme werden mac,*
> *daz ich Blanscheflûren alsô nâhe*
> *mit den armen umbevâhe?*
> *des ich unsanfte enbir.*
> *swie got wil, daz tuo er mir.*
> *ich muoz an disen wirt genenden*
> *daz er mir helfe volenden*
> *dar umb ich ûz komen bin.»* (V. 3966–3983)

«Dies sollte euch wohl erbarmen, dass er von diesem Anblick so stark übermannt wurde, dass ihm sofort von großer Liebe so heiß wurde, dass ihm eiskalter Schweiß am ganzen Körper herabrann. Daraufhin war er ein tief betrübter Mann. In seinem tiefsten Inneren dachte er: ‹Ja, lieber Herrgott, sollte der Tag niemals eintreten, an dem ich Blanscheflur wieder in meine Arme schließen kann? Das würde ich nur schwer ertragen. Was auch immer Gott mit mir vorhat, das soll er mir antun. Ich muss mich meinem Gastgeber offenbaren, sodass er mir dabei helfe zu vollenden, weshalb ich ausgezogen bin.›»

Flores innere Regungen spiegeln sich in seinem Äußeren. Sein selbst gefasster Entschluss, seinen Gastgeber Darius anzusprechen, braucht nicht erst in die Tat umgesetzt zu werden. Denn dieser fragt ihn nach dem Grunde seines Gefühlsausbruchs, bietet ihm nach dessen Offenbarung sofort Rat und Hilfe an. Erst die Bildlichkeit auf dem Pokal selbst, die Flore an seine Geliebte erinnert und damit auch die Wirkmacht des Ringes ermöglicht, führt also zum Wiedersehen. Den Ring scheint Flore stets zu tragen, denn Darius spricht ihn direkt auf ihn an: *daz vingerlî / daz ir dâ tragent an der hant* (V. 4680 f., «den Ring, den ihr dort an eurer Hand tragt»). In einer Art magischen Kollaboration führen Pokal und Ring zur Offenbarung des Aufenthaltsorts der Geliebten, letztendlich zur Rettung und Wiedervereinigung. Flore besticht mit dem Pokal Blancheflurs Bewacher. Ein erneutes Tauschgeschäft – Pokal gegen Geliebte – ist dies aber nicht. Stattdessen muss sich Flore erstmals seine Geliebte verdienen, denn ihre Liebe droht sie einmal mehr in die Verdammnis zu führen: Der Amiral, der Blanschflur in seinen Besitz gebracht und sie zu seiner nächsten Ehefrau bestimmt hat, will die beiden töten lassen, als man sie *in flagranti* in seinem Haremsturm erwischt. Auch wenn die Liebe zwischen den beiden noch immer platonisch ist, sie sich einzig umschlungen halten, ist das zu viel für den reizbaren Herrscher. Er verurteilt beide zum Feuertod. Ihre Liebe, die Zaubermacht des Ringes und vielleicht auch die Tatsache, dass Flore aus seinem Pokal getrunken hatte und dessen einjähriger Schutz vor jeglicher Unbill ihm einfach alles gelingen lassen will, vermag sie davor zu retten. Aber das ist eine andere Geschichte, die an anderem Ort erzählt werden mag. Der *napf* jedenfalls, dessen Zauberkraft hier wahrscheinlich noch nachwirkt, hat seine Arbeit längst getan, als Gedankenstütze an die und Substitut für die Geliebte kann er die Geschichte an jener Stelle verlassen, an der das Zueinanderfinden der beiden Liebenden sichergestellt ist.

Bibliographie

Fleck, Konrad: *Flore und Blanscheflur*. Text und Untersuchungen. Herausgegeben von Christine Putzo. Berlin, Boston 2013 (MTU 143).

Dahm-Kruse, Margit: *diu valschen minner nieman lât / komen dar sie kâmen*. Minne zwischen christlicher Fügung und künstlerischer Verhandlung in Konrad Flecks *Flore und Blanscheflur*. In: Euphorion 110 (2016), S. 355–387.

Egidi, Margreth: Der Immergleiche. Erzählen ohne Sujet: Differenz und Identität in *Flore und Blanscheflur*. In: Matthias Meyer und Hans-Jochen Schiewer (Hgg.): Literarische Leben. Rollenentwürfe in der Literatur des Hoch- und Spätmittelalters. Festschrift für Volker Mertens zum 65. Geburtstag. Tübingen 2002, S. 133–158.

Egidi, Margreth: Implikationen von Literatur und Kunst in *Flore und Blanscheflur*. In: Beate Kellner, Peter Strohschneider und Franziska Wenzel (Hgg.): Geltung der Literatur. Formen ihrer Autorisierung und Legitimierung im Mittelalter. Berlin 2005 (PhST 190), S. 163–186.

Egidi, Margreth: Schrift und ‹ökonomische Logik› im höfischen Liebesdiskurs: *Flore und Blanscheflur* und *Apollonius von Tyrland*. In: Mireille Schnyder (Hg.): Schrift und Liebe in der Kultur des Mittelalters. Berlin, Boston 2008 (TMP 2008), S. 146–163.

Egidi, Margreth: Die höfischen Künste in *Flore und Blanscheflur* und *Apollonius von Tyrland*. In: Susanne Bürkle (Hg.): Interartifizialität. Die Diskussion der Künste in der mittelalterlichen Literatur. Berlin 2009 (ZfdPh Sh. 128), S. 37–47.

Eming, Jutta: Schöne Maschinen, versehrte Helden. Zur Konzeption des künstlichen Menschen in der Literatur des Mittelalters. In: ABnG 59 (2006), S. 35–46.

Hoffmann, Ulrich: Griffel, Ring und andere *ding*. Fetischisierung und Medialisierung der Liebe in *Floris*-Romanen des Mittelalters und der Frühen Neuzeit. In: Anna Mühlherr, Bruno Quast, Heike Sahm und Monika Schausten (Hgg.): Dingkulturen. Objekte in Literatur, Kunst und Gesellschaft der Vormoderne. Berlin, Boston 2016 (Literatur – Theorie – Geschichte 9), S. 358–388.

Kasten, Ingrid: Der Pokal in *Flore und Blanscheflur*. In: Harald Haferland und Michael Mecklenburg (Hgg.): Erzählungen in Erzählungen. Phänomene der Narration in Mittelalter und Früher Neuzeit. München 1996 (Forschungen zur Geschichte der älteren deutschen Literatur 19), S. 189–198.

Kragl, Florian: Bilder-Geschichten. Zur Interaktion von Erzähllogiken und Bildlogiken im mittelalterlichen Roman. Mit Beispielen aus *Flore und Blanscheflur* und *Parzival*. In: ders. und Christian Schneider (Hgg.): Erzähllogiken in der Literatur des Mittelalters und der Frühen Neuzeit. Akten der Heidelberger Tagung vom 17.–19. Februar 2011. Heidelberg 2013 (Studien zur historischen Poetik 13), S. 119–151.

Kragl, Florian: Fragmente einer Liebe der Sprache. Von einem Fetisch der höfischen Literatur am Beispiel von Konrad Flecks *Floreroman* und Wolframs *Titurel*. In: Euphorion 107 (2013), S. 269–299.

Ridder, Klaus: Ästhetisierte Erinnerung – erzählte Kunstwerke. Tristans Lieder, Blanscheflurs Scheingrab, Lancelots Wandgemälde. In: LiLi 27/1 (1997), S. 62–85.

Schanze, Christoph: Dinge erzählen im Mittelalter. Zur narratologischen Analyse von Objekten in der höfischen Epik. In: KulturPoetik 16 (2016), S. 153–172.

Wandhoff, Haiko: Bilder der Liebe – Bilder des Todes. Konrad Flecks *Flore*-Roman und die Kunstbeschreibungen in der höfischen Epik des deutschen Mittelalters. In: Christine Ratkowitsch (Hg.): Die poetische Ekphrasis von Kunstwerken. Eine literarische Tradition der Großdichtung in Antike, Mittelalter und früher Neuzeit. Wien 2006 (Sitzungsberichte, Österreichische Akademie der Wissenschaften, Philosophisch-Historische Klasse 735), S. 55–76.

Wandhoff, Haiko: *sie kusten sich wol tusent stunt* – Schrift, Bild und Animation des toten Körpers in Grabmalbeschreibungen des hohen Mittelalters. In: Patrick Eiden, Nacim Ghanbari, Tobias Weber und Martin Zillinger (Hgg.): Totenkulte. Kulturelle und literarische Grenzgänge zwischen Leben und Tod. Frankfurt a. M. u. a. 2006, S. 53–79.

Winkelman, Johan H.: Florisromane. In: René Pérennec und Elisabeth Schmid (Hgg.): Höfischer Roman in Vers und Prosa. Berlin, Boston 2010 (GLMF V), S. 331–367.

Abb. 15: Der unermessliche Nibelungenhort wird in Worms ausgeladen. Nibelungenhort und Otterbuße gehen auf eine gemeinsame Stoffgeschichte zurück. Sie sind durch die Motive ‹Goldgier› und ‹verfluchter Schatz› miteinander verbunden.

Otterbalg

Arnulf Krause

Der Otterbalg (altnord. *otr-belgr*) ist ein Requisit der Vorgeschichte des Nibelungenhortes in der skandinavischen Überlieferung der Nibelungensage (im Folgenden auch Niflungensage). Damit wird das Fell eines Fischotters bezeichnet, das hier als Maß des Schatzes dient, weil es mit Gold gefüllt und bedeckt werden muss (vgl. unten). Die literarischen isländischen Zeugnisse des 13. Jahrhunderts erzählen die Episode um dieses Otterfell im Rahmen der Jugendabenteuer Sigurds (Siegfried, hier wie für andere Figuren werden die Entsprechungen im *Nibelungenlied* genannt) wie folgt: Von seinem Ziehvater, dem Schmied Reginn, erfährt Sigurðr von einem Schatz und seiner Herkunft. Demnach erblickten die drei Asengötter Óðinn, Loki und Hoenir am Ufer eines Wasserfalls einen Fischotter, der einen Lachs gefangen hatte. Loki tötete ihn mit einem Steinwurf. Anschließend zogen sie mit dem Otterbalg als Beute weiter. Sie nahmen Quartier im Hof von Reginns Vater Hreiðmarr, dessen weitere Söhne Otr (Otter) und Fáfnir waren. Als die Götter das Otterfell vorzeigten, erkannten ihre Gastgeber Otr, der gewöhnlich die Gestalt eines Fischotters annahm und nach Fischen jagte. Sie nahmen die Asen gefangen und forderten als Buße für den getöteten Otr in Ottergestalt, dass dessen Balg mit Gold gefüllt und bedeckt werden sollte. Loki erhielt den Auftrag, das Gold zu beschaffen. An einem Wasserfall fing er mit einem Netz den Zwerg Andvari, der wie schon Otr seine Gestalt gewandelt hatte und seinerseits als Hecht in Erscheinung trat. Er erpresste die Herausgabe von dessen Schatz und nötigte ihm den Ring Andvaranautr («Andvaris Gabe») ab, den der Zwerg unbedingt behalten wollte. Daraufhin sprach Andvari einen Unheil bringenden Fluch über den Goldring bzw. den Schatz aus, der den jeweiligen Besitzer ereilen sollte. Als Loki mit dem Schatz zurückkehrte, wollte Óðinn den Ring für sich. Hreiðmarr erblickte allerdings noch ein Barthaar auf dem nicht vollends bedeckten Otterbalg und, um die Lücke zu schließen, forderte er den Ring. Damit war die Otterbuße (altnord. *otr-gjöld*, die Buße für den getöteten Otr als Otter) erbracht, und die Asengötter durften ihres Weges ziehen. Andvaris Fluch traf Hreiðmarr als Ersten: Weil er seinen Söhnen einen Anteil am Schatz verweigerte, wurde er getötet. Fáfnir weigerte sich wiederum, mit seinem Bruder Reginn zu teilen. Er nahm die Gestalt eines schlangenförmigen Drachen an und legte sich auf den Goldschatz. Ihn traf der Fluch, als der von Reginn angestachelte Sigurðr ihm mit seinem Schwert auflauerte und ihn tötete. Dann erschlug dieser den auf Verrat sinnenden Reginn und wurde Besitzer des Schatzes. Aus der Otterbuße wird schließlich der Niflungenschatz (altnord. *Niflunga skattr*). Seine Geschicke lehnen sich im Großen und Ganzen, aber mit Varianzen, dem Schatz des *Nibelungenliedes* an: Sigurðr heiratet Guðrún (Kriemhild), die Schwester der Gjúkungar bzw. Niflungar Gunnarr (Gunther) und Högni (Hagen).[1] Sie ermorden ihren Schwager, der ebenfalls Andvaris Fluch zum Opfer fällt, und eignen sich den Schatz an. Nachdem sie König Atli (Etzel), der zweite Ehemann Guðrúns, eingeladen hat, um in den Besitz des Goldes zu gelangen, versenken Gunnarr und Högni den Schatz im Rhein. Am Hof Atlis lassen sich die beiden Niflungar lieber das Leben nehmen, als das Versteck des Schatzes zu verraten.[2]

Der Otterbalg findet in drei isländischen Texten Erwähnung: Der Codex Regius (Gks 2365, 4to) von etwa 1270 enthält die meisten *Götter- und Heldenlieder der Älteren Edda* (*Lieder-Edda*). Letztere umfassen die Niflungensage unter Einschluss skandinavischer Stoffe. Dazu gehören die Jung-Sigurd-Lieder *Reginsmál*, *Fáfnismál* und *Sigrdrífumál*. Der die einzelnen Lieder und Strophen begleitende Prosatext erzählt im Rahmen der *Reginsmál* die Geschichte vom Otterbalg. Die *Völsunga saga* ist in der zweiten Hälfte des 13. Jahrhunderts entstanden. Dieser Prosatext erzählt ausführlich die Heldensagen von den Nibelungen, wobei er die *Heldenlieder der Älteren Edda* paraphrasiert, darunter auch die Otterbalgepisode. Den umfangreichsten Text enthält die *Snorra Edda* (*Snorris Edda*, *Jüngere* oder *Prosa-Edda*), eine um 1220–1225 verfasste Poetik des isländischen Gelehrten Snorri Sturluson. Das Dichtungslehrbuch für Skalden bietet unter anderem die Stillehre der *Skáldskaparmál* («Sprache der Dichtkunst») mit einer Zusammenstellung

---

1   Burgunden; die Bezeichnung der Niflungar ist von Anfang an mit ihnen verbunden und unabhängig vom Schatz, der erst in ihrem Besitz zum Niflungenschatz wird.

2   Vgl. zu einzelnen Stichwörtern Krause: Reclams Lexikon, 2010.

von skaldischen Zitaten, die bis ins 9. Jahrhundert reichen. Zur Erläuterung zahlreicher poetischer Umschreibungen (Kenningar) werden etliche Episoden aus Mythen und Heldensagen erzählt. Dazu zählt auch der Begriff der ‹Otterbuße› als Umschreibung für Gold, für dessen Herleitung Snorri die Vorgeschichte des Niflungenschatzes wiedergibt.

Ein älteres Zeugnis als diese Belege bietet Snorris Zitat aus der *Bjarkamál* mit Goldumschreibungen, in dem sich *treg otrs gjǫld*, «unwillige Buße des Otters» (*Snorris Edda*, S. 165, Str. 189), findet. Das heroische Gedicht genoss in der skandinavischen Überlieferung einen außerordentlichen Ruf, sodass es in mehreren Texten überliefert ist. Seine Entstehung im 10. Jahrhundert hält man für möglich. Für ein hohes Alter der Vorgeschichte des Hortes spricht auch das *Atlilied* (altnord. *Atlakviða in graenlenzka, Das Grönländische Atlilied*, auch *Das Alte Atlilied*), ein Heldenlied der *Älteren Edda*, das wahrscheinlich bereits im 9. Jahrhundert entstand. Es gilt als ältestes poetisches Zeugnis der Sage vom Burgundenuntergang. Der von Atli begehrte Schatz wird mit «das asenentstammte Erbe der Niflungen» umschrieben (*Götter- und Heldenlieder der Älteren Edda*, S. 355, Str. 27) und scheint damit die Kenntnis der Episode um den Otterbalg zu bekunden.

Dass die Vorgeschichte des Hortes in vielen Teilen Skandinaviens bekannt war, belegen mehrere Bildzeugnisse:[3] Die Portalplanken der norwegischen Stabkirchen von Lardal und Mael (12. oder 13. Jahrhundert) zeigen Szenen von Sigurds Jugendabenteuern, darunter ganz offensichtlich «de[n] mit Gold umhüllte[n] Otterbalg»[4] mit dem Ring Andvaranautr um den Hals. Ins 11. Jahrhundert sind mit der Felsritzung des Ramsundberges (um 1030) und des Runensteins von Gök zwei schwedische Runenzeugnisse zu datieren, deren reiches Bildprogramm Szenen der *Reginsmál* und der *Fáfnismál* wiedergeben – darunter ist ein «hundeartiger Vierfüßler»[5], dessen Deutung umstritten ist, der aber im Bildkontext den Otter meinen könnte (zumal er einen Ring im Maul hat[6]). Schließlich sei noch das Steinkreuzfrag-

---

3   Vgl. Düwel: Sigurddarstellung, 2005; Heizmann: Die mythische Vorgeschichte, 2014; Millet: Germanische Heldendichtung, 2008, S. 155 ff.

4   Düwel: Sigurddarstellung, 2005, S. 418.

5   Heizmann: Die mythische Vorgeschichte, 2014. S. 310; vgl. Heinzle: Traditionelles Erzählen, 2014, S. 52 ff.

6   In der *Snorra Edda* wird der Otter erst bei Hreiðmarr gehäutet.

ment von Maughold (Isle of Man, um 1000) erwähnt, dessen schlechter Erhaltungszustand zumindest ein Otterfell mit einem Fisch im Maul erkennen lässt («Kontamination aus Ottertötung und Otterbuße»[7]), womöglich sogar Loki beim Steinwurf. Bild- und literarische Zeugnisse lassen die Annahme zu, dass die nordische Hortgeschichte bis ins 8./9. Jahrhundert zurückreicht.

Die Otterbalgepisode unterscheidet sich grundsätzlich von der Gattung der germanischen Heldensage: Ihre Protagonisten sind Götter und weiteres mythisches Personal wie der zauberkundige Hreiðmarr, die Gestaltwandler Otr und Fáfnir sowie Reginn, der von einem Teil der Überlieferung als Zwerg bezeichnet wird.[8] Ebenso Andvari, der einen Schatz sein Eigen nennt und in einem Stein lebt. Snorri siedelt ihn zudem in Svartálfaheimr («Schwarzalbenheim») an, für ihn der Wohnort der Zwerge generell (vgl. *Snorris Edda*, S. 146). Loki bedient sich eines mythologischen Requisits, um Andvari in Hechtgestalt zu fangen, nämlich des Netzes der Rán, mit dem die Gattin des Meergottes Ägir die Ertrunkenen in ihr Totenreich holt.[9] Für die Heldensage um Jung-Sigurd ist die Vorgeschichte des Schatzes nicht von zwingender Bedeutung. Der über Fáfnirs Schatz liegende Fluch könnte auch ohne die mythische Episode wirken. Die Sigurdgestalt wird von davon unabhängigen mythischen Elementen begleitet, etwa die hinter der Waberlohe gefangene Walküre Brynhildr (Brünhild) und das wiederholte Auftreten Odins. Die Häufigkeit derartiger Motive insbesondere in der *Völsunga saga* hat dazu geführt, von einer «Tendenz zur nachträglichen Mythisierung der alten Sagenstoffe»[10] zu sprechen. Dieses Phänomen gilt als ziemlich jung und typisch für die nordische Heldensagenrezeption und -bearbeitung.[11] Die Otterbalgepisode lässt sich allerdings ohne zwingende Verbindung zur Sigurdsage verstehen. Als Mythenerzählung ähnelt sie der Episode um den Riesen Þjazi, die Snorri wiedergibt und bei der es sich anscheinend um einen altbekannten Mythos handelte.[12] Auch dort gerät dieselbe Göttertrias in

---

[7]   Düwel: Sigurddarstellung, 2005, S. 414.

[8]   Vgl. von See: *Reginsmál*, 2006, S. 250.

[9]   Krause: Reclams Lexikon, 2010, S. 224; Simek: Lexikon, 2006, S. 342.

[10]   Von See: Germanische Heldensage, 1971, S. 35.

[11]   Grundlegend von See 1971, S. 31–60.

[12]   Von See: *Reginsmál*, 2006, S. 280 ff.; Simek: Lexikon, 2006, S. 412 f.

einen Konflikt mit einem mythischen Wesen, nämlich mit besagtem Riesen in Adlergestalt. Ebenso agiert unter den Gottheiten einzig Loki auf typische ambivalente Weise, indem er eine Notsituation verursacht (in der Otterbalgepisode die Tötung des Otters) und anschließend bereinigen muss (die Erbringung von Andvaris Schatz als Buße). Während der Þjazi-Mythos komplexer angelegt ist und weitläufiger erzählt wird,[13] verlagert sich Andvaris Fluch in der Otterbalgerzählung durch Fáfnirs Schatzlager und Sigurds Gewinn vollends in die Menschenwelt der Heldensage.

Warum hierbei ausgerechnet der an Kapazität begrenzte Balg eines Fischotters eine wichtige Rolle übernahm, ist ungeklärt.[14] Die weitverbreitete Marderart (*Lutra lutra*) erreicht eine Körperlänge von bis zu 90 cm, hinzu kommt der dicke, spitz zulaufende und um die 50 cm lange Schwanz.[15] Das Fell zählt «zu den haltbarsten seiner Art»[16], was es äußerst wertvoll und begehrt machte. Aus der späteren skandinavischen Überlieferung ergibt sich zudem die Überlegung, Fischotter könnten zum Lachsfang dressiert worden sein.[17] In der Hortvorgeschichte fügt er sich jedenfalls nahtlos in den aquatisch geprägten Handlungsraum von Wasserfall, Lachs und Hecht ein (vgl. die skaldische Umschreibung *otrheimr* «Otterland» für Meer). Bereits etymologisch ist das indogermanische Otter-Wort mit ‹Wasser› verbunden[18] und impliziert vielleicht Tabuvorstellungen, wie sie sich auf den überwiegend skandinavischen Goldbrakteaten des 5./6. Jahrhunderts[19] angedeutet finden. Deren Ikonologie bietet neben Erkenntnissen der Adaption römischer Münzen als Vorbilder, dem exponierten Stellenwert des Gottes Odin sowie dem Motiv der von Loki initiierten Tötung Balders durch einen Mistelzweig ein für die Otterbalgepisode mögliches Vorbild: In der charakteristischen extremen Verkürzung und Chiffrenhaftigkeit des Bildinhalts findet sich auf einem

---

13   Die Lokigestalt intendiert im altnordischen Mythensystem oftmals dessen asenfeindliche Rolle in den *Ragnarök*, also dem Untergang der alten Götterwelt.

14   Man vergleiche die Schatzschilderung in der 19. Aventiure des *Nibelungenliedes*.

15   Meineke und Reichenstein: Fischotter, 1995.

16   Ebd., S. 148; dazu auch Reichenstein: Pelz, 2002.

17   Bernström: Utter, 1975, Sp. 390.

18   Meineke und Reichenstein: Fischotter, 1995, S. 147.

19   Vgl. Heizmann: Die mythische Vorgeschichte, 2014 mit weiterführenden Literaturangaben.

sogenannten Drei-Götter-Brakteat ein zoomorphes Wesen nebst einem kugelförmigen Objekt vor dem Kopf.[20] Ob damit Lokis Steinwurf auf den Otter gleichsam als «Ursünde»[21] formelhaft dargestellt wird und dessen schadenstiftende Rolle im mythischen Kontext anspricht, muss dahingestellt bleiben – ebenso das Alter der Verbindung dieses dann jedenfalls sehr alten Mythos mit der jüngeren kontinentalen Sigurdsage. Spätestens in der Wikingerzeit hat man mythisches wie heldenhaftes Geschick vergleichbar katastrophal gesehen und durch den Fluch verbunden. Dem Otterbalg käme dann ursprünglich eine viel gewichtigere Rolle zu als die eines beliebigen Requisits der Heldensage.

Bibliographie

Edda. Die Lieder des Codex Regius nebst verwandten Denkmälern. Herausgegeben von Gustav Neckel. Bd. 1: Text. 5., verbesserte Auflage herausgegeben von Hans Kuhn. Heidelberg 1983 (Germanische Bibliothek, Rh. 4: Texte).

Edda Snorra Sturlusonar. Herausgegeben von Finnur Jónsson. Kopenhagen 1931.

Die Edda des Snorri Sturluson. Ausgewählt, übersetzt und kommentiert von Arnulf Krause. Stuttgart 1997 (RUB 782).

Die Götter- und Heldenlieder der Älteren Edda. Übersetzt, kommentiert und herausgegeben von Arnulf Krause. Stuttgart 2004 (Reclam-Bibliothek).

Isländische Vorzeitsagas. Teil I, Bd. 1: *Die Saga von Asmund Kappabani* [u. a.]. Herausgegeben und aus dem Altisländischen übersetzt von Ulrike Strerath-Bolz. München 1997, S. 37–114.

Völsunga saga. Herausgegeben und eingeleitet von Uwe Ebel. Frankfurt a. M. 1983.

Bernström, John: [Art.] Utter. In: Kulturhistorisk leksikon for nordisk middelalder fra vikingetid til reformationstid. Bd. 19: Trylle–Vidisse. Herausgegeben von Johannes Brøndsted. Kopenhagen 1975, Sp. 388–391.

Düwel, Klaus: [Art.] Sigurddarstellung. In: RGA 28, 2005, S. 412–423.

Heinzle, Joachim: Traditionelles Erzählen. Beiträge zum Verständnis von Nibelungensage und *Nibelungenlied.* Stuttgart 2014 (ZfdA Bh. 20).

---

20   Gummerup-B [IK 66]; Heizmann: Die mythische Vorgeschichte, 2014, S. 328.
21   Heizmann: Die mythische Vorgeschichte, 2014.

Heizmann, Wilhelm: Die mythische Vorgeschichte des Nibelungenhortes. In: Victor Millet und Heike Sahm (Hgg.): Narration and Hero. Recounting the Deeds of Heroes in Literature and Art of the Early Medieval Period. Berlin, Boston 2014 (Ergänzungsbände zum RGA 87), S. 304–337.

Krause, Arnulf: Reclams Lexikon der germanischen Mythologie und Heldensage. Stuttgart 2010.

Meineke, Eckhard und Hans Reichenstein: [Art.] Fischotter. In: RGA 9, 1995, S. 146–148.

Millet, Victor: Germanische Heldendichtung im Mittelalter. Eine Einführung. Berlin, New York 2008 (de Gruyter Studienbuch).

Reichenstein, Hans: [Art.] Pelz und Pelztiere. In: RGA 22, 2002, S. 547–551.

See, Klaus von: Germanische Heldensage. Stoffe, Probleme, Methoden. Frankfurt a. M. 1971, S. 31–60.

See, Klaus von: *Reginsmál*. In: Beatrice La Farge, Wolfgang Gerhold, Eve Picard, Katja Schulz und ders. (Hgg.): Kommentar zu den Liedern der *Edda*. Bd. 5: Heldenlieder (*Frá dauða Sinfiǫtla. Grípisspá. Reginsmál. Fáfnismál. Sigrdrífumál*). Heidelberg 2006, S. 223–282.

Simek, Rudolf: Lexikon der germanischen Mythologie. 3., völlig überarbeitete Auflage. Stuttgart 2006 (Kröners Taschenausgabe 368).

Abracadabra: Magische Objekte im Mittelalter

Jutta Eming

In einem Rezeptbuch des lateinischen Autors Quintus Serenus, das um das Jahr 200 in Hexametern verfasst wurde, findet sich der folgende Zauberspruch:

«Schreibe auf ein Blatt Papyrus das Wort Abracadabra, wiederhole es sehr oft, indem du von oben nach unten gehst, aber nimm [auf jeder Zeile] den Endbuchstaben weg, mehr und mehr [Zeile um Zeile] soll je ein Bestandteil den Figuren [Zeilen] entzogen werden, Bestandteile, die du ständig wegnehmen und von denen du die restlichen niederschreiben sollst, bis nichts übrigbleibt als ein Buchstabe, der das Geschriebene in der Form eines engen Konus beendet. Vergiß nicht, dieses Blatt Papyrus' am Hals mit einem Leinenfaden festzubinden.»[1]

Quintus Serenus empfiehlt dieses Vorgehen gegen Malaria, die er das anderthalbtägige Wechselfieber nennt. Folgt man seinen Vorgaben, entsteht am Ende ein Amulett:

abracadabra
abracadabr
abracadab
abracada
abracad
abraca
abrac
abra
abr
ab
a

---

1 Antike Zaubersprüche, 1991, S. 25. Ich danke Uta Störmer-Caysa für dieses Beispiel.

Wahrscheinlich soll unten ein Großbuchstabe gemalt und auf die Spitze gedreht werden, damit die Form so aussieht, wie Serenus es vorschreibt. Die magische Wirkung beruht offenbar darauf, dass das Wort reduziert wird, bis es fast verschwindet, so wie die Krankheit verschwinden soll.

An diesem markanten Beispiel wird viel davon ersichtlich, wie Magie wirkt und wie schwer sie zugleich begrifflich zu fassen ist. Zunächst, und das ist eher banal, verweist das antike Beispiel auf die lange Tradition des Umgangs mit magischen Amuletten. Tatsächlich reicht diese noch weit über die Antike zurück in die alten Kulturen z. B. von Ägypten und Persien. Interessant ist der Überlieferungskontext: Der Spruch wird im gelehrten lateinischen Milieu bewahrt. Es gibt in lateinischen Rezeptbüchern des Mittelalters sogar verschiedene Varianten dieses heilenden Zauberwortes. Ins mittelalterliche Deutsch ist es jedoch nicht eingedrungen; der erste Beleg in einem deutschen Text stammt erst aus dem ausgehenden 16. Jahrhundert. Erst dann wird ‹Abracadabra› allmählich eine deutsche Vokabel. Offenbar galt es als relativ unbedenklich, gelehrten Menschen ein nützliches Zauberwort anzubieten, wohingegen man bei den Laien vorsichtig sein wollte. Zwar finden sich auch in deutschen Rezeptbüchern Zaubersprüche, sie sind sogar die Hauptfundstelle dafür, aber das Wort ‹Abracadabra› oder ein vergleichbares heilendes Zauberwort fehlen.

Besonders aussagekräftig wird das Beispiel durch den Umstand, dass sich Sprache in ihm zu einem Ding formt und überdies nicht zu irgendeinem Ding, sondern zu einem Amulett. Ein Amulett oder Talisman ist der vielleicht berüchtigtste magische Gegenstand überhaupt. Noch Marsilio Ficino, der mit seiner Schrift *De vita libri tres* (1489) dem positiven Begriff der *magia naturalis* zu nachhaltiger Geltung verhalf, diskutiert ihre Potentiale – die gefährlichsten liegen darin, dass die auf ihnen angebrachten Zeichnungen Dämonen anziehen könnten –, rät zur Vorsicht im Umgang mit ihnen und erklärt, selbst auf sie zu verzichten.[2] Das Hantieren mit bestimmten Dingen ist auch aus dem Grunde gefährlich, als, wie Thomas von Aquin es festlegt, die Frage der Intentionalität eine untergeordnete Rolle spielt: Magie wirkt durch einen Zauberspruch oder einen Talisman auch dann, wenn diejenige

---

2   Vgl. Ficino: *De vita libri tres*, 2011, S. 334 f., zu Talismanen überhaupt die Kapitel 13–20 des 3. Buchs.

Person, die sie verwendet, gar keine schlechte Absicht damit verbindet.[3] Schließlich bildet das Beispiel emblematisch die Schwierigkeiten ab, Magie als Denksystem, Weltverhältnis und Praxis zu konzeptualisieren. Sie lassen sich auf die Kontroverse zuspitzen, ob Magie primär sprach- oder geisttheoretisch zu begreifen ist.[4] Das heißt: Schafft und verwandelt Magie nach dem Vorbild der jüdisch-christlichen *creatio ex nihilo* Materie, oder ist sie Ausdrucksprinzip eines im neuplatonischen Sinne geordneten Kosmos? Welche Rolle spielt die Abbildlichkeit dabei, das ‹Bilddenken›?[5] Im ‹Abracadabra›-Ritual sind durch die enge Verbindung von Sprache, Praxis und Bildlichkeit diese Gegensätze tendenziell aufgehoben. Denn der Zauberspruch wirkt nicht ohne die Formierung von Wörtern zum Bild. Sein Zweck liegt in einer Heilung. Doch muss offen bleiben, ob dahinter die Vorstellung steht, dass die geformten Wörter als solche die erwünschte Wirkung erzielen, oder ob sie als Medien des *spiritus* wirken, der alles in Mikro- und Makrokosmos in Ketten von Sympathien und Antipathien miteinander verknüpft, oder ob sie als Zeichen eines übergeordneten kommunikativen Vertrags fungieren und eine bestimmte Instanz anrufen. Im Sinne der letzteren Variante funktioniert Magie nach dogmatischer mittelalterlicher Vorstellung, und sie ist immer negative *magia daemoniaca*: Ein Set kommunikativer Zeichen vermittelt den Kontakt zu einem Dämon, und dieser wirkt im Zauber.[6] Der Umstand, dass im vorliegenden Beispiel etwas Positives erreicht werden soll, nämlich eine Heilung, kann dieses prinzipiell prekäre Anrufungsverhältnis nicht entlasten.

Die mittelalterliche Literatur diskutiert und diskursiviert solche Probleme nicht. In der höfischen und späthöfischen Literatur ebenso wie in heldenepischen Dichtungen oder Minne- und Aventiuromanen ist das Magische nicht durch Zaubersprüche, Rituale oder spirituelle Systeme vertreten, sondern in einer Abundanz magischer Dinge aus den Erzählkontexten des Wunderbaren. Die Fülle zeigt sich auf die Gesamtheit der bekannten Texte gesehen ebenso wie in einer einzigen Dichtung. Magische Dinge können

---

3   Dies diskutiert, mit allen negativen Konsequenzen bis zu den europäischen Hexenverfolgungen, Daxelmüller: Zauberpraktiken, 1993, S. 123–127.

4   Vgl. Eming und Wels: Zum Begriff der Magie, 2019.

5   Vgl. Brückner: Bilddenken, 2013.

6   Vgl. Otto: Magie, 2011; Daxelmüller: Zauberpraktiken, 1993.

bestimmten Räumen zugeordnet sein – wie die Wundersäule dem Lande Crisa in Heinrichs von Neustadt *Apollonius von Tyrlant*, das bewegliche Bett der Burg Schastel marveile in Wolframs von Eschenbach *Parzival*, der Tugendstein dem Artushof in Wirnts von Grafenberg *Wigalois*. Sie können Transfers durch Räume ermöglichen – wie der Gürtel in Wirnts *Wigalois* oder die Tarnkappe im *Nibelungenlied*. Sie können groß sein wie ein Gebäude (Meliurs Palast in *Partonopier und Meliur*, Schastel marveile im *Parzival*) oder klein wie ein Edelstein (der Karfunkelstein auf Feenpalast in Renauts de Beaujeu *Le Bel Inconnu*). Magische Dinge können einen Handlungsverlauf arretieren und als immobile Höhe- oder Wendepunkte des Geschehens fungieren (Grabmal in *Flore und Blanscheflur*, Hirschautomat im *Straßburger Alexander*, Zelt im *Lanzelet*); in solcher Positionierung ruft ihre kunstvolle Beschaffenheit und Schönheit bei intra- und möglicherweise auch extradiegetischen Rezipienten Staunen und Bewunderung hervor. Doch sie können die Handlung auch anstoßen und voranbringen und sich in dieser Hinsicht als erstaunlich beweglich erweisen, wie Gürtel, Lanze und Brot in Wirnts *Wigalois* oder der Minnetrank in den Tristan-Dichtungen. Magische Dinge können dämonisch anmutenden Anderswelten ebenso zugeordnet sein wie der höfischen Sphäre. Literarische Helden können durch eine spezielle Disposition für das Magische ausgezeichnet sein, die an ihrem Verhältnis zu Dingen evident (wie am Tugendstein im *Wigalois*) oder illustriert wird (wie am Zelt im *Lanzelet*).

Was rechtfertigt es überhaupt, derart verschiedenförmige Dinge als magisch zu bezeichnen? Heutigen Auffassungen von Wirklichkeit und Wahrscheinlichkeit gemäß wohl in erster Linie der Umstand, dass organischer oder anorganischer Materie Qualitäten zugesprochen werden, welche bekannten Kausalitäten widersprechen und experimentell nicht nachzuweisen sind. Ein klassisches Beispiel dafür wäre der Gürtel aus dem *Wigalois*, welcher seinem Träger oder seiner Trägerin außerordentliche Glücksgefühle sowie die Kraft verleihen soll, Fremdsprachen zu beherrschen. Der Gral dagegen, über den es in Wolframs *Parzival* ebenfalls heißt, dass er Glück spende, ist im historischen Kontext ein religiöses Wunder. Nach mittelalterlichen theologischen Kriterien geht es bei der Unterscheidung von Magie und Religion dabei gar nicht primär um unterschiedliche Strukturen, Wirk- und Funktionsweisen, sondern seit Augustinus um die jeweilige Kraft, die in ihnen zur Geltung kommt. Diese ist entweder göttlich oder dämonisch.

Daneben gibt es die mittelalterliche Vorstellung von *causa occultae*, der verborgenen Wirkweisen in Dingen der Natur, wie Tieren, Kräutern oder Steinen. Für sie interessiert sich die mittelalterliche Scholastik. Insbesondere Albertus Magnus, aber auch sein Schüler Thomas von Aquin gehen dabei in einer Weise vor, die sie aus der Sicht des bekannten Magiehistorikers Lynn Thorndike zu Vorreitern einer experimentell begründeten Wissenschaft macht.[7] Ein Ausdruck dieses Denkens ist z. B. der Umstand, dass die schwere Erkrankung des Gralkönigs in Wolframs *Parzival* mit einem sehr großen Ensemble kostbarer Edelsteine bekämpft wird: *vil kraft man an in innen wart, / derz versuochen kund mit listen* (*Parzival*, V. 792,4 f.).

Die Materialität des Magischen wird seit Kurzem auch in der historischen Magieforschung stärker berücksichtigt. Dies wird insbesondere durch archäologische Funde, d. h. viele Ausgrabungen von Amuletten, Figuren oder Tafeln mit Verwünschungen, unterstützt, die aus den alten Kulturen stammen. Dabei wird auch die Diskussion von Talismanen im Neuplatonismus der Frühen Neuzeit einbezogen.[8] Das Mittelalter spielt bislang eine eher untergeordnete Rolle, was Gründe in der archäologischen Situation haben wird.[9] Aber Fundstücke wären auch nur eine mögliche Quelle für die Erforschung magischer Materialität, der akademische und literarische Texte zur Seite treten müssen. Für ein Verständnis des Magischen in literarischen Texten des Mittelalters wird entscheidend sein, den Einfluss gelehrter Diskurse – und eventuell populärer Praktiken, aber das ist ein kontroverses Thema[10] – nicht als dogmatisch vorauszusetzen. Zwar hat in die Beschreibung magischer Automaten z. B. ebenso Ingenieurwissen aus dem Orient hineingewirkt wie die theologische Auffassung, dass sich der Teufel der Imagination der Menschen bemächtige und ihnen Illusionen verschaffe. Dies zeigt sich an Flore, der vor den mechanischen Figuren auf Blanscheflurs Scheingrab

---

7   Vgl. die betreffenden Kapitel im 3. Band seiner monumentalen ‹Geschichte der Magie und experimentellen Wissenschaft› (Thorndike: A History of Magic, 1958).

8   Vgl. Boschung und Bremmer (Hgg.): Materiality of Magic, 2015.

9   Dies gilt bis auf wenige Ausnahmen auch für Houlbrook und Armitage: Materiality of Magic, 2015.

10   Vgl. die vehemente Kritik an der Vorstellung, dass während des Mittelalters breitere Bevölkerungsschichten Magie betrieben hätten, von Daxelmüller: Zauberpraktiken, 1993. Offener argumentiert in dieser Hinsicht etwa Birkhan: Magie im Mittelalter, 2010.

zusammenbricht, weil ihre Lebensechtheit ihn emotional überwältigt. In Fortunatus' Wunschhut, mit dem er überall hinfliegen kann, hat vielleicht die verbreitete zeitgenössische Vorstellung Eingang gefunden, dass Hexen durch den Teufelspakt über Flugkünste verfügen. Aber gerade der letztere Fall zeigt auch, dass im literarischen Kontext selbst ein derart negatives Beispiel wie der Hexenflug umcodiert, positiviert und Ausdruck von Phantasmen über unbegrenzte Beweglichkeit im Raum werden kann. Dies heißt zugleich nicht, dass magische Objekte in ihrer Materialität nicht mehr ernst zu nehmen und als Mittel einer Psychologisierung aufzufassen wären, wie es Richard Kieckhefer in seinem Grundlagenwerk für die höfische Literatur des 12. und 13. Jahrhunderts vorschlägt.[11] Die Debatte um den Minnetrank in Gottfrieds *Tristan* hat gezeigt, dass die Ebene der Materialität sich weder verabsolutieren noch wegdisputieren lässt. Literarische Texte kennen metaphorische Ebenen des Umgangs mit dem Magischen ebenso wie solche, an denen sie von realer Wirksamkeit ausgehen, tatsächlich changieren sie in starkem Maße zwischen den Ebenen des als real gedachten magischen Dings und seiner Potentiale zur Transformation in die Metapher[12] und spielen mit ihnen. Mit neuen dingtheoretischen Forschungen, die auch in der Mediävistik rezipiert werden, liegen vielversprechende Ansätze vor, um Materialität und Medialität magischer Objekte ebenso analytisch zu erfassen wie ihre Agency und Aura. Es könnte darauf hinauslaufen anzuerkennen, dass die kulturanthropologische Tradition, Magie in einer Trias mit Religion auf der einen und Wissenschaft auf der anderen Seite begreifen zu wollen, nicht ausreichend ist, um ihr Faszinosum zu erklären. Die Poetologie literarischer Texte mit ihren schillernden Erzählwelten zwischen dämonischer Gefährdung und emotionaler Entrückung hat einen großen Anteil daran. Und sie ist nicht erst Resultat eines frühmodernen Transfers von Magie aus der Sphäre der Wirklichkeitsdeutung in diejenige literarischer Fiktionalität,[13] sondern hat bereits in der höfischen Literatur des 12. und 13. Jahrhunderts klare Spuren hinterlassen.

---

11   Vgl. Kieckhefer: Magie im Mittelalter, 1995.
12   Vgl. Linden: Zauber der Minne, 2015.
13   Vgl. Müller: Magie, Erotik, Kunst, 2015.

Bibliographie

Antike Zaubersprüche. Zweisprachig. Griechisch/Lateinisch/Deutsch. Herausgegeben und übersetzt von Alf Önnerfors. Stuttgart 1991 (RUB 8686).

Ficino, Marsilio: *De vita libri tres/Drei Bücher über das Leben.* Herausgegeben, übersetzt, eingeleitet und mit Anmerkungen versehen von Michaela Boenke. Paderborn 2012 (Humanistische Bibliothek, R. 2: Texte 38).

Wolfram von Eschenbach: *Parzival.* Studienausgabe. 2. Auflage. Mittelhochdeutscher Text nach der sechsten Ausgabe von Karl Lachmann. Übersetzung von Peter Knecht. Mit Einführungen zum Text der Lachmannschen Ausgabe und in Probleme der *Parzival*-Interpretation von Bernd Schirok. Berlin, New York 2003 (de Gruyter Texte).

Armitage, Natalie und Ceri Houlbrook (Hgg.): The Materiality of Magic. An Artifactual Investigation Into Ritual Practices and Popular Beliefs. Oxford (Philadelphia) 2015.

Birkhan, Helmut: Magie im Mittelalter. München 2010 (Beck'sche Reihe 1901).

Boschung, Dietrich und Jan N. Bremmer (Hgg.): The Materiality of Magic. Paderborn 2015 (Morphomata 20).

Brückner, Wolfgang: Bilddenken. Mensch und Magie oder Missverständnisse der Moderne. Münster u. a. 2013 (Beiträge zur Volkskultur in Nordwestdeutschland 122).

Daxelmüller, Christoph: Zauberpraktiken. Eine Ideengeschichte der Magie. Zürich, München 1993.

Eming, Jutta und Volkhard Wels (Hgg.): Der Begriff der Magie in Mittelalter und Früher Neuzeit. Voraussichtlich Wiesbaden 2019.

Kieckhefer, Richard: Magie im Mittelalter. Aus dem Englischen übersetzt von Peter Knecht. München 1995 (dtv 4651).

Linden, Sandra: Zauber der Minne – Zauber der Tugend. Zur Verbindung von Magie und Tugendlehre in spätmittelalterlichen Minnereden. In: Peter-André Alt, Jutta Eming, Tilo Renz und Volkhard Wels (Hgg.): *Magia daemoniaca, magia naturalis, zouber.* Schreibweisen von Magie und Alchemie in Mittelalter und Früher Neuzeit. Wiesbaden 2015 (Episteme in Bewegung 2), S. 121–142.

Müller, Jan-Dirk: Magie, Erotik, Kunst. Zur Vorgeschichte einer frühneuzeitlichen Problemfigur. In: Peter-André Alt, Jutta Eming, Tilo Renz und Volkhard Wels (Hgg.): *Magia daemoniaca, magia naturalis, zouber.* Schreibweisen von Magie und Alchemie in Mittelalter und Früher Neuzeit. Wiesbaden 2015 (Episteme in Bewegung 2), S. 143–163.

Otto, Bernd-Christian: Magie. Rezeptions- und diskursgeschichtliche Analysen von der Antike bis zur Neuzeit. Berlin, New York 2011 (Religionsgeschichtliche Versuche und Vorarbeiten 57).

Thorndike, Lynn: A History of Magic and Experimental Science. 8 Bde. New York 1958.

Abb. 16: In der rechten Bildhälfte wird das Pfauenmahl von einem Diener vor Huge aufgetragen. Dieser erhebt die Hand zum Schwur.

Quelle: Hamburg, Staats- und Universitätsbibliothek, Cod. 12 in scrinio, 1455–1472. *Huge Scheppel*, fol. 13va, kolorierte Federzeichnung auf Papier, 485 x 355 mm.

Pfauenmahl

Bernd Bastert

Der Pfau wurde seit der Antike, nicht zuletzt wegen seines Fleisches, besonders geschätzt; auch mittelalterliche Rezepte für Pfauenbraten haben sich erhalten. Als Gericht war er ein Zeichen von Luxus, das zum festlichen Dekorum des Herrscher-, insbesondere des Königshauses gehörte und den hohen Stand des Gastgebers wie des Gastes symbolisierte. Bei sogenannten Schauessen wurden Pfauen (genau wie andere größere Vögel, z. B. Gänse, Fasane, Schwäne, Reiher) oft kunstvoll drapiert aufgetragen.[1] Das Gericht begegnet mehrfach in der mittelalterlichen Literatur, vor allem auch in der französischen Heldenepik.[2] Bekannt geworden sind das Pfauenmahl und die anlässlich dieser Gelegenheit auf den Pfau geleisteten Gelübde indes durch einen anderen Text: den um 1312/13 entstandenen französischen Versroman *Voeux du paon* (*Pfauengelöbnisse*),[3] eine Fortsetzung des *Alexanderromans* durch Jacques de Longuyon, der im Auftrag von Thibaut de Bar, Bischof von Lüttich (1303–1312) und Sohn des Grafen Thibaut II. von Bar, schrieb. Das Werk war sehr erfolgreich, wird in über 40 Handschriften und Fragmenten überliefert und regte im französischen Sprachraum mehrere Fortsetzungen an (*Restor du paon*, vor 1338, *Parfait du paon*, 1340), die einen *Cycle du*

---

[1] Monreal u. a.: Pfau, 2016; Catafau: Recette du paon, 2014; Müller und Nowak: Burgundische Tafelfreuden, 2003, S. 178.

[2] So etwa im *Willehalm* Wolframs von Eschenbach, wo dem Protagonisten u. a. ebenfalls ein Pfau während eines Mahls aufgetischt wird, das dieser jedoch aufgrund seines selbst auferlegten Fastens verschmäht (V. 134,9 f.), oder im *Herzog Herpin* (S. 197, Z. 22) und dessen französischer Vorlage, dem *Lion de Bourges* (V. 5267; dort ebenfalls in einer zweiten Szene, V. 18671). In *Karl und Galie* ist es der junge Karl selbst, der in der Küche einen Pfau brät und mit diesem Braten später auf seinen Gegner einschlägt (V. 1116–1356). Auch in Boccaccios Erstling *Il Filocolo* (um 1336/39) begegnet ein Pfauenmahl.

[3] Für eine ausführliche Bibliographie vgl.: https://www.arlima.net/il/jacques_de_lon guyon.html (13.08.2018).

paon bilden; bekannt sind zudem Prosifizierungen (Jean Wauquelin: *Les fai-
cts et les conquestes d'Alexandre le Grand*, 1448; *Les fais et concquestes du
noble roy Alexandre*, 15. Jh.) sowie Übertragungen ins Niederländische (*Roman van Cassamus*, 14. Jh.), Englische (John Barbour: *Buik of Alexander*,
1438) und Lateinische (*Fuerre de Gadres*, 14. Jh.). Zu Beginn der *Voeux du
paon* wird vom Kampf Alexanders gegen den indischen König Clarus berichtet, «der die Herrin der Stadt Epheson bedrängt. Sein Sohn Porus, in Epheson gefangen, erlegt einen Pfau, den er beim Festmahl auftragen läßt. Da
schlägt Cassamus, der Onkel der Burgherrin, vor, daß jeder bei dem Pfau
einen Schwur ablege.»[4] Die Realisierung der durch die Ritter geleisteten
Gelübde und die daraus resultierenden Heldentaten werden dann zum
Gegenstand der weiteren Erzählung.

Auf das Pfauenmahl im *Voeux du paon* und die dabei geleisteten Gelübde wird, intertextuell deutlich markiert, in der um die Mitte des 14. Jahrhunderts entstandenen französischen Chanson de geste *Hugues Capet* angespielt,
die vom Aufstieg des halbadeligen Hugue erzählt, der der verwitweten französischen Königin und deren Tochter in einer existenziellen Notlage zu Hilfe
kommt. Aufgrund seiner Stärke, Tapferkeit und Schönheit erobert er trotz
seiner Nichtebenbürtigkeit das Herz der Königstochter, heiratet sie später
und wird so schließlich König von Frankreich. Eine entscheidende Rolle
spielt dabei Hugues Schwur auf einen gebratenen Pfau. Bei einem Festmahl
im Königspalast, das die Königin im belagerten Paris zu Ehren des im Kampf
gegen die Belagerer erfolgreichen Hugues gibt, ehrt sie ihn, indem sie einen
gebratenen Pfau vor ihm auftischen lässt. Beim Anblick des Vogels schwört
Hugues, zukünftig ebenso tapfer zu sein wie die im *Voeux du paon* agieren-
den Helden, von denen er einige namentlich erwähnt. Er werde, so sagt er
zum Entsetzen der Königin und ihrer Tochter, am nächsten Tag ganz allein
ins Lager der Feinde eindringen und einen ihrer Anführer töten (*Hugues
Capet*, V. 15381–15598). Obwohl die Königin ihm das strengstens untersagt,
führt er sein Vorhaben mithilfe einer List erfolgreich durch, hält somit seinen
Schwur und legt zugleich den Grundstein für seinen anschließenden Aufstieg
zum französischen König.

---

4   Müller: Kommentar zu *Hug Schapler*, S. 1135.

In der deutschen Übertragung, dem im zweiten Viertel des 15. Jahrhunderts in der Umgebung des Saarbrücker Grafenhofes entstandenen und wohl durch Elisabeth von Nassau-Saarbrücken angeregten *Huge Scheppel*[5], begegnet diese zentrale Szene ebenfalls. Dort heißt es:

> *Da mit so sach Huge den pahen an vnd begonde zu gedencken an die glubde, die eyner, genant Porus, getan hait, vnd an den alten Tessamis vnd die andern, die yre glubde in mit eren zü zijden vollenbrachten vnd viele yme do inn synen synne, sijt des males yme den phane als vor den aller kunesten gesant hette vnd es ouch gewünlich were, weme man eynen phahen also versetzet, das der sich eyner sachen verheysset vnd globet, so wolte er ouch dem pahen eyn abenturliche glubde vnd verheyssonge vor allen den, die da gheynwirtig werent, dun (Huge Scheppel, S. 129, Z. 11–20).*

«Da sah Huge den Pfau an und dachte an das Gelübde, das einer, der Porus hieß, geleistet hatte, und an den alten Tessamis und die übrigen, die ihre Gelübde seinerzeit ehrenvoll vollbracht hatten. Und dann kam ihm in den Sinn – weil man den Pfau ihm als dem Allertapfersten aufgetischt hatte und es auch üblich sei, dass der, dem man einen Pfau solcherart vorsetzte, etwas versprach und gelobte –, dass er ebenfalls vor allen Anwesenden auf den Pfau ein riskantes Gelübde und Versprechen ablegen wollte.»[6]

Porus und Tessamis, wie sie hier genannt werden, heißen in der überlieferten französischen Vorlage Porrus und Quassamus (*Hugues Capet*, V. 1554 f.) und sind Figuren aus Jacques de Longuyons Roman, die einem deutschen Publikum als solche jedoch nicht unbedingt geläufig gewesen sein dürften. Auf die Namen wird dann auch im 1500 erschienenen und für die Rezeptionsgeschichte des Textes entscheidenden Erstdruck des *Hug Schapler* verzichtet, der das für den Handlungsverlauf wichtige Pfauenmahl und den daran geknüpften Schwur freilich ebenfalls kennt (*Hug Schapler*, S. 236 f.). Das Pfauenmahl und insbesondere das dabei abgelegte Gelöbnis ist für den *Huge Scheppel* und dessen französische Vorlage damit erzählerisch ebenso wichtig wie im Prätext *Voeux du paon*: Durch Huges Schwur beim Festessen wird

---

5   Zitiert nach: *Hug Schapler*, 1990.

6   Zur Bildregie bei der Illustration dieser Szene in der Handschrift des unikal überlieferten *Huge Scheppel* (Hamburg, Staats- und Universitätsbibliothek, Cod. 12 in scrinio, fol. 13^v) vgl. Haubrichs: Mahl und Krieg, 2010.

eine Handlung in Gang gesetzt, die ihn auf den französischen Königsthron führt, ihm später legitime Nachkommen sichert und damit zugleich den Übergang vom karolingischen Königsgeschlecht auf die Dynastie der Kapetinger erklärt und rechtfertigt – ein Narrativ, das aus französischer Perspektive im hundertjährigen Krieg um die französische Königskrone (1337 bis 1453) von enormer Bedeutung war. Das Pfauenmahl bzw. der Schwur auf den gebratenen Pfau ist somit ein ‹Ding›, dem große Handlungsmacht (Agency) eignet.

Mit angeregt hat der im französischsprachigen Raum sehr bekannte Text des *Voeux du paon* vermutlich ebenfalls ein Ereignis, das zu den berühmtesten Veranstaltungen des ausgehenden Mittelalters gehört: das Fasanenfest von Lille am 17.2.1454. Nur wenige Monate nach der Eroberung Konstantinopels durch die Osmanen im Mai 1453 und dem damit einhergehenden Untergang des byzantinischen Reiches – ein Ereignis, das den Zeitgenossen einen heftigen, vielleicht mit 9/11 vergleichbaren Schock versetzte – hatte Herzog Philipp der Gute von Burgund die Ritter des durch ihn gestifteten Ordens vom Goldenen Vlies und den burgundischen Adel zu einem prächtigen Schauessen in Lille zusammengerufen. Als gebratene Fasane aufgetragen wurden, legten die Anwesenden in einer feierlichen Zeremonie auf einen Fasan[7] den Schwur ab, ihrem Herzog als Kreuzritter zu dienen und mit ihm zusammen Konstantinopel wieder zu befreien. Der Plan ließ sich in der Folge jedoch nicht realisieren. Die Agency des literarischen Pfauenmahls war in diesem Fall offensichtlich mächtiger als die Handlungsmacht seiner realhistorischen Entsprechung.

Bibliographie

The *Buik of Alexander* or the *Buik of the Most Noble and Valiant Conquerour Alexander the Grit* by John Barbour, archdeacon of Aberdeen. Herausgegeben von R. L. Graeme Ritchie. 4 Bde. Edinburgh, London 1921–1929 (Scottish Text Society, N. S. 12,

---

[7]   Der Fasan – und nicht etwa ein Pfau – wurde deshalb gewählt, weil jener Vogel «seinen Namen nach dem Fluß Phasis im Lande Kolchis, der Heimat des Goldenen Vlieses, trägt»; Müller: Fasanenfest und Orden vom Goldenen Vlies, 2000, S. 205.

17, 21, 25) [Erster Teil des *Voeux du paon:* Bd. 2; zweiter Teil: Bd. 3; Schlussteil: Bd. 4].

Herzog Herpin. Kritische Edition eines spätmittelalterlichen Prosaepos. Herausgegeben von Bernd Bastert. Berlin 2014 (MTA 51).

Hug Schapler. In: Romane des 15. und 16. Jahrhunderts. Nach den Erstdrucken mit sämtlichen Holzschnitten, herausgegeben von Jan-Dirk Müller. Frankfurt a. M. 1990 (Bibliothek deutscher Klassiker 54, Bibliothek der frühen Neuzeit 1), S. 177–383 [Text], S. 1088–1158 [Nachwort und Kommentar].

Hugues Capet. Chanson de geste du XIVᵉ siècle. Herausgegeben von Noëlle Laborderie. Paris 1997 (Les Classiques Français du Moyen Age 122).

Karl und Galie. Teil I. Abdruck der Handschrift A (2290) der Hessischen Landes- und Hochschulbibliothek Darmstadt und der 8 Fragmente. Herausgegeben und erläutert von Dagmar Helm. Berlin 1986 (DTM 74).

Königin Sibille. Huge Scheppel. Editionen, Kommentare und Erschließungen. Herausgegeben von Bernd Bastert und Ute von Bloh. Berlin 2018 (TMA 57).

Lion de Bourges. Poème épique du XIVᵉ siècle. 2 Bde. Herausgegeben von William W. Kibler. Genf 1980 (Textes littéraires français 285).

Wolfram von Eschenbach: *Willehalm.* Nach der Handschrift 857 der Stiftsbibliothek St. Gallen, herausgegeben von Joachim Heinzle. Tübingen 1994 (ATB 108).

Bellon-Méguelle, Hélène: Du temple de Mars à la chambre de Vénus. Le beau jeu courtois dans les *Voeux du paon.* Paris 2008 (Essais sur le Moyen Âge 38).

Blumenfeld-Kosinski, Renate: The Poetics of Continuation in the Old French *Paon Cycle.* In: Romance Philology 39 (1985/1986), S. 437–447.

Caron, Marie-Thérèse und Denis Clauzel (Hgg.): Le banquet du Faisan. 1454. L'occident face au défi de l'Empire ottoman. Arras 1997 (Collection Histoire).

Catafau, Aymat: Recette du paon en sauce au château royal de Perpignan (XVᵉ siècle). In: Michel Adroher und Françoise Mignon (Hgg.): Chaire, chair et bonne chère. En hommage à Paul Bretel. Perpignan 2014, S. 161–172.

Gaullier-Bougassas, Catherine (Hg.): Les Voeux du paon de Jacques de Longuyon. Originalité et rayonnement. Paris 2010 (Circare 8).

Haubrichs, Wolfgang: Mahl und Krieg. Die Erzählung der Adelskultur in den Texten und Bildern des Hamburger *Huge Scheppel* der Elisabeth von Lothringen, Gräfin von Nassau-Saarbrücken. In: Cathrine Drittenbass und André Schnyder (Hgg.): Eulenspiegel trifft Melusine. Der frühneuhochdeutsche Prosaroman im Licht neuerer Forschungen und Methoden. Akten der Lausanner Tagung vom 2.–4. Oktober 2008. Amsterdam, Atlanta 2010 (Chloe 42), S. 201–216.

Lefèvre, Sylvie: [Art.] Jacques de Longuyon. In: Dictionnaire des lettres françaises. Le Moyen Âge. Herausgegeben von Geneviève Hasenohr und Michel Zink. Paris 1992, S. 734–736.

Monreal, Ruth, Hanna Witte und Francesco Zanella: [Art.] Pfau. In: RAC 27, 2016, Sp. 492–511.

Müller, Heribert: Fasanenfest und Orden vom Goldenen Vlies. Neuerscheinungen zur burgundischen Geschichte und Geschichtsschreibung. In: ZHF 27 (2000), S. 203–228.

Müller, Heribert und Jessika Nowak: Burgundische Tafelfreuden. Das Fasanenfest von Lille (1454): Ein Augenschmaus. In: Cotta's kulinarischer Almanach 11 (2003), S. 172–186.

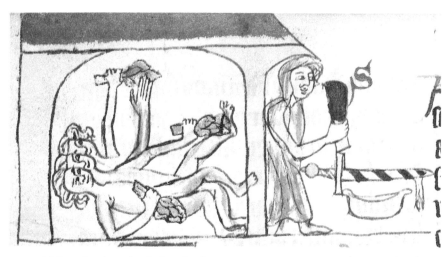

Abb. 17: Während sich in der Badestube drei Männer mit *questen* streichen, werden ihnen Schermesser, Schwert und Waschbecken entwendet.

Quelle: Heidelberg, Universitätsbibliothek, cpg. 164, Anfang 14. Jh. Eike von Repgow: *Sachsenspiegel*, fol. 29ᵛᵒ, kolorierte Feder-zeichnung auf Pergament, 300 x 235 mm.

Queste

Franz-Josef Holznagel

Wovon könnte das Wort *queste* schon erzählen?

Eine Antwort auf diese Frage gibt Wolfram von Eschenbach im *Parzival*. Dort heißt es am Ende des zweiten Buches (V. 3438–40/116,2–4): *ich wære ê nacket âne tuoch, / sô ich in dem bade sæze, / ob ich des questen niht vergæze* («Ich wäre eher nackt und ohne Tuch, so als ob ich im Bade säße, wenn ich auch den Badewedel dabei nicht vergessen hätte»).[1]

Zu dem mhd. (und mnd.) Substantiv *quest(e)* und seinen Laut- und Schreibvarianten *quoste, koste, quast, kast* existiert ein ausdifferenziertes semantisches Feld.[2] In dessen Zentrum steht die prototypische Bedeutung ‹Büschel aus sprießenden Zweigen oder jungen Blättern›, wie sie u. a. in der medizinischen Fachliteratur sehr gut zu greifen ist; *queste* gehört also zu der Gruppe phonästhemischer Ausdrücke des Mittelhochdeutschen und Mittelniederdeutschen mit anlautendem [kw], die wie mhd. *quelle* ‹Quelle›, *queck* ‹keck; lebendig›, *quiel* ‹Meereswoge›, *quitteln* ‹lebhaft erzählen› mit der Vorstellung des Hervorbringens, Heraussprudelns und davon abgeleitet des Lebendigen, Beweglichen verbunden sind.

Aus dieser Grundbedeutung werden dann auf unterschiedliche Weise Teilsemantiken entwickelt. Die meisten von ihnen entstehen dadurch, dass das allgemeine Konzept ‹Zweigbündel› auf speziellere Gebrauchsdomänen wie die des Kleidungsdiskurses, der Hauswirtschaft, des Fischfangs und des Badewesens bezogen wird. So kann ein Schurz aus zusammengebundenen Blättern, der als Provisorium zur Bedeckung der Geschlechtsteile dient,

---

[1]   Der Text wird zitiert nach: Wolfram von Eschenbach: *Parzival*, 2008 [Übersetzung F.-J. H.]; die Angaben hinter den Verszahlen beziehen sich auf die in der Forschung eingeführte Nummerierung des Textes nach Lachmann und Hartl: Wolfram von Eschenbach, 1926.

[2]   Vgl. BMZ I, S. 894; Lexer II, Sp. 324; Mnd. Hwb. II/2, Sp. 1788 f.; Schiller/Lübben III, S. 405; DWB XI, Sp. 1861 f. und XIII, Sp. 2329 f.

genauso als *queste, quoste, koste, quast, kast* bezeichnet werden wie der Reisigbesen zur Reinigung des Fußbodens oder eine Fangvorrichtung für Aale, bei der ein Bündel aus Zweigen an einer langen Stange befestigt wird (mnd. *âlquast*). Aber auch die Rute, mit der während eines Schwitzbades (oder danach) die Haut gestrichen wird, um die Durchblutung zu verbessern, kann (neben dem konkurrierenden *wadel, wedel*) mit diesem Ausdruck belegt werden (mhd. *batkoste, batqueste;* mnd. *bādequast*).[3] In der oben zitierten *Parzival*-Stelle scheinen sowohl die erste als auch die letzte Bedeutung (*queste* als Laubschurz und als Badeaccessoire) mitzuschwingen.[4]

Diese Erwähnung des Laubbüschels findet sich in einer außerordentlich prominenten Passage des Textes, der sog. ‹Selbstverteidigung› (V. 3381– 3440/114,5–116,4),[5] die in der Forschung breit diskutiert worden ist, weil

---

3   Von der Teilbedeutung ‹Badewedel› ist dann das mhd. und mnd. schwache Verb *questen* abgeleitet worden, das im engeren Sinne ‹mit dem *queste* streichen› bedeutet, aber auch (als euphemistische Metapher) in der erweiterten Semantik ‹eine Prügelstrafe verabreichen; quälen› oder auch ‹kämpfen› belegt ist. Vgl. Lexer II, Sp. 324; Mnd. Hwb. II/2, Sp. 1809; Schiller/Lübben III, S. 405.

4   Daneben ist immer wieder ein anderer Weg der Bedeutungsveränderung beschritten worden, bei dem das für das Konzept *queste* zentrale Grundprinzip der Bündelung von langen, schmalen und biegsamen Zweigen auf andere, wenngleich ähnliche Materialien übertragen wurde. Der prominenteste Beleg für diesen Vorgang ist, dass der Ausdruck *queste* (oder eine seiner Varianten) als Bezeichnung für Federbüschel verwendet werden kann, die als Teil des ritterlichen Helmschmucks (des *zimiers*, der *ziemierde*) fungieren. Weitere Bedeutungsübertragungen dieser Art liegen vor, wenn Troddeln aus Textilfäden, die an Kleidungsstücken, Wandbehängen oder Fahnen als Schmuck befestigt werden, als *queste, koste, quast* firmieren. Schließlich ist noch auf Malerpinsel aus Tierborsten hinzuweisen, die zum Anfeuchten oder Weißeln von Flächen dienen; diese Teilsemantik dürfte diejenige sein, die sich am besten im heutigen Sprachgebrauch erhalten hat (DWB XIII, Sp. 2329 f., hier: Sp. 2330).

5   Zur ‹Selbstverteidigung› vgl. besonders die folgenden zusammenfassenden Beiträge: Bumke: Wolfram von Eschenbach, 2004, S. 43 f.; Hartmann: Gahmuret und Herzeloyde, 2000, S. 364–393; Kästner und Schirok: *Ine kan decheinen buochstap*, 2000; Kiening: Der Autor als ‹Leibeigener› der Dame, 1998, S. 211–214; Nellmann und Kühn: *Parzival*, 1994, S. 514–518; Schirok: *Swer mit disen schanzen allen kan*, 1990; Schu: Vom erzählten Abenteuer, 2002, S. 144–156. – Zur Konturierung der Erzählerinstanz im *Parzival* sind

sich hier der (auto-)biographisch konturierte Erzähler (V. 3388/114,12: *ich bin Wolfram von Eschenbach*) zu wichtigen poetologischen Fragen äußert. Im Mittelpunkt seiner Reflexionen steht vor allem die Frage, wie in literarischen Texten ein angemessenes Lob der höfischen Damen entfaltet werden kann. In diesem Zusammenhang (V. 3421–26/115,15–20) erteilt der Sprecher einer allzu zurückhaltenden Einstellung gegenüber den Frauen eine Absage[6]. Außerdem profiliert er sich im Unterschied zur Tradition der lateinischen Minnekasuistik, in der die Befähigung zur Liebe (und damit auch zur Minnedichtung) allein den Buchgelehrten zugesprochen wird, als ein Autor, der als *ritter* und nicht als *clericus* wahrgenommen werden möchte (V. 3417/115,11: *schildes ambt ist mîn art*): Bevor man die von ihm verfasste Erzählung (*âventiure*) für ein *buoch*, einen gänzlich in der Sphäre lateinischer Literalität verorteten Text, hielte, wäre er lieber nackt (*disiu âventiure / vert âne der buoche stiure. / ê man si hete für ein buoch, / ich wære ê nacket âne tuoch*; V. 3435–38/115,29–116,2: «Diese Erzählung schreitet voran ohne die Steuerung durch die Bücher. Bevor man sie für einen gelehrten Text hielte, wäre ich lieber nackt und ohne Kleidung»).

Der Konjunktiv in V. 3437 f./116,1 f. deutet an, dass es sich bei diesem Satz um ein Gedankenexperiment handelt. Imaginiert werden soll der Fall, dass sich der Erzähler gänzlich entblößt darböte. Sofern dieses hypothetische Verhalten in der Öffentlichkeit an den Tag gelegt worden wäre, hätten die sozialen Konsequenzen auf der Hand gelegen: In der auf sorgfältiger Einhaltung der Kleidungscodes beruhenden höfischen Gesellschaft müsste das vorgestellte Gebaren des Sprecher-Ichs unweigerlich zur sozialen Exklusion führen. Der Erzähler scheint demnach zu suggerieren, dass er lieber gänzlich aus der höfischen Gesellschaft ausgeschlossen bliebe, als mit einem klerikal gebildeten Buchautor verwechselt zu werden.

Diese Aussage liefe wegen ihres drastischen Tons und ihres brüsken, auf dezidierte Abgrenzung zielenden Inhaltes auf eine außerordentlich provozierende Selbstpositionierung im sozialen Feld der mittelhochdeutschen Auto-

---

immer noch grundlegend: Curschmann: Das Abenteuer des Erzählens, 1971; Nellmann: Wolframs Erzähltechnik, 1973.

[6] Vgl. hierzu auch das ironische Lied *Ein wîp mac wol erlouben mir* (Wolfram von Eschenbach, 1926, S. 5, Z. 16).

ren hinaus. Sie wird jedoch sofort wieder zurückgenommen, weil im nächsten Vers die Phantasie der Rezipienten auf den Bereich der gesellschaftlich akzeptierten Badepraktiken gelenkt wird, in dem nackte Körper keinerlei Anstoß erregten. Der Nachsatz nimmt also der Aussage des Erzählers ihre (scheinbare) Drastik. Zugleich entwertet er aber auch das vom Sprecher-Ich verwendete argumentative Muster. Dieses sucht ja die Unwahrscheinlichkeit eines Phänomens (‹Die Erzählung von Parzival ist ein Buch›) dadurch zu verdeutlichen, dass sein Auftreten an eine Bedingung geknüpft wird, die nach menschlichem Ermessen nicht eintreten soll oder wird (‹Der Erzähler ist nackt›). Wenn diese Bedingung nun aber doch als realisierbar erscheint, rückt auch die davon abhängige Konsequenz in den Bereich des Möglichen: Sobald es denkbar wird, dass der Sprecher nackt sein kann (z. B. weil er im Bade sitzt), ist die von Wolfram verfasste *âventiure* womöglich dann doch ein *buoch*. Das Spiel, eine scharfe These aufzutischen, sie jedoch im nächsten Satz zu relativieren,[7] taucht die ganze Passage in ein argumentatives Zwielicht. Dies erlaubt zwar sehr wohl die Interpretation, dass der Erzähler (und wohl auch der Verfasser) gewisse Ressentiments gegen den Autorentypus des *clericus* pflegt, aber als klare poetologische Positionsbestimmung gegen jede Art von Buchgelehrsamkeit, gegen Hartmann von Aue oder gegen Gottfried von Straßburg gar, ist die ganze Passage (V. 3435–38/115,29–116,2) nur dann zu lesen, wenn man gänzlich ironieresistent ist und die Ambiguisierung der Aussagen in V. 3439 f./116,3 f. ausblendet.

Die unerwartete Volte in der Argumentation ist durch den Umschlag einer gespannten Erwartung in nichts komisch. Dies gilt auch für den Kontrast zwischen der üblicherweise eher abstrakten Erzählerinstanz und dem Sprecher-Ich, das mit dem Vorstellungsbild des nackt im Bade sitzenden Wolfram von Eschenbach überformt wird. Diese Komik hat nun eine klare Funktion. Sie ist unmittelbar vor der im 3. Buch anhebenden Haupthandlung des *Parzival* positioniert und wird ganz in den Dienst der Exordialrhetorik gestellt: An einem charakteristischen Einschnitt des Textes will das zum Autor stilisierte Erzähler-Ich nochmals auf sich aufmerksam machen, das

---

7   Vgl. Panzer: Gahmuret, 1940, S. 75: «Man sieht also: die Nachsätze heben hier den Vordersatz vollkommen auf.»

Auditorium durch starke imaginative Bilder beeindrucken und es durch ein herzhaftes Gelächter positiv auf das Nachfolgende einstimmen.

Der *queste* als klassisches Badeaccessoire ist dabei sehr gut geeignet, die vom Erzähler erwünschte Situation gesellschaftlich akzeptierter Nacktheit zu evozieren und die Komikeffekte der prologartigen Passage zu unterstützen. Aber auch in diesem Falle muss man (wie bei der mutmaßlichen Polemik gegen die Buchgelehrsamkeit) den Text weiterdenken, um auf die eigentliche Pointe zu kommen. Hier besteht sie darin, dass die Rezipienten mit dem Hinweis, dass an dem imaginierten Leib des Badenden etwas mit einem Laubbüschel verdeckt wird, genötigt werden, ihre Aufmerksamkeit genau auf jene Körperzone zu lenken, die bei einem Entblößten besonders stark tabuisiert ist. Während man sich den Blick auf den Nackten in Analogie zu den Einstellungen einer Kamera als ‹Halbtotale› denken mag, wird dem Publikum in dem Moment, wenn das Wort *questen* fällt, eine Detailaufnahme aufgedrängt, die es ganz nahe an die untere Körpermitte des Badenden heranführt. Überdies erlaubt es das Wissen um die Feigenblattfunktion des Wedels, das Verbergende als Indexzeichen für das Verborgene zu lesen, sodass die Selbstverteidigung, die bereits in V. 3418/115,12 die Manneskraft (*ellen*) des Sprechers[8] betonte, mit einem mehr oder minder unverhohlenen Hinweis auf die Virilität Wolframs endet.

Unter anderem davon also kann das Phonästhem *queste* erzählen.

Bibliographie

Wolfram von Eschenbach. Herausgegeben von Karl Lachmann. Berlin 1833. Vorreden von Moriz Haupt, Karl Müllenhoff, Karl Weinhold und Eduard Hartl. Bearbeitet von Eduard Hartl. Berlin, Leipzig ⁶1926.

Wolfram von Eschenbach. *Parzival*. Nach der Ausgabe Karl Lachmanns revidiert und kommentiert von Eberhard Nellmann. Übertragen von Dieter Kühn. 2 Bde. Frankfurt a. M. 1994 (Bibliothek deutscher Klassiker 110, Bibliothek des Mittelalters 8).

Wolfram von Eschenbach: *Parzival*. Herausgegeben von Joachim Bumke. Auf der Grundlage der Handschrift D. Tübingen 2008 (ATB 119).

---

[8] Zur erotischen Bedeutung von *ellen* vgl. das Lied *Sîne klâwen* (Wolfram von Eschenbach, 1926, S. 5, Z. 12).

Bumke, Joachim: Wolfram von Eschenbach. Stuttgart. 8., völlig neu bearbeitete Auflage. Stuttgart 2004 (Sammlung Metzler 36).

Curschmann, Michael: Das Abenteuer des Erzählens. Über den Erzähler in Wolframs *Parzival*. In: DVjs 45 (1971), S. 627–667.

Hartmann, Heiko: Gahmuret und Herzeloyde. Kommentar zum zweiten Buch des *Parzival* Wolframs von Eschenbach. 2 Bde. Herne 2000.

Kästner, Hannes und Bernd Schirok: *Ine kan decheinen buochstap. Dâ nement genuoge ir urhap*. Wolfram von Eschenbach und ‹die Bücher›. In: Thomas Ehlen und Martin Ehrenfeuchter (Hgg.): *Als das wissend die meister wol*. Beiträge zur Darstellung und Vermittlung von Wissen in Fachliteratur und Dichtung des Mittelalters und der frühen Neuzeit. Walter Blank zum 65. Geburtstag. Frankfurt a. M. u. a. 2000, S. 61–152.

Kiening, Christian: Der Autor als ‹Leibeigener› der Dame – oder des Textes? Das Erzählsubjekt und sein Körper im *Frauendienst* Ulrichs von Liechtenstein. In: Elisabeth Andersen, Jens Haustein, Anne Simon und Peter Strohschneider (Hgg.): Autor und Autorschaft im Mittelalter. Kolloquium Meißen 1995. Tübingen 1998, S. 211–238.

Nellmann, Eberhard: Wolframs Erzähltechnik. Untersuchungen zur Funktion des Erzählers. Wiesbaden 1973.

Panzer, Friedrich: Gahmuret. Quellenstudien zu Wolframs *Parzival*. Heidelberg 1940 (Sitzungsberichte der Heidelberger Akademie der Wissenschaften, Philosophisch-Historische Klasse 1939/40, Abhandlung 1).

Schirok, Bernd: *Swer mit disen schanzen allen kan, an dem hât witze wol getân*. Zu den poetologischen Passagen in Wolframs *Parzival*. In: Ulrich Ernst und Bernhard Sowinski (Hgg.): *Architectura poetica*. Festschrift für Johannes Rathofer zum 65. Geburtstag. Köln, Wien 1990 (Kölner Germanistische Studien 30), S. 119–145.

Schu, Cornelia: Vom erzählten Abenteuer zum ‹Abenteuer des Erzählens›. Überlegungen zur Romanhaftigkeit von Wolframs *Parzival*. Frankfurt a. M. u. a. 2002 (Kultur, Wissenschaft, Literatur 2).

Abb. 18: Das aus einem Stück gefertigte Gewand Christi wird von zwei Engeln präsentiert.

Quelle: München, BSB, 4° P. o. germ. 161", Augsburg 1512: Hans Froschauer. *Der Graue Rock*, Titelholzschnitt auf Papier.

Rock, der Graue

Alheydis Plassmann

Bei kaum einem Gegenstand vermischen sich die Zauberkraft des Märchens und die Heilswirksamkeit der christlichen Religion so deutlich wie bei den Dingen, die man im Mittelalter als lebendige Beweisstücke des tatsächlichen Lebens Jesu Christi ansah und als Vergegenwärtigung seiner Gegenwart verstand.

Realien aus dem Umfeld der in den Evangelien berichteten Heilsgeschichte kamen als Berührungsreliquien besondere Bedeutung zu, die über gewöhnliche Reliquien durchaus hinausging. Bei der Verehrung, die man solchen Gegenständen entgegenbrachte, sind mehrere Faktoren im Spiel, die diese Sonderstellung verstärken. Zum einen galt von jeher, dass das Alter einer Reliquie ihren Wert erhöhte, ein Märtyrer aus der Spätantike etwa war wertvoller als ein karolingischer Bischof. Zweitens spielte das Prestige des Heiligen eine gewichtige Rolle, eine Reliquie des Petrus war besser als die eines frommen Mönches, den man vielleicht selbst noch gekannt hatte, und schließlich ließ sich die Bedeutung einer Reliquie auch daran erkennen, ob Hinweise auf sie in der Bibel gefunden werden konnten.

In vielerlei Hinsicht konnte man kaum näher an das christliche Heilsgeschehen heranrücken als mit dem sogenannten Heiligen Rock, dem angeblich von Christus selbst getragenen Gewand, das bei der Kreuzigung unter den Soldaten verlost wurde. Alter und Prestige des Heiligen Rocks waren also wie bei jeder Christusreliquie gegeben, durch die Erwähnung des Rocks im Evangelium beim Kreuzigungsgeschehen gewann die Reliquie aber auch noch zusätzliche heilsgeschichtliche Beglaubigung, die andere Christusreliquien wie etwa die Milchzähne Jesu oder die Windeln nicht im ähnlichen Umfang besaßen.[1]

---

1   Zum Heiligen Rock vgl. insgesamt Aretz: Der Heilige Rock zu Trier, 1996.

Dass der aus einem Stück gewirkte Rock Christi Gegenstand von Verehrung war, wird daher kaum erstaunen, indes ist er neben dem Gral einer der wenigen Gegenstände der Heilsgeschichte, dem eine Erzählung, nämlich der anonym überlieferte mittelfränkische *Orendel* oder besser *Der Graue Rock*, gewidmet wurde.[2]

Die Geschichte des Heiligen Rocks und seiner Ankunft in Trier ist undurchsichtig. Man hat Andeutungen aus der *Vita Agritii* so verstehen wollen, als ob schon im 9. Jahrhundert die Präsenz des Rocks in Trier überliefert worden sei, aber der erste wirklich handfeste Beleg ist die Erzählung aus den *Gesta Treverorum* vom Beginn des 12. Jahrhunderts, die den Rock mit der Helena-Legende verknüpften und berichteten, dass Helena, die Mutter Kaiser Konstantins, den Rock zusammen mit anderen Reliquien nach Trier gebracht habe.[3] Im Jahr 1196 verlegte Erzbischof Johann I. den Rock in den Hochaltar des Ostchores. Öffentlich ausgestellt wurde er dann erst wieder im Jahr 1512, auch wenn das Wissen um sein Vorhandensein nicht wieder verloren ging. Der *Graue Rock* ist sowohl in das 12. als auch in das 15. Jahrhundert gesetzt worden, weil die (heute verlorene) Handschrift 1477 entstand.[4]

Das Auftauchen des Heiligen Rocks kommt im Kontext der Zeit nicht von ungefähr. Vielmehr ist die Aufmerksamkeit, die dieser Reliquie neu zukam, gleich in vielerlei Hinsicht mit Entwicklungen des 12. Jahrhunderts verbunden. Insgesamt erwachte das Interesse an Schätzen der Vergangenheit, die heilsgeschichtlich eingeordnet werden konnten. In allen Gebieten der ehemals römisch-germanischen Provinzen gab man sich Mühe, bei der Anknüpfung an die Vergangenheit möglichst weit zurückzugelangen. In Trier hatte man hier 1127 mit der Auffindung der Apostelgebeine des Matthias durchaus Maßstäbe gesetzt, aber auch in Köln sind im 12. Jahrhundert mehrere spätantike Heilige vermehrt beachtet oder ‹entdeckt› worden. Am bekanntesten dürften wohl die Ausgrabungen auf dem Ager Ursulanus sein, wo man bei der Stadterweiterung 1106 auf ein spätantikes Gräberfeld gesto-

---

2   Zitiert nach: *Orendel*, 1976.
3   Hierzu Pohlsander: Der Trierer Heilige Rock, 1996.
4   Embach: Trierer Literaturgeschichte, 2007; Biesterfeldt: Moniage, 2004; Curschmann: *Orendel*, 1989.

ßen war.[5] Dass dies kein Phänomen war, das sich nur auf Bischofsstädte beschränkte, kann man auch am Marienstift in Aachen sehen, wo sich ebenfalls Berührungsreliquien von Maria und Jesus befanden,[6] sowie an Xanten, wo Victor als spätantiker Soldatenmärtyrer die Pilgerscharen anzog.[7] Der Wettbewerbsdruck, der dann auch in Bezug auf den Heiligen Rock eine ‹Wiederentdeckung› ermöglichte, war in vielerlei Hinsicht gegeben. Zum einen musste dem Domstift daran gelegen sein, dass es in Bezug auf Reliquien gegenüber anderen Kirchen der Stadt nicht ins Hintertreffen geriet und mit St. Matthias mithalten konnte – Vergleichbares lässt sich auch bei der Erhebung der Heiligen Drei Könige in Köln beobachten, wo das Domstift gegenüber den anderen Stiften auf seinen Rang bedacht sein musste.[8] Zum anderen war die Konkurrenz innerhalb der weiteren Region, in der in jeder Dekade ein Heiligenkult neu etabliert oder wiederentdeckt wurde, ebenfalls belebend, und schließlich wird man auch die Köln-Trierer Rivalität als Einflussfaktor nicht vernachlässigen dürfen.[9] Dieser Wettbewerb um die besten, heilsamsten, wirkmächtigsten und anziehendsten Reliquien fand vor dem Hintergrund eines deutlich erstarkten Interesses am römischen Erbe statt, das sich nicht zuletzt in den halbfiktionalen Erzählungen der *Gesta Treverorum* widerspiegelt.

Von daher lag es von jeher auf der Hand, den *Grauen Rock* als eine volkssprachliche ausgeschmückte ‹Translationserzählung› zu verstehen,[10] die vor allem dem Zweck diente, die Anwesenheit des Rocks in Trier ätiologisch zu erklären – und den sonst verborgenen Gegenstand quasi sichtbar zu machen.[11] Demgegenüber hat man zu Recht darauf aufmerksam gemacht,

---

5   Zu den Heiligenkulten Plassmann: Über die Nützlichkeit von Heiligen, 2018, und Schmid: Von den Heiligen Drei Königen, 2016.

6   Zum Marienstift jetzt Görich: Herrschen mit dem Heiligen Karl, 2018.

7   Zur Victorlegende im 12. Jahrhundert Runde: Xanten im frühen und hohen Mittelalter, 2003, S. 208 f.

8   Plassmann: Über die Nützlichkeit von Heiligen, 2018, S. 46 f.

9   So vor allem Schmid: Von den Heiligen Drei Königen, 2016.

10   Hierzu bereits Meves: Das Gedicht vom *Grauen Rock*, 1976.

11   Bowden argumentiert aus diesem Grund für eine Entstehung im 15. Jahrhundert, in der die Reliquie durch die Dichtung sichtbar gemacht wurde (Bowden: Sehen, Sichtbarkeit, 2011).

dass die Vorrangstellung des Trierer Königssohnes Orendel sowie die Verzer-
rung der Helena-Legende, die im *Grauen Rock* als Weberin des Gewandes
auftaucht, kaum auf einen rein klerikalen Entstehungshintergrund schließen
lassen.[12] Man hat daher als weitere Erzählstränge auf die Brautfahrt Orendels,[13] seine Bestimmung zum König[14] sowie das Motiv der De- und Investio,
der Ent- und Bekleidung verwiesen.[15] Bemerkenswert erscheint vor allem die
Motivik, dass der Rock als Reliquie vom Blut Christi nicht reinzuwaschen ist,
wodurch das Martyrium Christi in der Ding-Reliquie präsent gehalten wird.
Die Erzählung vom *Grauen Rock* ist ein Gemenge aus verschiedenen Topoi,
sodass sich keine eindeutige Zuordnung zu einer bestimmten Gattung vornehmen lässt,[16] selbst wenn man den Rückzug aus der Welt als Hauptmotiv
ausmacht.[17]

Neben dem Hintergrund der vermehrten Heiligenkulte im Rheinland
existieren weitere Erzählmomente, die sich am stimmigsten erklären lassen,
wenn man sie vor dem Hintergrund des 12. Jahrhunderts deutet. Zum einen
ist das Motiv der Brautfahrt speziell auf eine Königin von Jerusalem zugeschnitten. Als König Balduin IV. von Jerusalem im Jahr 1185 verstarb, kam
seiner Schwester vor dem Hintergrund der Gefährdung des Königreiches
durch Saladin und seine Offensive eine Schlüsselrolle bei der Bestimmung
des neuen Königs von Jerusalem zu. Im *Grauen Rock* lässt sich dies gespie-
gelt in der Werbung um Bride verorten, derer sich Orendel, den die Erzählung nur noch den «Grauen Rock» nennt, gerade durch die Vernichtung der
feindlichen ‹Ungläubigen› als würdig erweist (*Orendel*, V. 1777–1830). Ein
weiteres Element ist das der Exvestio bzw. Devestio und Investio, also der
Beraubung eines Standes und der Wiedereinsetzung in einen neuen Stand,
das im *Grauen Rock* an der Nacktheit Orendels vor seiner Neueinkleidung
mit der Reliquie versinnbildlicht wird (*Orendel*, V. 455–803).[18] Dieses Motiv
lässt Orendel für den Rezipienten als *imitator Christi* hervortreten. Im Kon-

12   Plate: *Orendel*, 1988.

13   Gantert: *Durch got*, 1999.

14   Plate: *Orendel*, 1988.

15   Gantert: *Durch got*, 1999.

16   Embach: Im Spannungsfeld von profaner ‹Spielmannsepik›, 1996.

17   Biesterfeldt: Moniage, 2004, S. 63–83.

18   Hierzu auch Gantert: *Durch got*, 1999.

text des 12. Jahrhunderts mag man diesem Motiv der Einkleidung besonderes Interesse entgegengebracht haben, weil der Devestio bei der Entstehung des päpstlichen Schismas im Jahr 1159 eine entscheidende Bedeutung zukam, ein Zusammenhang, der bisher von der Forschung noch nicht gesehen wurde: In der Auseinandersetzung zwischen Papst Alexander III. und dem kaiserlichen Gegenpapst Victor IV. hatte der Aufruhr bei der *inmantatio*, also der feierlichen Investitur mit dem Papstmantel, bei der Alexander der Mantel mit Gewalt entrissen worden war, eine Rolle gespielt.[19] Die Einkleidung Orendels mit dem Heiligen Rock mag man hier durchaus als ein Gegenbild zu den weltlich geprägten Auseinandersetzungen um das Papsttum deuten, die ein 18-jähriges Schisma ausgelöst hatten.

Neben den Motiven, die sich dem 12. Jahrhundert zuordnen lassen, sind andere Elemente des *Grauen Rocks* deutlich allgemeinerer Natur und mit anderen legendarischen oder mythischen Motiven verwandt. Das betrifft etwa die Kostbarkeit des eigentlich unscheinbaren, ja ‹verunreinigt› wirkenden Heiligen Rocks, aber natürlich ebenso die Tatsache, dass der Heilige Rock dem Träger offenbar Unbesiegbarkeit verleiht. Die Brautfahrt, der unerkannte Königssohn, der kriegerische Brautwerber und ähnliche Motive sind selbstverständlich nicht auf das 12. Jahrhundert beschränkt. Insgesamt scheint trotz der späten Überlieferung der Erzählung eine Verortung gegen Ende des 12. Jahrhunderts aufgrund verschiedener enger auf das 12. Jahrhundert einzugrenzender Motive wahrscheinlich zu sein. Der *Graue Rock* wäre damit ein eindrucksvolles Zeugnis der Anpassung von virulenten Reliquienlegenden an den Geschmack eines Laienpublikums, das auch andere Motive erwartete und im *Grauen Rock* auch geboten bekam, wenn auch in einer Gemengelage, die der Dichtung wohl zu Recht den Ruf eingetragen hat, nicht an andere Epen heranzureichen.

Bibliographie

Orendel. In: *Sankt Oswald, Orendel, Salman und Morolf.* Herausgegeben von Walter J. Schröder. Darmstadt 1976 (Spielmannsepen 2), S. 133–266.

---

[19]   Laudage: Alexander III. und Friedrich Barbarossa, 1997, S. 114–116.

Aretz, Erich, Michael Embach, Martin Persch und Franz Ronig (Hgg.): Der Heilige Rock zu Trier: Studien zur Geschichte und Verehrung der Tunika Christi. Trier ²1996.

Biesterfeldt, Corinna: Moniage – Der Rückzug aus der Welt als Erzählschluß. Untersuchungen zu *Kaiserchronik, König Rother, Orendel, Barlaam und Josaphat, Prosa-Lancelot.* Stuttgart 2004.

Bowden, Sarah: Sehen, Sichtbarkeit und Reliquien im *Grauen Rock.* In: Ricarda Bauschke, Sebastian Coxon und Martin H. Jones (Hgg.): Sehen und Sichtbarkeit in der Literatur des deutschen Mittelalters. XXI. Anglo-German Colloquium London 2009. Berlin 2011, S. 240–253.

Curschmann, Michael: [Art.] Orendel. In: ²VL 7, 1989, S. 43–47.

Embach, Michael: Im Spannungsfeld von profaner ‹Spielmannsepik› und christlicher Legendarik – der Heilige Rock im mittelalterlichen *Orendel*-Gedicht. In: Erich Aretz, Michael Embach, Martin Persch und Franz Ronig (Hgg.): Der Heilige Rock zu Trier: Studien zur Geschichte und Verehrung der Tunika Christi. Trier ²1996, S. 763–797.

Embach, Michael: Trierer Literaturgeschichte. Das Mittelalter. Trier 2007 (Geschichte und Kultur des Trierer Landes 8), S. 583–586.

Gantert, Klaus: *Durch got und des heiligen grabes ereh und ouch durch die schonen juncfrowen.* Reliquientranslation und Brautwerbungshandlung im *Orendel.* In: Kurtrierisches Jahrbuch 39 (1999), S. 123–144.

Görich, Knut: Herrschen mit dem Heiligen Karl? Die Staufer, Karl der Große und Aachen. In: Rheinische Vierteljahrsblätter 82 (2018), S. 23–36.

Laudage, Johannes: Alexander III. und Friedrich Barbarossa. Köln, Weimar, Wien 1997 (Forschungen zur Kaiser- und Papstgeschichte des Mittelalters. Bh. zu J. F. Böhmer, Regesta Imperii 16).

Meves, Uwe: Das Gedicht vom Grauen Rock (*Orendel*) und die Trierer Reliquientradition. In: Kurtrierisches Jahrbuch 15 (1976), S. 5–19.

Plassmann, Alheydis: Über die Nützlichkeit von Heiligen. Die Translation der Heiligen Drei Könige und die Erhebung der Gebeine Karls des Großen. In: Rheinische Vierteljahrsblätter 82 (2018), S. 37–52.

Plate, Bernward: Orendel – König von Jerusalem. Kreuzfahrerbewußtsein (Epos des 12. Jhs.) und Leidenstheologie (Prosa von 1512). In: Euphorion 82 (1988), S. 168–210.

Pohlsander, Hans A.: Der Trierer Heilige Rock und die Helena-Tradition. In: Erich Aretz, Michael Embach, Martin Persch und Franz Ronig (Hgg.): Der Heilige Rock zu Trier: Studien zur Geschichte und Verehrung der Tunika Christi. Trier ²1996, S. 119–130.

Runde, Ingo: Xanten im frühen und hohen Mittelalter. Sagentradition – Stiftsgeschichte – Stadtwerdung. Köln, Weimar, Wien 2003 (Rheinisches Archiv 147).

Schmid, Wolfgang: Von den Heiligen Drei Königen zum Heiligen Rock. Die Formierung der rheinischen Kultlandschaft im 11. und 12. Jahrhundert. In: Geschichte in Köln 63 (2016), S. 97–128.

Abb. 19: Fortunatus sitzt auf einer Art Thron und greift in das magisch unermesslichen Reichtum spendende Säckel.

Säckel

Anna Mühlherr

Wenn der Nibelungenhort als zentrales Phantasma feudalaristokratischen Erzählens gelten darf, insofern der unermessliche und unerschöpfliche Schatz mit dem Weltherrschaft verleihenden Wunschrütlein (freilich nur, hätte man davon gewusst) unaufhörliche *milte* gesichert hätte, so ist das Geldsäckel des *Fortunatus*[1] ziemlich genau das frühmoderne Gegenstück dazu.

Schon die Umstände, wie die jeweiligen Protagonisten in den Besitz des Horts bzw. des Geldsäckels gelangen, lassen sich erstaunlich gut gegeneinander profilieren. Siegfried, alleine herumstreifend, wird von Schilbunc und Nibelunc sofort als der starke Siegfried erkannt, dem sie dann die Aufgabe antragen, den Schatz gerecht zu teilen. Die Aufgabe erweist sich als unlösbar, gegen den erfolglosen Schatzteiler richtet sich nun enorme kriegerische Aggression; Siegfried siegt und wird so zum Besitzer des Schatzes. Fortunatus dagegen, gerade knapp seiner Hinrichtung als Justizopfer entkommen, bringt sich auf einem Baum halbwegs in Sicherheit und tötet, nicht wenig erschrocken, einen halbgewachsenen Bären, der seine Witterung aufgenommen hat. Am nächsten Morgen steht die Glücksjungfrau vor ihm, von der er sich dann, vor die Wahl zwischen verschiedenen Gütern gestellt – eine Wahl, die wir ungefähr aus der Geschichte des biblischen Salomon kennen, aber eben nur ungefähr –, den Reichtum wünscht und das Säckel erhält.

Vermutlich lässt sich ein ‹epochaler› Gegensatz zwischen ‹Neuzeit› und ‹Mittelalter› kaum besser versinnbildlichen als mit dem Gegensatz dieser Szenen: Das *Nibelungenlied* – von einem unendlichen mündlichen Resonanzraum her erzählt – kennt einen unerschöpflichen Hort. Der *Fortunatus* und damit der erste Roman in deutscher Sprache, dem sich kein Wiedererzählen im engeren Sinne nachweisen lässt, sodass er gerne mal als ‹erster

---

1   Im Folgenden zitiert nach: *Fortunatus*, 2004.

deutschsprachiger Originalroman› firmiert, erzählt von einem Geldsäckel, das nur unter bestimmten Bedingungen und temporär begrenzt Geld spendet. Zudem ist das Säckel anders als die Schätze der ‹älteren› Erzählungen leicht transportierbar, und es gibt – wie ausdrücklich von der Glücksjungfrau erläutert wird – jeweils Münzen in der entsprechenden Landeswährung aus, wo immer sich sein Besitzer gerade aufhält.

Dieses Säckel nun hilft einem völlig desolaten jungen Helden auf, der zuvor immer wieder unschuldig in Kalamitäten geraten war. Gespendet ist es von Fortuna, deren Walten sich bekanntlich nicht an Qualitäten oder Verdiensten ihrer Günstlinge ausrichtet – etwa wie wenn eine unerwartete Erbschaft jemandem ‹zufällt›. Bis hierhin war der Protagonist – nach einem zunächst durchaus hoffnungsvollen sozialen Aufstieg vom Mittellosen zum Grafendiener, dann immerhin zum Angestellten eines reichen Kaufmanns – ohne eigene Schuld völlig demontiert worden. Die kreatürliche Angst, die er im wilden Wald zeigt, lässt sich gut in Verbindung bringen mit dem Schrecken, den ihm seine Versuche eingetragen haben, in der Gesellschaft anzukommen. Fortunatus ist als Figur literaturgeschichtlich maximal weit entfernt vom starken Siegfried, den seine Exorbitanz und Statur für den Hortbesitz prädestinieren.

Nun hat man freilich in der Relation von Fortunatus und Fortuna längst eine Anlehnung an das Kulturmuster eines Schutzpatroziniums erkannt[2] – nur wäre zu fragen, welcher ‹Sinn› dieser Anlehnung entlockt werden könnte. Es handelt sich um eine Tautologie: Ein Günstling des Glücks ist ein Günstling des Glücks. Und zugleich demonstriert der Weg des Fortunatus seit seinem Auszug aus seinem verarmten Elternhaus in Famagosta in Zypern, dass auch er mehrfach der Bewegung des Glücksrads unterworfen wird.

Fortunatus formuliert sein Lebensprogramm, bevor er ohne Abschied von seinen Eltern seine Heimatstadt verlässt, folgendermaßen: *es ist noch vil glüks in diser welt / ich hoffen zu got mir werd sein auch ain tail* (*Fortunatus*, S. 8). Aber alle Versuche, sich durch eigene Leistung und Redlichkeit vom Glück ein Stückchen zu sichern, sind gnadenlos zum Scheitern verurteilt.

---

2   Kästner: *Fortunatus*, 1990, S. 507.

Das hat in diesem Roman Methode.[3] Erst als der Held gerade noch einmal in seiner naiven Unschuld in London ganz knapp dem Galgenstrick entronnen ist, tritt Fortuna auf den Plan – fast als wolle sie ihm nun im Übermaß restituieren, was er sich eigentlich schon verdient hatte, aber nie zu fassen bekam.

Zwar wird sich eine *Fortuna stabilis* nach dem Erhalt des Säckels – und durchaus gehört hier dann kluges Handeln der Figur dazu – konstatieren lassen. Aber auch hierzu bedarf es zunächst einmal einer weiteren Chance des Gerade-noch-einmal-Davonkommens. Denn Fortunatus macht, nachdem er aus dem wilden Wald herauskommt, einen großen Fehler und gerät wegen Ausgebens hoher Geldsummen und damit einhergehenden Übertrumpfens eines Landesherrn ins Visier eines nicht zimperlichen Vertreters der Feudalkaste. Wiederum kommt er nur knapp mit dem Leben und zum Glück auch mit dem Säckel davon, das er klug zu verheimlichen gewusst hat.

Von hier an geht es mit dem Helden nur noch aufwärts, er ist legendär reich, hat zwei Söhne, und alles ist prima – bis es ihm furchtbar langweilig wird und er beschließt, die ganze Welt zu bereisen. Was heute als Phänomen keine Seltenheit ist: die Potenz millionenschwerer Welt-Touristen, deren Liquidität kaum mehr materiell greifbar ist, kündigt sich literaturgeschichtlich in der relativ leichten Beweglichkeit immerhin noch eines Geldsäckels an, aus dem sich Münzen hervorzaubern lassen – gegenüber dem materiellen Schwergewicht der alten Schätze ist das ein markanter Unterschied.

Man hat das Säckel als literarisches Dingsymbol für die Erfahrungen der frühkapitalistischen Zeit gesehen.[4] Auch wurde der Bezug zum Fernhandel, zu seinen Chancen und Risiken herausgestellt.[5] So gesehen würde sich in ihm die Erfahrung verdichten, dass sich bei Individuen, Familien, Sozietäten unfassbare Vermögen ansammeln – deren Zustandekommen den herkömmlichen Sichtweisen der Zeit undurchschaubar bleiben musste. Schließlich und vor allem wurde betont, wie sinnfällig die Koinzidenz von Augsburg als Ort

---

3   Zum systematischen Aufbau der Zufälligkeit als ‹Letztbegründungsinstanz› Mühlherr: *Melusine* und *Fortunatus*, 1993, S. 83.

4   Einschlägig hierzu ist die Monographie von Raitz: Zur Soziogenese des bürgerlichen Romans, 1973.

5   Zu Fortunatus als ‹Merchant Adventurer› Nerlich: Kritik der Abenteuer-Ideologie, 1977, S. 100–112.

des Erstdrucks des Romans (1509) und dem Aufstieg der Fugger sei,[6] die ein Geldimperium errichteten und bei denen auch Karl V. in der Kreide stehen sollte – also der Kaiser, in dessen Reich die Sonne niemals unterging. Das ist zwar etwas zeitversetzt gegenüber der Entstehungszeit des Romans, doch andererseits ist der Roman historisch so nah an der maximalen Geldmacht der Fugger dran, dass man ihn fast visionär nennen könnte. Interessanterweise spielt aber die Entdeckung Amerikas noch keine Rolle im Weltreiseprojekt des Helden, das er erfolgreich durchführt und zu dessen gutem Abschluss er im Orient einem gutgläubigen Sultan dessen größtes (aber wie das Geldsäckel unscheinbares) Kleinod ablistet – nämlich ein Hütlein, mit dem man sich überall in der Welt hinwünschen kann.

Weiter wurde darauf hingewiesen, dass in diesem Roman wohl nicht zufällig für ökonomische Potenz ein Säckel steht, das eine uneigentliche Bezeichnung für das männliche Geschlechtsorgan ist.[7] Damit wäre man sehr nah an der Welt der Mären und der Fastnachtsspiele – man denke etwa an den krassen Fall der *Drei listigen Frauen*[8], wo ein von seiner Ehefrau zum Narren gehaltener nackter Mann an seinem Hodensack herumnestelt, um Münzen zu finden. Seine Ehefrau hilft ihm suchen, indem sie ihm mit einem Messer den Beutel öffnen hilft. Die in diesem Märe anerzählte Kastrationshandlung wird übrigens dem jungen Fortunatus in Flandern auf der ersten Station seines Versuches, sich in der Welt zu etablieren, von einem lügnerischen Höfling, der ihn aus Eifersucht vom Hof vertreiben will, in einer raffinierten Lügengeschichte angedroht: Der Graf wolle Fortunatus kastrieren. Fortunatus ergreift sofort die Flucht, rettet also seine männliche Potenz vor einer nur eingebildeten Gefahr. Und genau diese Flucht setzt eine Bewegung der Glückssuche fort, die am Ende zum Geldsäckel und damit zu maximaler monetärer Potenz führt. Der Weg des Helden von Flandern über London und schließlich in den wilden Wald wird mit einem Schillern der Signifikanten umspielt.

---

6   Anschaulich und instruktiv hierzu Kästner: *Fortunatus*, 1990, S. 241–245.
7   Vgl. Wailes: Potency in *Fortunatus*, 1986, der den Doppelsinn von Potenz programmatisch herausstellt.
8   Kaufringer: *Drei listige Frauen*, 1996.

Die Vita des Titelhelden ist dann ab dem Erhalt des Geldsäckels durch vernünftige Zurückhaltung geprägt, wie es sich als Handlungsmodell für neureiche Nichtadlige empfohlen haben mag. Er verheiratet sich mit der Klügsten aus einem angesehenen Geschlecht seiner Heimatstadt, mit der er – seinen Reichtum nur vorsichtig einsetzend – recht unauffällig das Leben teilt und zwei Söhne hat. Wenn er trübsinnig zu werden droht, geht er einfach mit seinem Säckel voller Geld auf Reisen – zunächst durchs Abendland und dann noch einmal durch den Orient.

Da wir hier zentral das von Fortunatus nach seiner ersten schlimmen Erfahrung fortan mit äußerster Vorsicht geheimgehaltene Geldsäckel in den Blick nehmen, sei auf eine bemerkenswerte Motiv-Spiegelung dieses Problems in der Geschichte einer Nebenfigur hingewiesen: Der treue Schatzhüter des englischen Königs wird ermordet, weil er das Geheimnis des königlichen Schatzes nicht verrät. Dabei handelt es sich übrigens um Hochzeitskleinodien, d.h. spiegelungstechnisch ist in Relation auf das Geldsäckel sein relativ ‹kleines› Volumen von Bedeutung. Die Ironie der Geschichte liegt darin, dass die schnell nach einem neuen Mann Ausschau haltende Witwe des Schatzhüters beim Verrücken der Bettstatt den Schatz dann prompt darunter findet.[9]

Das dichte Netz von paradigmatischen Beziehungen gerade um den heißen Kern von ‹mobilem› und ‹liquidem› Reichtum herum ist eines der Qualitätsmerkmale des Textes, die August Wilhelm Schlegels Einschätzung substantiieren, der *Fortunatus* sei ein «Meisterwerk bis zum systematischen Tiefsinn witziger Komposition».[10]

Die Söhnegeneration, in der das Säckel verspielt wird (es wäre aber auf jeden Fall nach dem Tod der Söhne sowieso versiegt – das sagt die Glücksjungfrau bei der Übergabe explizit), sei nur noch ganz kurz in den Blick genommen: Die Handlung wird bestritten durch das turbulente Treiben eines der beiden Söhne, Andolosia. Sein Bruder Ampedo hat Angst vor der Welt, schottet sich ab – und zerstört das am Ende bei ihm verbliebene Wunschhütlein, statt es zur Rettung seines Bruders, der dann einem Raubmord zum Opfer fällt, zu nutzen. Andolosia seinerseits hat erst sehr spät

9 Andere Deutung bei Hasebrink: Magie der Präsenz, 2004.
10 Schlegel: Kritische Schriften und Briefe, 1965, S. 135.

gelernt, mit dem Geldsäckel vernünftig umzugehen. Er kommt eben auch anders als sein Vater lange Zeit immer wieder mit einem Übermaß an List und entsprechend strategischem Einsatz beider Wundergegenstände zum Handlungserfolg. Aber gerade als man befriedigt zur Kenntnis nimmt, dass er endlich ein wenig vernünftiger geworden ist, wird er zum Mordopfer.

Sobald auch Ampedo tot ist, versiegt wie angekündigt das Geldsäckel. Die beiden Raubmörder aus verarmtem Adel verraten sich durch den Streit, der dadurch entsteht, dass der eine den andern beschuldigt, das Säckel gegen ein anderes ausgetauscht zu haben, d. h., nicht redlich teilen zu wollen. Hier schließt sich der Kreis zurück zum *Nibelungenlied*, wo sich ein Schatz als nicht teilbar erweist und dadurch eine Handlung entsteht, an deren Ende alle tot sind.[11] Einmal mehr könnte man also sagen, dass der *Fortunatus* geradezu in symbolischer Verdichtung den Abstand zu älteren Erzählgewohnheiten im völlig neuartigen Einsatz des alten Schatzmotivs markiert. Auch im *Fortunatus* sind am Schluss die Protagonisten tot. Aber es hätte – für dieses Mal – gut verhindert werden können: durch etwas mehr Gewitztheit und Courage. Wenn das Versiegen des Säckels zur Ergreifung der Mörder führt und diese dann aufs Rad geflochten werden, so könnte man dies in paradigmatischem Bezug auf die *Rota Fortunae* als hübsch ironischen Gruß der Fortuna an die Welt sehen, in der sich alles ums Geld dreht. Auf jeden Fall ist *temperantia* oder *mâze*, wenn die Figuren sie überhaupt als *tugent* im Lauf der Handlung erlangen, durchweg keine wegen ihres positiven Gehalts ergriffene Tugend, sondern sie ist einzig und allein eine Vorsichtsmaßnahme gegen verbrecherische Aktionen anderer. Wie anders ließe sich eine solche Akzentsetzung besser realisieren als damit, dass man den Helden mit einem hochgradig Begehren auf sich ziehenden und entsprechend die Besitzer gefährdenden Geldsäckel ausstattet.

Bibliographie

Fortunatus. Studienausgabe nach der *Editio princeps* von 1509. Mit Materialien zum Verständnis des Textes. Herausgegeben von Hans-Gert Roloff. Bibliographie von Jörg Jungmayr. Stuttgart 2004 (RUB 7721).

---

11   Vgl. Mühlherr: Nicht mit rechten Dingen, 2009, S. 488.

Kaufringer, Heinrich: *Drei listige Frauen*. In: Novellistik des Mittelalters. Märendichtung. Herausgegeben, übersetzt und kommentiert von Klaus Grubmüller. Frankfurt a. M. 1996 (Bibliothek deutscher Klassiker 138, Bibliothek des Mittelalters 23), S. 840–871 [Text], S. 1291–1300 [Kommentar].

Doren, Alfred: Fortuna im Mittelalter und in der Renaissance. In: Vorträge der Bibliothek Warburg 2,1 (1922/23), S. 71–144.

Hasebrink, Burkhard: Die Magie der Präsenz. Das Spiel mit kulturellen Deutungsmustern im *Fortunatus*. In: Beiträge 126 (2004), S. 434–445.

Kästner, Hannes: *Fortunatus*. *Peregrinator mundi*. Welterfahrung und Selbsterkenntnis im ersten deutschen Prosaroman der Neuzeit. Freiburg i. Br. 1990 (Rombach-Wissenschaften, Rh. Litterae).

Mühlherr, Anna: *Melusine* und *Fortunatus*. Verrätselter und verweigerter Sinn. Tübingen 1993 (Fortuna vitrea 10), S. 59–121.

Mühlherr, Anna: Nicht mit rechten Dingen, nicht mit dem rechten Ding, nicht am rechten Ort. Zur *tarnkappe* und zum *hort* im *Nibelungenlied*. In: Beiträge 131 (2009), S. 461–492.

Nerlich, Franz: Kritik der Abenteuer-Ideologie. Beiträge zur Erforschung der bürgerlichen Bewusstseinsbildung von 1110–1750. 2 Bde. Berlin 1977 (Literatur und Gesellschaft).

Raitz, Walter: Zur Soziogenese des bürgerlichen Romans. Eine literatursoziologische Analyse des *Fortunatus*. Düsseldorf 1973 (Literatur in der Gesellschaft 19).

Schlegel, August W.: Kritische Schriften und Briefe. Bd. 4: Geschichte der romanischen Literatur. Herausgegeben von Edgar Lohner. Stuttgart 1965.

Wailes, Stephen C.: Potency in *Fortunatus*. In: The German Quarterly 59 (1986), S. 5–18.

Abb. 20: Im Zentrum die Rundtafel und auf ihr der Gral – in diesem Bild zur *Queste* erscheint als innere Mitte, was im *Parzival* ein zweites Zentrum bildete. Perseval und Gawain sind an die Seite gerückt, ebenso König Artus; auserwählt für den Sorgensitz, steht Lancelots Sohn Galaad der Mahlgemeinschaft vor, der hier auch sonst nur Männer angehören.

Tafelrunde

Susanne Flecken-Büttner

Unser Wort ‹Tafelrunde› lässt an den elitären Kreis von Rittern denken, denen, einem gemeinsamen Ethos verpflichtet und durch Kampfesstärke ausgezeichnet, ein Platz an König Artus' rundem Tisch gebührt. ‹Runde›, aufgefasst als substantivischer zweiter Bestandteil des Kompositums, verbindet sich hier mit der Sitzordnung und steht für die Gemeinschaft. In der hochmittelalterlichen Literatur bezeichnete *tavelrunde* zunächst ein Ding, die Rundtafel, wurde freilich periphrastisch oder metonymisch auch auf den ritterlichen Kreis bezogen. Zeitgenössische Rezipienten werden die Entlehnung aus dem Altfranzösischen in der Dichtung, um die es hier gehen soll, im *Parzival* Wolframs von Eschenbach, noch deutlich wahrgenommen haben: Aus *Table Reonde* wurde *tavelrunde* beziehungsweise bei Wolfram (in allen Kasus) *tavelrunder*.[1] Die Verbindung von Substantiv und Adjektiv hatte so einen Beiklang, der die Zugehörigkeit des Benannten zu der aus Frankreich angeeigneten höfischen Kultur erkennen ließ. Das Material, das die altfranzösische Vorlage und die Prätexte boten, wurde im *Parzival* in ein Netz eingeknüpft, wie engmaschig, zeigt bereits die Zahl von mehr als vierzig Wort-

---

1   Eine runde Form wurde im Deutschen zu dieser Zeit mit dem Adjektiv *sin(e)wel* beschrieben; s. den Eintrag zu *runt* im BMZ, s. als Substantiv *rinc*. Zur ungewöhnlichen Wortform Wolframs, die Reime auf *wunder* und *(be)sunder* ermöglicht, vgl. die Kommentare von Martin zu V. 135,8 (s. Wolframs von Eschenbach *Parzival*, 1903) und von Eichholz zu V. 143,14 (s. Kommentar, 1987). – Der *Parzival* wird zitiert nach der Ausgabe Wolfram von Eschenbach: *Parzival*, 2003; die Übersetzungen ins Neuhochdeutsche sind ebenfalls dieser Ausgabe entnommen, bis auf eine Ausnahme: Den Versen 146,1 f. ist Spiewoks Version beigegeben (s. Wolfram von Eschenbach: *Parzival*, 1981). Zur Orientierung und für Literaturhinweise sind Nellmanns Kommentar (s. Wolfram von Eschenbach: *Parzival*, 1994), Bumke: Wolfram von Eschenbach, 2004, Heinzle (Hg.): Wolfram von Eschenbach, 2011, und Hartmann: Einführung, 2015, zu konsultieren.

belegen an.[2] Darunter befinden sich wenige, aber innerhalb der ‹Symbol-struktur› des Romans höchst bedeutsame Stellen, die die Rundtafel als Ding präsent werden lassen.[3]

Mit den ersten Stellen, an denen das Wort begegnet, stellt Wolfram sei-nen Roman in die Tradition der Werke Hartmanns von Aue, der mit dem *Erec* und dem *Iwein* die in Frankreich etablierte Gattung des Artusromans in die deutsche Literatur transferiert hatte.[4] Ausgerechnet den Ehemann Jeschu-tes, die der völlig unerfahrene Parzival auf seinem Weg in die Welt überfällt, jenen Orilus, den Wolfram zum intertextuellen Schwager Erecs gemacht hat, lässt er das erste Mal die Tafelrunde erwähnen, und das in einer für die Artusritter wenig schmeichelhaften Weise (*Parzival*, V. 135,7–15). In ungünstigem Licht erscheint der Hof dann auch in der Schilderung und den Worten Ithers, dem Parzival vor Nantes begegnet, in der Hand *ein kopf vil wol ergrabn, / ob tavelrunder ûf erhabn* (V. 146,1 f., «einen [...] Becher mit kunstvoller Gravierung, den er von der Tafelrunde mitgenommen hatte»); wie sich herausstellt, hatte der Ritter, dessen rot-weiße Rüstung Parzival ins Auge fällt, durch diese Gebärde seine Ansprüche gegenüber seinem Cousin Artus demonstriert und dabei Wein in den Schoß der Königin vergossen. Hier deutet sich bereits an, dass Parzival in einer Situation auf den Hof tref-fen wird, die an die Episode erinnert, in der im *Iwein* das Wort *tavelrunde* zweimal vorkommt:[5] die Entführung Ginovers.[6] Die in Nantes Anwesenden können die Herausforderung ebenso wenig parieren wie die Ritter, von denen in der Binnenerzählung des *Iwein* berichtet wird. Nach Parzivals per-

---

2   Einen schnellen Überblick erlaubt die *Mittelhochdeutsche Begriffsdatenbank*, die für *tavelrunder* 45 Belegstellen anzeigt und zu *tavelrunderære* eine Angabe bereithält.

3   Die Tafelrunde als Ding nimmt Quast: Dingpolitik, 2016, in den Blick und unter-zieht die «gemeinschaftsstiftende Objektbeziehung [...] einer gesellschaftstheoretischen Analyse» (S. 174).

4   Fundierende und weiterführende Überlegungen zu intertextuellen Bezugnahmen im *Parzival* finden sich bei Draesner: Wege durch erzählte Welten, 1993.

5   Die entsprechenden beiden Verse 4534 und 4567 sind die einzigen Belege zu diesem Wort im *Iwein* (s. die Ausgabe Hartmann von Aue: *Gregorius*, 2004).

6   Analogien zu dieser Binnenerzählung weist ebenfalls Gawans Bericht über den Fall Urjans auf – auch hier wird das Wohl einer Frau der Absolutierung der *êre* geopfert, dem Appell an *der tavelrunder art* zum Trotz (V. 525,11–529,1).

vertierter Ritterwerdung durch Totschlag und *rêroup*[7] bleibt der negative Eindruck eines der inneren Zersetzung preisgegebenen Artushofes, den der fehlgeleitete Gast von einer existenziellen Bedrohung befreit und zugleich eines hochgeschätzten Mitglieds der königlichen Familie beraubt hat.[8] Dabei hatte kurz zuvor der Fischer, der den unkundigen Parzival bis auf Sichtweite an den Artushof herangeführt hatte, noch so von der *mässenîe* der Tafelrunde gesprochen, dass der Anspruch auf soziale Distinktion deutlich geworden war.[9]

Dieser Fischer war bei Chrétien, passend zur Szenerie des Waldes, noch ein Köhler gewesen (*Perceval*, V. 834–864).[10] Durch Wolframs Eingriff entsteht eine intratextuelle Verbindung zu Buch V, wo Parzival der Weg nach Munsalvaesche von einem prächtig gekleideten Mann in einem Boot gewiesen wird, dem reichen ‹traurigen Fischer› und Herrn der Burg, Anfortas. Die Gesellschaft, die Parzival auf Munsalvaesche antrifft, ist ebenfalls um ein *dinc* zentriert,[11] das das gemeinsame Mahl als konstituierende Situation erkennen lässt: um den auf wertvollem Stoff herbeigetragenen und auf einer Edelsteintafel platzierten Gral (*Parzival*, V. 233,16–30; 236,10 f.), der unter anderem als Speisespender fungiert. Wie in Nantes im Bereich der väterlichen Verwandtschaft wird Parzival auch angesichts des Grals, dem die Familie der Mutter angehört, zum Erwählten stilisiert, der aber von einem Zustand der Gnade noch weit entfernt ist. Ein analoger quälender Weg ist Hartmanns Gregorius aufgegeben, der trotz der mit seiner Existenz verbundenen Schuld

---

[7]   Parzival wird sich später im Gespräch mit dem Einsiedler Trevrizent selbst dieser *sünde* bezichtigen (V. 475,5–12): *ich leit in tôten ûffez gras, / unt nam swaz dâ ze nemen was* (V. 475,11 f., «tot habe ich ihn hingelegt ins Gras und nahm mir alles, was zu nehmen war»).

[8]   Vgl. Richter: Spiegelungen, 2015, S. 63–69.

[9]   Vgl. *Parzival*, V. 143,13 f., und in Spannung dazu und mit möglicherweise ironischem Blick auf Parzival: V. 144,14–16.

[10]   Chrétiens *Conte du Graal* wird nach der Ausgabe Chrétien de Troyes: Le Roman, 1991, zitiert. – Vgl. zu dieser Änderung Wolframs den Kommentar Nellmanns zu V. 142,17 (s. Wolfram von Eschenbach: Parzival, 1994).

[11]   Quast: Dingpolitik, 2016, arbeitet im Rekurs auf Konzepte Bruno Latours heraus, wie Wolfram «eine politische Ökologie» entwickelt, «die sich auf den Nenner bringen lässt: Ohne Ding keine Gesellschaft» (S. 183).

schließlich weltlich-geistliches Oberhaupt der Kirche wird. Auch diesen intertextuellen Bezug auf Hartmanns romanhaft-legendarische Exempelerzählung kann man durch den genannten Fischer angezeigt sehen, ist es doch ein Fischer, der den durch zweifachen Inzest belasteten Ritter auf die Felseninsel bringt, wo er seine extreme Buße ableistet. Wie Gregorius gelangt der zukünftige Gralskönig zumindest in die Nähe der *desperatio*, als er mit den unbekannten Dimensionen seines Handelns konfrontiert wird. Mehrfach wird beklagt, dass Parzival nicht, wie erhofft, den kranken König durch eine Mitleidsfrage erlöst hat, am nachdrücklichsten von Cundrie.

Mit ihren Anwürfen bricht Cundrie in den Kreis der von ihr mitattackierten Artusgesellschaft ein (V. 314,23–315,15), die sich in der Nähe von Munsalvaesche am Plimizoel eingefunden und gerade Parzival, wie schon beim Aufbruch angestrebt, mit Erfolg gebeten hat, sich ihrer Gemeinschaft anzuschließen (V. 280,16–18; 308,26–309,2). Vorausgegangen war eine Szene, die den Artushof in wildem Durcheinander zeigte. An die Geschehnisse um Ither erinnernd, stand ein roter Ritter scheinbar kampfbereit da, sah man die *tavelrunder* bedroht und insbesondere die Königin durch den *mit ûf gerihtem sper* dort Verharrenden bedrängt (V. 284,21 f.; 290,8–21), und erst Gawan, als herausgehobenes Mitglied der Tafelrundengemeinschaft dieses Mal rechtzeitig zur Stelle (V. 301,7), konnte durch sein verständnisvolles Eingreifen den eigentlich Gesuchten aus seinen das Innere weitenden, aber den Körper lähmenden Gedanken an die geliebte Ehefrau und den Gral holen und in Artus' Lager führen. Da die Tafel in Nantes verblieben war, musste dem mit ihrem Namen verbundenen Recht nun Geltung verschafft werden, indem für diesen festlichen Anlass ein analoges Ding gefertigt wurde:

> *ein pfelle von Acratôn,*
> *ûz heidenschefte verre brâht,*
> *wart zeime zil aldâ gedâht,*
> *niht breit, sinewel gesniten,*
> *al nâch tavelrunder siten* […]. (V. 309,18–22)

«Ein Stück Seide aus Acratôn, aus dem fernen Land der Heiden, nahm man her zu diesem Zweck. Dieser Stoff wurde nicht nach Länge und Breite, sondern als ein Kreis zugeschnitten, ganz so, wie es eben Brauch war bei der Tafelrunde.»

Der Vergleich mit dem Gral lässt hervortreten, dass für die Rundtafel gerade nicht Substanz und Ort entscheidend sind, sondern die Funktion den Ausschlag gibt. Hier, wo die Rundtafel als Ding das erste Mal im Text genau vor Augen gestellt wird, ist sie auch gerade nicht wie der Gral situiert in einem herrschaftlichen Saal, nicht eingebunden in ein fast formalistisch anmutendes Zeremoniell, das den Geschlechtern strikt getrennte Rollen zuweist. Vielmehr befindet man sich im Freien auf einer Blumenwiese, in einer Männer und Frauen vereinenden Runde, deren integrativer Charakter betont wird und die, selbst wenn etwa die Sitznachbarschaft auch an der Rundtafel *de facto* demonstrativen Wert hat, ausdrücklich keine Hierarchisierung vorsieht (V. 309,24 f.) und damit einen Freiraum in einer sonst durchaus auch intern agonal organisierten Gesellschaft schafft.

Freilich gibt es auch in der Artusgesellschaft Regeln und Gepflogenheiten, so gilt vor allem *ein site: nehein rîter vor im az / des tages swenn âventiure vergaz / daz si sînen hof vermeit* (V. 309,6–9, «folgende[r] Brauch […]: Wenn das Abenteuer einmal versäumt hatte, an seinem Hof einzukehren, so durfte an diesem Tag kein Ritter an des Artûs Tisch erscheinen»). Das Speisen an der Rundtafel muss also durch eine *âventiure* verdient werden, setzt ein außerordentliches Erlebnis respektive den Bericht davon voraus.[12] Denkt man an Frau Aventiure, die das Gespräch mit dem wolframschen Erzähler sucht (V. 433,1–434,10), so scheint hier ein poetologisches Potential auf, das sich ebenso der Tafelrunde als Tuch zuschreiben lässt. Dass ein dermaßen exponiertes Artefakt in diesem hochartifiziellen Text ein Textil ist, lässt auf eine autoreferenzielle Verweisfunktion schließen, basierend auf der alten und zeitgenössisch präsenten Auffassung vom Text als Gewebe. Dem Gral als Medium, auf dem, wenn auch nicht immer klar und eindeutig, der göttliche Wille in Schriften offenbart wird,[13] ist die Tafelrunde beigeordnet, die die Erzählung ritterlicher Erlebnisse zur Voraussetzung hat, dem ‹Normativen›

---

12 Vgl. von Ertzdorff: König Artus' *site*, 1989, die für denkbar hält, dass diese *costume* von Wolfram erfunden wurde, und in der erfolgreichen *âventiure* in etwa die «‹Essensspenderin› der Tafelrunde» und sie insofern auf den Gral bezogen sieht (S. 198).

13 S. u. a. Trevrizents Auskunft in V. 470,21–30 und die Cundries in V. 781,15–19. Vgl. zum Gral als einem «den Dynamiken sprachlicher Vermittlung» unterliegenden Medium Richter: Spiegelungen, 2015, S. 262.

das ‹Formative›.[14] Dass der Stoff aus der ‹heidnischen› Sphäre stammt, stellt ebenfalls eine Verbindung zur Stilisierung des Grals her, wie sie im soge-nannten Kyot-Exkurs vorgenommen wird, einem Spiel mit Quellenberufun-gen, in dem Flegetanis, von der Vaterseite her ‹Heide›, die erste Benennung beziehungsweise Entdeckung des freilich in seinen Dimensionen noch nicht erfassten Grals zuerkannt wird (V. 453,23–455,1).[15] Anders als beim Gral ist hier das ‹Pagane› allerdings nicht mit Gelehrsamkeit konnotiert, sondern mit Kostbarkeit und Pracht; dabei tragen beide Akzentuierungen des Orient-bezuges zur Auratisierung der Dinge bei.

Ein drittes Ding erweitert die paradigmatischen Reihen.[16] Mit der Wun-dersäule im Turm des Palas von Schastel marveile führt Wolfram ein weite-res Medium ein, das über spezifische Möglichkeiten verfügt, die wechselvolle Wirklichkeit zu bewältigen: Neben die Ausrichtung auf das für die Zukunft göttlich Offenbarte in der Gralsgesellschaft und die Erzählung von Vergange-nem in der säkularen Gemeinschaft der Tafelrunde tritt damit die kontrollie-rende Betrachtung eines Spiegels, der die Wahrnehmung des Gegenwärtigen intensiviert, wenn nicht verzerrt, mithin gewissermaßen das ‹Reflexive›. Die ‹heidnische› Sphäre wird nun auch zu einem Raum der Zauberei: Das *mit liste* verfertigte *werc* hat der in Persida ausgebildete Clinschor Secundille gestohlen und aus Feirefiz' Ländern in die von ihm erschaffene Burg gebracht (vgl. u. a. V. 592,1–20; 656,3–658,30). Es ist Gawans Aufgabe, die-

---

14   Die Begriffe sind versuchsweise in Anlehnung an Assmann: Das kulturelle Gedächt-nis, 1997, S. 140–142, verwendet. Es versteht sich, dass auch die Erzählung eine Proble-matisierung und Vermittlung von Normen zu leisten vermag.

15   Vgl. zu den Textvarianten Stolz: Dingwiederholungen, 2016, S. 272.

16   Vgl. allgemein zum paradigmatisch organisierten Erzählen im *Parzival* Richter: Spiegelungen, 2015, speziell zur Funktion der Dinge «in einer repetitiven Paradigmatik» Stolz: Dingwiederholungen, 2016 (hier: S. 286), konzentriert vor allem auf Gral und Gralsschwert; zum Verhältnis zwischen Gral und Spiegelsäule vgl. Richter: Spiegelungen, 2015, S. 88, und mit Blick auf die Funktion beider Gegenstände als poetischer Chiffren ebd., S. 146 mit Anm. 416 und S. 262 (die Spiegelsäule als Verweis auf die Mechanismen paradigmatischen Erzählens; der Gral als Verweis auf die poetischen Prinzipien von Pro-liferation und Zersetzung). – Auf Tafelrunde, Gral und Spiegelsäule wird in signifikanter Weise das Wort *wunder* bezogen (s. Anm. 1, s. die Belege in der *Mittelhochdeutschen Begriffsdatenbank*).

jenigen zu erlösen, die in diesem Raum der Verödung gefangen sind, darunter auch seine Großmutter, Mutter und Schwester.[17] Sie wurde ihm am Plimizoel zuteil, als er neben Parzival im Kreis der Tafelrunde saß und wie dieser angeklagt wurde (s. bes. V. 322,1–4). Es zeigt sich, dass der Artushof, so gelöst er beim Pfingstfest zu Dianazdrun (vgl. V. 216,5–222,9) und am Plimizoel auch zunächst wirken konnte, wie die Gralsgesellschaft durch ein tiefes Leid bestimmt ist (s. schon V. 66,1–8). Die Frauen der königlichen Familie wurden von Clinschor, den nach seiner Kapaunisierung ein grenzenloser Vergeltungswille antreibt, an einen Ort geführt, zu dem in der zweiten Gawanpartie der Protagonist bezeichnenderweise nicht von einem Fischer, sondern einem Fährmann geleitet wird und dessen herausgehobene Räumlichkeit an das für Camilla errichtete Mausoleum aus Veldekes *Eneasroman* erinnert (V. 9385–9574/251,21–256,10),[18] einen Ort, dem durch diese auf die Antike und ihre Vermittlung zielenden Bezüge Todesnähe zugeschrieben wird.

Als die Artusgesellschaft nach mehr als viereinhalb Jahren erfährt (*Parzival*, V. 646,14–17), dass Gawan seit dem Verlassen der Runde am Plimizoel nicht sein Leben verloren hat, strahlen die Erleichterung und Freude darüber gleichsam in die mit Erzählerstimme vorgetragenen Formulierungen aus, in denen im Überschwang in vierzehn Versen dreimal das Wort *tavelrunder* und einmal *tavelrunderære* verwendet wird (V. 652,1–14). In Bems an der Korca in Löver kommt man ohne Parzival und Gawan zusammen, nach weiteren hochbrisanten Kämpfen werden sie schließlich bei Joflanze wieder an der Tafelrunde vereinigt (V. 698,15 ff.; V. 774,13 ff.). In der letzten Versammlung kommt noch Parzivals Halbbruder Feirefiz als Ehrengast hinzu, und so können die Spannungen, die noch aus dem resultieren, was beider Vater Gahmuret in der ‹heidnischen› Fremde angerichtet hatte, in ein fried-

---

17 In Gauvains Gespräch mit Artus' Mutter, bei Chrétien Erbauerin und Herrin der Burg, wird das einzige Mal im *Conte du Graal* der Ausdruck *Table Roonde* verwendet (*Perceval*, V. 8125); Gauvains Identität wird hier durch die Einordnung in den Kreis derjenigen bestimmt, *Qui sont li plus proisié del monde* (V. 8126, «die die Angesehensten der Welt sind» [Übersetzung S. F.-B.]).

18 S. Fromms Kommentar (Heinrich von Veldeke: *Eneasroman*, 1992), S. 865–870.

volles Miteinander überführt werden.[19] In Parzival und Gawan als den Schwestersöhnen ist eine gestaltungsbereite und kraftvolle neue Generation herangewachsen, die die alten Könige, Anfortas und Artus, freilich gerade nicht übertrifft. Obgleich er sich nicht auf heimischem Terrain befindet, ist es Artus, der als großer Vermittler und Versöhner auftritt und die Zusammenkünfte mit seiner Versammlung krönt. Nachdem Gawan ein Festmahl ausgerichtet hatte, bei dem die Sitzordnung die Position der einzelnen und die höfische Gesellschaft mit ihren konstituierenden Beziehungen zur Anschauung bringt und so dem Protokoll Genüge getan ist,[20] initiiert Artus eine heiter-gelöste Zusammenkunft, die zunächst im äußeren Zirkel dem Agon Raum bietet, dann aber vor allem beim Mahl in zwangloser Runde Begegnungen zwischen Frauen und Männern sowie zwischen Angehörigen verschiedener Kulturen ermöglicht. Wie am Plimizoel bildet die Tafelrunde das Zentrum, wieder wird erzählt, wie sie aus exotisch-wertvollem Stoff gefertigt wird (V. 775,1–11), ausdrücklich nicht um ihrer Zweckmäßigkeit willen, sondern als Wahrzeichen:

> *sinwel man drumbe nam den rinc*
> *ûf einem touwec grüenen gras,*
> *daz wol ein poynder landes was*
> *vome sedel an tavelrunder:*
> *diu stuont dâ mitten sunder,*
> *niht durch den nutz, et durh den namn.* (V. 775,12–17)

«Rund nahm man auch den Ring der Sitzplätze auf tauig grünem Gras, mit einer halben Turnierbahn Abstand von der Tafel, die einsam in der Mitte stand – nicht um als Tisch zu dienen, sondern nur des Namens wegen.»

Dass es sich an den beiden einzigen Stellen, an denen die Tafelrunde als Ding narrativ ausgestellt wird, gerade nicht um die ‹eigentliche› Tafel handelt, sondern um aus Textilien zugeschnittene, symbolische Artefakte und dass sich gerade nicht im ‹eigentlichen› Herrschaftsbereich des Königs Versamm-

---

19   Auch Feirefiz ist eingebunden in die Eheschließungen, die hier und später auf der Gralsburg programmatisch der Unfruchtbarkeit der Zauberburg entgegengesetzt werden.
20   Vgl. zu den Büchern XIII bis XV insgesamt Brüggen: Inszenierte Körperlichkeit, 1996, hierzu bes. S. 218.

lungen um sie gruppieren (V. 280,1–4; 775,29), mag einen Anspruch auf Allgemeingültigkeit der literarisch formulierten Ideale anzeigen, die sich mit der Tafelrunde als Zentrum der höfischen Festgesellschaft verbinden:[21] eine Haltung und ein Verhalten, die Ansehen verdienen, Eigenständigkeit in der Zusammengehörigkeit, Freude an der Kultivierung von Umgangsformen und Schönheit, die Bereitschaft zu einer auf Gegenseitigkeit gegründeten Beziehung zum anderen Geschlecht, die Offenheit für Menschen verschiedener Herkunft sowie Hilfsbereitschaft und Versöhnungswillen.

Wolfram hat in seinem Roman das Wort *tavelrunder* durch die mannigfachen syntagmatischen und paradigmatischen, die inter- und intratextuellen Relationen und die metatextuellen Verweise sozusagen kodeerweiternd um zahlreiche Bedeutungsangebote bereichert. Seiner formierenden ‹Arbeit am Mythos› und der damit einhergehenden Aufladung des Begriffs ist es sicher auch zu verdanken, dass die ‹Tafelrunde› mit dem Konzept idealer Ritterschaft jahrhundertelang die Imaginationen der Adelsgesellschaft bestimmt hat[22] und noch heute Teil des ‹kulturellen Gedächtnisses› ist, freilich ohne dass die auch kultur- und literaturwissenschaftlich nicht eingeholte Komplexität ihrer Anlage dabei auch nur annähernd hätte erhalten bleiben können.

Bibliographie

Chrétien de Troyes: *Le Roman de Perceval* ou *Le Conte du Graal.*/*Der Percevalroman* oder *Die Erzählung vom Gral.* Altfranzösisch/Deutsch. Übersetzt und herausgegeben von Felicitas Olef-Krafft. Stuttgart 1991 (RUB 8649).

Hartmann von Aue: *Gregorius. Der Arme Heinrich. Iwein.* Herausgegeben und übersetzt von Volker Mertens. Frankfurt a. M. 2004 (Bibliothek deutscher Klassiker 189, Bibliothek des Mittelalters 6).

Heinrich von Veldeke: *Eneasroman.* Die Berliner Bilderhandschrift mit Übersetzung und Kommentar. Herausgegeben von Hans Fromm. Mit den Miniaturen der Handschrift und einem Aufsatz von Dorothea und Peter Diemer. Frankfurt a. M. 1992 (Bibliothek deutscher Klassiker 77, Bibliothek des Mittelalters 4).

---

21   Vgl. zum Folgenden Pratelidis: Tafelrunde, 1994, S. 107 ff.

22   Vgl. zum Status der Tafelrunde in Literatur und Historie Schmolke-Hasselmann: The Round Table, 1982, und Töbelmann: Imaginationen, 2012.

Wolframs von Eschenbach *Parzival* und *Titurel*. Herausgegeben und erklärt von Ernst Martin. Zweiter Teil: Kommentar. Halle a. S. 1903 (Germanistische Handbibliothek IX,2).

Wolfram von Eschenbach: *Parzival*. Mittelhochdeutscher Text nach der Ausgabe von Karl Lachmann. Übersetzung und Nachwort von Wolfgang Spiewok. 2 Bde. Stuttgart 1981 (RUB 3681–3682).

Wolfram von Eschenbach: *Parzival*. Nach der Ausgabe Karl Lachmanns revidiert und kommentiert von Eberhard Nellmann. Übertragen von Dieter Kühn. 2 Bde. Frankfurt a. M. 1994 (Bibliothek deutscher Klassiker 110, Bibliothek des Mittelalters 8/1–2).

Wolfram von Eschenbach: *Parzival*. Studienausgabe. 2. Auflage. Mittelhochdeutscher Text nach der sechsten Ausgabe von Karl Lachmann. Übersetzung von Peter Knecht. Mit Einführungen zum Text der Lachmannschen Ausgabe und in Probleme der *Parzival*-Interpretation von Bernd Schirok. Berlin, New York 2003 (de Gruyter Texte).

Assmann, Jan: Das kulturelle Gedächtnis. Schrift, Erinnerung und politische Identität in frühen Hochkulturen. 2., durchgesehene Auflage. München 1997.

Brüggen, Elke: Inszenierte Körperlichkeit. Formen höfischer Interaktion am Beispiel der Joflanze-Handlung in Wolframs *Parzival*. In: Jan-Dirk Müller (Hg.): ‹Aufführung› und ‹Schrift› in Mittelalter und Früher Neuzeit. DFG-Symposion 1994. Stuttgart, Weimar 1996 (Germanistische Symposien. Berichtsbände XVII), S. 205–221.

Bumke, Joachim: Wolfram von Eschenbach. 8., völlig neu bearbeitete Auflage. Stuttgart, Weimar 2004 (Sammlung Metzler 36).

Draesner, Ulrike: Wege durch erzählte Welten. Intertextuelle Verweise als Mittel der Bedeutungskonstitution in Wolframs *Parzival*. Frankfurt a. M. u. a. 1993 (Mikrokosmos 36).

Eichholz, Birgit: Kommentar zur Sigune- und Ither-Szene im 3. Buch von Wolframs *Parzival* (138,9–161,8). Stuttgart 1987 (Helfant Studien S 3).

Ertzdorff, Xenja von: König Artus' *site: nehein rîter vor im az / des tages swenn aventiure vergaz / daz si sînen hof vermeit.* (Parz. 309,6 ff.). In: Rüdiger Krüger, Jürgen Kühnel und Joachim Kuolt (Hgg.): *Ist zwîvel herzen nâchgebûr.* Günther Schweikle zum 60. Geburtstag. Stuttgart 1989 (Helfant Studien S 5), S. 193–201.

Hartmann, Heiko: Einführung in das Werk Wolframs von Eschenbach. Darmstadt 2015 (Einführungen Germanistik).

Heinzle, Joachim (Hg.): Wolfram von Eschenbach. Ein Handbuch. Bd. I: Autor, Werk, Wirkung. Bd. II: Figuren-Lexikon, Beschreibendes Verzeichnis der Handschriften, Bibliographien, Register, Abbildungen. Berlin, Boston 2011.

Pratelidis, Konstantin: Tafelrunde und Gral. Die Artuswelt und ihr Verhältnis zur Gralswelt im *Parzival* Wolframs von Eschenbach. Würzburg 1994 (Würzburger Beiträge zur deutschen Philologie 12).

Quast, Bruno: Dingpolitik. Gesellschaftstheoretische Überlegungen zu Rundtafel und Gral in Wolframs von Eschenbach *Parzival*. In: Anna Mühlherr, Bruno Quast, Heike Sahm und Monika Schausten (Hgg.): Dingkulturen. Objekte in Literatur, Kunst und Gesellschaft der Vormoderne. Berlin, Boston 2016 (Literatur – Theorie – Geschichte 9), S. 171–184.

Richter, Julia: Spiegelungen: Paradigmatisches Erzählen in Wolframs *Parzival*. Berlin, Boston 2015 (MTU 144).

Schmolke-Hasselmann, Beate: The Round Table: Ideal, Fiction, Reality. In: Richard Barber (Hg.): Arthurian Literature II. Woodbridge 1982, S. 41–75.

Stolz, Michael: Dingwiederholungen in Wolframs *Parzival*. In: Anna Mühlherr, Bruno Quast, Heike Sahm und Monika Schausten (Hgg.): Dingkulturen. Objekte in Literatur, Kunst und Gesellschaft der Vormoderne. Berlin, Boston 2016 (Literatur – Theorie – Geschichte 9), S. 267–293.

Töbelmann, Paul: Imaginationen und Fiktionen des Adels im Mittelalter. Eine Annäherung am Beispiel von König Artus' Tafelrunde. In: AfK 94 (2012), S. 261–291.

Medialität mittelalterlicher Gegenstände

Peter Glasner

Mit Blick auf das Mittelalter von Medien zu sprechen, ist nicht ohne Weiteres möglich, kennt doch diese Epoche Techniken standardisierter Informationsübermittlung noch nicht. Auch die Sprache, die gesprochene wie die geschriebene, ist noch lange keiner allgemeingültigen Normierung unterzogen, das Medium Buch bleibt bis zu Gutenberg als Manuskript (im Wortsinne) ein handgeschriebenes Unikat, und an ein Massenpublikum gerichtete Nachrichten bleiben weitestgehend an die menschliche Stimme von Herolden oder Boten gebunden. Dass aber mittelalterliche Personen und Praktiken mediale Funktionen ausüben konnten, vermag eine berühmte mittelalterliche Schreibszene zu illustrieren. Das Kunsthistorische Museum in Wien bewahrt ein filigranes Elfenbeinrelief aus dem 10. Jahrhundert,[1] das den Hl. Gregor beim Verfassen eines Buches in Szene setzt: Der Heilige Geist, in Gestalt einer Taube, scheint seine göttliche Inspiration dem Heiligen unmittelbar ins Ohr zu diktieren, während unterhalb Gregors des Großen, bedeutungsentsprechend maßstabsverkleinert ein Register tiefer, drei Kopisten mit der Vervielfältigung des göttlichen Ausflusses aus der Feder des Heiligen beschäftigt zu sein scheinen. Welches Bildelement ist hier außer Buch und Pergamentrolle ‹Medium›? Oder haben vielmehr alle – Heiliger Geist, schreibender Heiliger sowie kopierende Mönche – ‹mediale›, sprich ‹vermittelnde› Funktionen? Auch in mittelalterlicher Literatur findet die Übermittlung von Botschaften auf vielfältige Weise – unmittelbar wie vermittelt, mit und ohne Gebrauch von Dingen, sowohl in der Öffentlichkeit als auch in Heimlichkeit – statt. Die Vielfalt der Kommunikationsformen und von Dingen in medialer Funktion oder als regelrechte Medien hat ihren Grund auch in der Diver-

---

1   Meister der Wiener Gregorplatte, Hl. Gregor mit Schreibern, Lothringen (?), Ende 10. Jh., Elfenbein, 205 x 125 mm, Wien, Kunsthistorisches Museum, Kunstkammer, Inv.-Nr.: Kunstkammer, 8399.

sität von Kommunikationsakten zwischen Menschen und anderen Menschen, Gott und Mensch oder gar zwischen Menschen und mit diesen autonom kommunizierenden Dingen.

Mittelalterliche Literatur stellt die Alternative von verbaler Kommunikation und nichtsprachlichen Äußerungen des Gebarens aus. «[U]nter Gebaren» fasst Martin J. Schubert «die Summe aller einzelnen Ausdrucksbewegungen und Ausdruckshaltungen eines Menschen sowie jede Form von Kommunikation, die nicht sprachlich vollzogen wird.»[2] Für codierte nonverbale Sprechakte insbesondere im *Nibelungenlied* hat Joachim Heinzle den Terminus der ‹demonstrativen Schau-Geste› geprägt: «Die Personen kommunizieren nicht nur verbal miteinander, sondern immer wieder auch durch bestimmte Gebärden, die Zeichenfunktion besitzen.»[3] Als Beispiele für eine derartige ‹Schaubildtechnik› führt Heinzle insbesondere «die Unterordnungsfiktion in der Steigbügelpantomime» sowie «die spektakuläre Szene der XXIX. Aventiure (wie Hagen nicht vor Kriemhild aufsteht)»[4] an. Beiden Szenen ritueller Kommunikation ist gemein, dass die jeweilige Gebärde ihre mediale Funktion nicht erfüllen kann, ohne signifikante Dinge in den entsprechenden Sprechakt miteinzubeziehen: Ohne den *stegereif* (‹Steigbügel›) könnte sich Siegfried schlichtweg nicht als untergeordneter ‹Steigbügelhalter› inszenieren (*er het solchen dienest vil selten ê getân; / daz er bî stegereife gestuonde helde mêr*; *Nibelungenlied*, V. 396,2 f., «Solchen Dienst hatte er bisher noch nie verrichtet, dass er einem Helden den Steigbügel hielt»). Und Hagens Grußverweigerung gegenüber Kriemhild erhält erst dadurch ihren intentionalen Verletzungscharakter, dass er als Siegfrieds Mörder dessen Witwe Kriemhild das unverkennbare Schwert Balmunc ihres Gatten präsentiert: *Dô si daz swert erkande, dô gie ir trûrens nôt* (V. 1781,1, «Als sie das Schwert erkannt hatte, kam großer Schmerz erneut über sie»).

Mittelalterliche Romane, die von Liebe – insbesondere von tabuisierter Liebe – erzählen, handeln stets auch von der Kommunikation der sich heimlich verabredenden und der zuweilen getrennten Liebenden. Bei Gottfried von Straßburg ist es die listenreiche Brangäne, die zur Verabredung eines

---

2   Schubert: Zur Theorie des Gebarens, 1991, S. 6.
3   Heinzle: *Das Nibelungenlied*, 1994, S. 82.
4   Ebd.

heimlichen Treffens von Isolde und Tristan eigens eine änigmatische Zeichensprache für die Liebenden ersinnt:

> [...] *sô nemet ein öleboumes rîs*
> *und snîdet spaene in lange wîs*
> *und zeichent die mit nihte mê,*
> *wan machet einhalp ein T*
> *und machet anderhalp ein Î,*
> *daz niwan der êrste buochstap sî*
> *von iuwer beider namen dar an,*
> *und leget dâ weder zuo noch van*
> *und gât zem boumgarten în.*
> *ir wizzet wol daz bechelîn,*
> *daz von dem brunnen dâ gât,*
> *hin dâ diu kemenâte stât.*
> *dar în sô werfet einen spân*
> *und lât in vliezen unde gân*
> *hin vür der kemenâten tür.* (*Tristan*, V. 14423–14437)

«Wenn Ihr bemerkt, / daß eine Gelegenheit sich bietet, / nehmt einen Ölbaumzweig, / schnitzt daraus längliche Späne / und kennzeichnet sie nicht weiter / als auf der einen Seite mit T / und auf der anderen mit I, / damit nichts als der Anfangsbuchstabe / Eurer Namen darauf stehe. / Mehr setzt nicht hinzu und laßt nichts weg. / Dann geht zu dem Garten. / Ihr kennt den kleinen Bach, / der von der Quelle dort fließt / zu den Frauengemächern. / Da werft den Span hinein / und laßt ihn in der Strömung treiben / bis zur Tür der Kammer.»

Die findige Brangäne schlägt als «Kommunikationsverbindung [...] zwischen [den] räumlich getrennten Partnern»[5] Tristan und Isolde vor, mit deren Initialen versehene Späne in jenem Bach auszusetzen, der zu den Frauengemächern fließt, zum Zeichen, dass Tristan an der Quelle auf Isolde wartet. Jeweils mit T und I gekennzeichnete Späne im Bach sollen folglich als Kommunikationsmittel dienen, die zugleich als spezifischer Code fungieren: Die so enkodierte Botschaft lässt sich allein von den Kommunizierenden – respektive von der Erfinderin dieser Zeichensprache – dahingehend dekodieren, dass von den so tragisch zur Liebe Verdammten eine Gelegenheit zu einem neuerlichen

---

5   Hallenberger: Medien, 2007, S. 551.

Stelldichein realisiert werden soll. Dieses Beispiel für nonverbale Kommunikation in einem mittelalterlichen Erzähltext lässt sich auch als ein Beispiel für «‹primäre[]› Medien, die ohne technische Hilfsmittel auskamen»[6], auffassen. Fehlende Gelegenheit zu einer «Kommunikation von Angesicht zu Angesicht»[7] sowie die gebotene Geheimniswahrung verbotener Liebe nötigt zu einer geeigneten ‹Kulturtechnik› der Mitteilung. Die Verwendung der beiden Buchstaben T und I markiert zudem bereits den Übergangsbereich zu ‹sekundären Medien›, da diese der Medialität der Schrift zugehören. Zudem wird aus einem natürlichen Ding (Ölzweig) durch entsprechende Zurichtung (Schnitzen) und Markierung (Einritzen der Initialen) ein Artefakt: der buchstabentragende Span. Der unbezweifelbare Wahrheitsgehalt des Kommunikationsakts speist sich aus dessen Determinierungen: Der ‹Kommunikationskanal› Bach mit Spänen sieht nur eine einzige Botschaft (‹Tristan erwartet Isolde›) vor, und dieser kennt als Sender und Empfänger auch einzig die Liebenden selbst. Da aber auch Gottfrieds Lesepublikum Zeuge der Verabredung von Zeichenverwendung und -bedeutung wird, hat dieses, wie die so Kommunizierenden selbst, Dekodierungskompetenz. Gottfried stattet das Publikum nicht nur mit Mehrwissen gegenüber bestimmten Figuren seiner Erzählwelt aus. Vielmehr erinnern die Späne den Leser daran, wofür die beiden Buchstaben T und I am Ende des Akrostichons im Prolog des *Tristan* (V. 41, 45) sowie komplementär I und T in den dortigen Versen 131 und 135 stehen: freilich für die Protagonisten. Da derartige Buchstabenrätsel von einem Hörerpublikum nicht wahrgenommen werden können, erscheint Gottfrieds *Tristan*, konzipiert für ein Lesepublikum, als sich im ‹Medium Buch› manifestierende Textur. Dass die vorgeführte Geheimkommunikation zwischen Isolde und Tristan in einer Beratungsszene ‹vermittelt› wird, übt also nicht nur auf der Handlungsebene Sender und Empfänger in den Zeichengebrauch ein, sondern verbindet neuerlich auch Erzähltext und Leser in einer Kommunikationssituation.

In mittelalterlichen Erzählwelten werden Botschaften aber auch über Medien wie den Brief vermittelt, wenn eine Kommunikationsabsicht zwischen räumlich getrennten Figuren besteht. Eilhart von Oberg etwa lässt seinen Tristrant nach der Waldlebenepisode ausgerechnet bei Markes Beichtva-

6 Hallenberger: Medien, 2007, S. 552.
7 Wenzel: Die Sprache der Dinge, 2003, S. 203.

ter Reue zeigen, sodass dieser sich bereitfindet, einen Bittbrief an Marke zu verfassen. Pikanterweise ist es Tristrant selbst, der diesen Brief an den Markehof bringen soll. Eilhart lässt die Übergabe des Briefes zudem signifikanterweise im Baumgarten stattfinden, wo sich Briefüberbringer und -adressat zunächst durch eine Wand getrennt unerkannt gegenüberstehen. Die eigentliche Briefübergabe ist aber, um Tristrants Identität nicht preiszugeben, keine ‹Aushändigung›, sondern eher eine Zustellung per ‹Luftpost›, da Marke das Briefmedium als ‹Wurfgeschoss› trifft: *Nun warff herr Trystrand / uff den küng durch die wand / den brieff zu ainem venster in* (*Tristrant*, V. 5006–5008, «Nun warf Herr Tristrant den Brief durch ein Fenster in der Wand auf den König» [Übersetzung P. G.]). Den wörtlichen Briefinhalt erfährt Eilharts Publikum in dieser Szene jedoch nicht, weil niemand ihn liest. Stattdessen empfiehlt sich Markes Beichtvater im Medium von Tristrants Stimme als fürsprechender Ratgeber, der dem Briefadressaten das Prinzip von ‹Sünde und Buße› ins Gedächtnis ruft und sich seinerseits ein Antwortschreiben des Königs erbittet. Obwohl in dieser Szene bei Eilhart Schriftlichkeit und Mündlichkeit gleichermaßen eingesetzt werden, bleibt die Frage der jeweiligen Verlässlichkeit von Brief und mündlicher Rede ausgeblendet. Das verwundert weniger angesichts zeitgenössischer Diskussionen darüber, «ob einer Schafshaut oder einer menschlichen Zunge mehr zu trauen sei».[8] Vielmehr steht bei Eilhart ja hinter der Schriftlichkeit des Briefes die geistliche Autorität eines Klausners, wohingegen die schließlich Tristrant zugeordnete Stimme diejenige eines Ehebrechers und Hochverräters ist. Da nun der Überbringer des Bittschreibens der anonymisierte Tristrant selbst ist, kann dieser Marke gegenüber nicht auch der Überbringer von dessen Brief an seinen Beichtvater sein. Folglich ersucht dieser seinen König, sein Antwortschreiben an ein Kreuz am Scheideweg vor den Toren der Stadt anzuschlagen. Diese abermalige Inszenierung einer Informationsvermittlung verleiht Medium wie Botschaft bei Eilhart zusätzliche Bedeutsamkeit, die exemplarisch ausstellt, was Wolfgang Ernst generell für mittelalterliche Kommunikation konstatiert: «Im Mittelalter ist der kommunikative Akt, der Prozess der Übermittlung/Übertragung also, immer schon an symbolischen Mehrwert gekoppelt.»[9]

---

8   Wenzel: Die Sprache der Dinge, 2003, S. 204.
9   Ernst: ‹Medien› im Mittelalter, 2003, S. 348.

Durch das Medium ‹Sprache› werden in mittelhochdeutschen Erzählungen auch beschriftete Dinge zu Medien. Hierfür findet sich in dem Hybrid eines Legendenromans, im *Gregorius* des Hartmann von Aue, ein sowohl ding- als auch medientheoretisch besonders interessanter Gegenstand. Als aus dem Inzest seiner Eltern hervorgegangenes Kind wird der kleine Gregorius auf dem Meer ausgesetzt. In einem hölzernen Kistchen werden ihm nicht nur Kostbarkeiten wie Seide und Gold für seine Auffinder und Erzieher mitgegeben, sondern auch eine besonders kostbare Tafel,

> *diu vil guot helfenbein was,*
> *gezieret wol, als ich ez las,*
> *von golde und von gesteine,*
> *daz ich nie deheine*
> *alsô guote gewan. (Gregorius*, V. 721–725)

«aus edlem Elfenbein, / und, so habe ich gelesen, / mit Gold und Edelstein reich geziert: / ich selber habe nie / eine so schöne besessen.»

Den Auffinder von Findelkind und Tafel adressiert diese mit Herkunftsversicherung (*ez wære von gebürte hô*; V. 734, «Das Kind sei von hoher Geburt»), Inzestbekenntnis (*diu ez gebære / daz diu sîn base wære, / sîn vater wære sîn œhein*; V. 735–737, «die es geboren habe, / sei zugleich seine Vaterschwester, / und sein Vater zugleich sein Oheim») sowie mit Tauf- und Erziehungsauftrag (*daz manz toufen solde /* […] */ und ez ouch diu buoch lêrte*; V. 741–746, «daß man das Kindlein taufen / […] / und im Schreiben unterweisen [solle]») für den kleinen Gregorius. In dessen Besitz verbleibend kommt der Tafel gleich in zweierlei Hinsicht der Charakter von Dingen als Medien des Erinnerns zu. Während sie zum einen die Erinnerung an Gregorius' Geschichte und Identität bewahrt, *daz er læse dar an / alle disse geschiht* (V. 750 f., «damit er einst als Mann / diese ganze Geschichte / selber lesen könne»), solle sie zum anderen auch der Memoria für seine Mutter und zur Mahnung, die Sünde seines Vaters zu büßen, dienen: *des wære in beiden nôt / vür den êwigen tôt* (V. 761 f., «Dessen bedürften sie beide / zur Rettung vor dem ewigen Tod»). Tatsächlich praktiziert Gregorius täglich unter Tränen diese ‹Trauerarbeit›, ohne jedoch zu bemerken, dass in Verbindung zu seiner Mutter längst der betrauerte Inzest der Eltern zur eigenen Sünde geworden ist. In der Hand der Mutter wird das Speichermedium ‹Tafel› schließlich zu einem (Wieder-)Erkennungszeichen, zu einem profanen Offenbarungsmedium, das die Katastrophe eines zweiten Inzestes ans Licht bringt.

In mittelalterlicher Literatur wird auch von der Kommunikation zwischen Mensch und Gott erzählt. Das prominenteste Medium hierfür ist unstrittig *ein dinc, daz hiez der Grâl* (*Parzival*, V. 235,23). Zunächst ist schwer fasslich, welche Gestalt dieses Ding etwa bei Wolfram vom Eschenbach eigentlich hat, wird doch der erste Gralsaufzug «aus der Perspektive Parzivals» beschrieben: «Erst im 9. Buch erfahren die Zuhörer zusammen mit Parzival, daß es sich um einen Edelstein von unbestimmter Form und Größe handelt (469,2 ff.).»[10] Im neunten Buch führt der Erzähler zum Gral nicht nur aus, dass dessen Anblick für eine Woche Unsterblichkeit verleihe, das Altern verhindere, gar Jugendlichkeit schenke. Darüber hinaus wird ein regelrechter Kommunikationsakt zwischen Gott und den Gralrittern erzählt: Jedes Jahr an Karfreitag komme als (Gottes-)Bote eine Taube, die auf dem Gral eine weiße Oblate ablege. Und diese Oblate sei die Quelle allen Reichtums des Grals. Schließlich erwiese sich der Gral eigens als Offenbarungsmedium, das den zum Gral Berufenen anzeigt:

> *die aber zem grâle sint benant,*
> *hœrt wie die werdent bekant.*
> *zende an des steines drum*
> *von karacten ein epitafum*
> *sagt sînen namen und sînen art,*
> *swer dar tuon sol die sælden vart. (Parzival, V. 470,21–26)*

«Hört aber nun, wie es bekannt gemacht wird, wer zum Grâl berufen ist. Das geschieht durch eine Schrift; ein Epitaph am Rand des Steins spricht den Namen des Glücklichen aus und sein Herkommen, der eingeladen ist zu dieser Reise.»

Medial ist nun äußerst interessant, dass dieses *Grâl* genannte Ding nicht (nur) symbolisch eine Kommunikationsverbindung mit dem Transzendenten stiftet oder gar den göttlichen Willen vorübergehend anschaulich macht. Denn auf dem Gralstein erscheint eigens eine Schrift, die nur bedingt an Schriftlichkeit teilhat. Zwar benennt sie mit Schriftzeichen die zum Gral Berufenen, aber diese schriftliche Offenbarung ist vorübergehender Natur: *sô*

---

10 Bumke: Wolfram von Eschenbach, 2004, S. 67.

man den namen gelesen hât, / vor ir ougen si zergât (V. 470,29 f., «sobald man sie gelesen hat, zergeht sie vor aller Augen»). Gilt gemeinhin Schriftlichkeit als beständigeres Speichermedium, so ist ausgerechnet die Schriftzeichen gewordene göttliche Gralsberufung vergänglich. Man wird ihrer einzig temporär und zudem in höchst ritualisiertem Kontext gewahr.

Schließlich soll noch auf ein erzähltes Ding in Wolframs *Parzival* eingegangen werden, das zwar wie der Gral «übernatürliche Einsichten»[11] ermöglicht, aber im Gegensatz zu diesem nicht Ausdruck göttlichen Willens ist, sondern vielmehr bereits ein magisch-technisches Medium darstellt: die Wundersäule fängt «nach dem Prinzip des konvexen Spiegels [...] Bilder ein, die dem menschlichen Auge nicht mehr sichtbar sind»[12]:

> *dâ vander solch wunder grôz,*
> *des in ze sehen niht verdrôz.*
> *in dûhte daz im al diu lant*
> *in der grôzen siule wærn bekant,*
> *unt daz diu lant umb giengen,*
> *unt daz mit hurte enpfiengen*
> *die grôzen berge ein ander.*
> *in der siule vander*
> *liute rîten und gên,*
> *disen loufen, jenen stên.* (V. 590,5–14)

«Da gab es ein so großes Wunder zu sehen, daß er nicht müde wurde, immerfort zu schauen. Es kam ihm nämlich so vor, als ob ihm die ganze Welt in der großen Säule erschiene, daß da die Länder auf einer Kreisbahn vorüberzögen und daß die großen Berge mit rasender Geschwindigkeit einander haschten. In der Säule sah er die Leute reiten und gehen, diesen laufen, jenen stehen.»

Mit ihrer magischen Wunderwirkung, die die Suggestion moderner Rundpanoramen überbietend vorwegnimmt, hätte Wolframs Monumentalfernrohr das Potential zu einem ganz eigenen Kommunikationsmittel. Bei dem mittelalterlichen Dichter Wolfram bleibt sie allerdings ein autonom agieren-

---

11   Ebd., S. 103.
12   Ebd.

des Bildmedium, das nicht intentional als Kommunikationsmittel instrumentalisiert wird.

Ohne «den zur universalen Begriffsmünze inflationierten Medienbegriff auszudifferenzieren»[13], erwiesen die ausgewählten literarischen Beispiele die mit ihnen fokussierten Dinge weniger kategorisch als ‹Medien›, sondern vielmehr als Dinge in medialer Funktion. Darüber hinaus könnten ‹sprechende Dinge› in mittelalterlichen Kommunikationsprozessen mit Ernst als Mittel von ‹Kulturtechniken› betrachtet werden, die bei der Speicherung und Weitergabe von Informationen Objekte kommunikativen und symbolischen Handelns sind.

Bibliographie

Eilhart von Oberg: *Tristrant und Isalde*. Nach der Heidelberger Handschrift cpg. 346. Herausgegeben von Danielle Buschinger. Berlin 2004 (Berliner Sprachwissenschaftliche Studien 4).

Gottfried von Straßburg: *Tristan*. Nach dem Text von Friedrich Ranke neu herausgegeben, ins Neuhochdeutsche übersetzt, mit einem Stellenkommentar und einem Nachwort von Rüdiger Krohn. Bd. 2: Text. Mittelhochdeutsch/Neuhochdeutsch. 8. Auflage. Stuttgart 2005 (RUB 4472).

Hartmann von Aue: *Gregorius, der gute Sünder*. Mittelhochdeutsch/Neuhochdeutsch. Mittelhochdeutscher Text nach der Ausgabe von Friedrich Neumann. Übertragung von Burkhard Kippenberg. Nachwort von Hugo Kuhn. Stuttgart 2000 (RUB 1787).

Das Nibelungenlied. Mittelhochdeutsch/Neuhochdeutsch. Nach der Handschrift B herausgegeben von Ursula Schulze. Ins Neuhochdeutsche übersetzt und kommentiert von Siegfried Grosse. Stuttgart 2011 (RUB 18914).

Wolfram von Eschenbach: *Parzival*. Studienausgabe. 2. Auflage. Mittelhochdeutscher Text nach der sechsten Ausgabe von Karl Lachmann. Übersetzung von Peter Knecht. Mit Einführungen zum Text der Lachmannschen Ausgabe und in Probleme der *Parzival*-Interpretation von Bernd Schirok. Berlin, New York 2003 (de Gruyter Texte).

Bumke, Joachim: Wolfram von Eschenbach. 8., völlig neu bearbeitete Auflage. Stuttgart, Weimar 2004 (Sammlung Metzler 36).

---

13   Ernst: ‹Medien› im Mittelalter, 2003, S. 347.

Ernst, Wolfgang: ‹Medien› im Mittelalter? – Kulturtechnische Retrospektive. In: Hans-Werner Goetz (Hg.): Mediävistik im 21. Jahrhundert. Stand und Perspektiven der internationalen und interdisziplinären Mittelalterforschung. Paderborn 2003, S. 347–357.

Faulstich, Werner: Medien und Öffentlichkeiten im Mittelalter 800–1400. Göttingen 1996 (Die Geschichte der Medien 2).

Hallenberger, Gerd: [Art.] Medien. In: RLW 2, S. 551–554.

Heimann, Heinz-Dieter: *henich hanauwe* und seine Welt an der Medienschwelle um 1500. Nachrichten-, brief- und verkehrsgeschichtliche Eindrücke ‹fußläufiger› Medien. In: Claudia Dobrinski, Brunhilde Gedderth und Andreas Laubinger (Hgg.): Text – Bild – Schrift. Vermittlung von Information im Mittelalter. München 2007 (MittelalterStudien 14), S. 147–160.

Heinzle, Joachim: *Das Nibelungenlied*. Eine Einführung. Frankfurt a. M. 1994.

Schubert, Martin J.: Zur Theorie des Gebarens im Mittelalter. Analyse von nichtsprachlicher Äußerung in mittelhochdeutscher Epik. *Rolandslied, Eneasroman, Tristan*. Köln, Wien 1991 (Kölner Germanistische Studien 31).

Wenzel, Horst: Boten und Briefe. Zum Verhältnis körperlicher und nichtkörperlicher Nachrichtenträger. In: ders. (Hg.): Gespräche – Boten – Briefe. Körpergedächtnis und Schriftgedächtnis im Mittelalter. Berlin 1997 (PhST 143), S. 86–105.

Wenzel, Horst: Die Sprache der Dinge. Zu den Interferenzen alter und neuer Medien. In: Peter Bertz (Hg.): FAKtisch. Festschrift für Friedrich Kittler zum 60. Geburtstag. München 2003, S. 203–214.

Abb. 21: Morolfs ‹heidnische› Verfolger suchen mit Stangen vergeblich nach seinem Unter-seeboot.

Quelle: München, BSB, Rar. 510, Straßburg 1499: Mathis Hüpffuff. *Salman und Morolff* (d), fol. 32ᵛ, Holzschnitt auf Papier.

Unterseeboot

Marco Heiles

Die wohl weltweit älteste Darstellung eines Unterseeboots, also eines tauchfähigen Wasserfahrzeugs, findet sich in dem deutschen Brautwerbungsepos[1] *Salman und Morolf*[2] und damit in einem Text, der wahrscheinlich im späten 12. oder 13. Jahrhundert entstanden ist, uns allerdings erst aus oberrheinischen Handschriften und Drucken aus der zweiten Hälfte des 15. Jahrhunderts bekannt ist.[3] Darin entführt, tauft und heiratet der christliche König von Jerusalem Salman die aufgrund ihrer Schönheit begehrte ‹Heidenprinzessin› Salme, die sich im Laufe der Handlung gleich zwei Mal von ‹heidnischen› Fürsten, Fore und Princian, entführen lässt und jeweils gegen ihren Willen mit militärischer Gewalt von Salmans Bruder Morolf zu diesem zurückgebracht und schließlich getötet wird, woraufhin Salman die freiwillig getaufte Schwester Fores Affre heiraten kann, mit der er danach noch 33 Jahre lang zusammenlebt und herrscht. Der eigentliche Protagonist der Handlung ist Morolf, der durchweg und auch von seiner Gegenspielerin Salme als *listiger man* beschrieben wird: *es wart geborn nie slachte man, / der Morolff mit seinen listen / das zehende teil glichen kan* (*Salman und Morolf*, V. 104,3–5, «Es wurde nie ein so gearteter Mann geboren, der Morolf mit seinen Listen auch nur zum kleinsten Teil gleichen kann»).[4] Besonderer Ausdruck die-

---

1   Vgl. zu dieser Gattungsbezeichnung (mit älterer Litertaur) Bowden: Bridal-Quest Epics, 2012, S. 19–25.

2   Zitiert nach: *Salman und Morolf*, 1979 [alle Übersetzungen in diesem Beitrag M. H.].

3   Vgl. zur Überlieferung (mit weiterer Lit.) Griese: *Salomon und Markolf*, 1999, S. 85–93; http://www.handschriftencensus.de/werke/979; https://www.gesamtkatalogderwiegendrucke.de/docs/GW12751.htm; https://ustc.ac.uk/index.php/record/637688 (04.01. 2019).

4   Von den 80 in der *Mittelhochdeutschen Begriffsdatenbank* ermittelten Belegen für *listec* im *Salman und Morolf* bezieht sich nur einer auf Fore (V. 92,3) und alle anderen auf

ser *list* Morolfs ist sein enormes praktisches Wissen:[5] Morolf kann die medizinischen Todeszeichen erkennen (Str. 135 f.), er kann aus der Haut eines Menschen eine Verkleidung herstellen (Str. 161–163) und weiß sich auch sonst zu verkleiden und wie eine andere Person zu bewegen.[6] Er verbirgt Rüstungen unter Kleidern (Str. 213, 361 f., 390 f.), besitzt einen Ring mit einer mechanischen singenden Nachtigall (Str. 248–250), einen Schlaftrank (Str. 282–289, 312, 323) und einen Wanderstab mit darin verborgenem Schwert (Str. 390, 516). Er kennt eine Pflanzendroge, die ihn krank erscheinen lässt (Str. 618). Er kann Fleisch zerlegen wie ein Metzger (Str. 702–706) und kennt den Sitz der Median-Ader. Er beherrscht auch die Kunst des sanften Tötens durch Ausblutenlassen (Str. 777). Morolfs auf Erfahrung beruhende *list* – *ich han erkundet vil der lant / und bin ein arczet knecht gewesen* (Str. 130, «Ich habe viele Länder erkundet und bin Gehilfe eines Arztes gewesen») – steht dabei im Gegensatz zur *zauber* nutzenden *list* der ‹Heiden›.[7] Ausdruck dieser *list* Morolfs ist auch das von ihm selbst hergestellte *schiffelin* aus Leder, das wie ein Ledersack am Gürtel getragen werden kann:

> *Morolf ime bereiten hieß*
> *ein schiffelin von leder,*
> *wann er es uff das mere gestieß,*
> *das was mit beche wol berant.*
> *cwei venster gabent im das liecht,*
> *also machte er es selber mit siner hant.*
>
> *Die winde kundent im nit geschaden*
> *uff dem wilden mere, das wil ich uch sagen.*
> *er truge es an der siten sin,*
> *als es ein bulge were.*
> *es friste im dicke das leben sin.* (*Salman und Morolf*, Str. 174 f.)

Morolf. Neben dem Erzähler, Salman (Str. 172, 368) und Morolf selbst (Str. 616, 715, 724) betont auch Salme die *list* Morolfs (Str. 104, 241, 264, 274, 275, 301, 426, 634).

5   Vgl. auch Bowden: Dinge und *ars*, 2016, S. 235–242; Bowden: Bridal-Quest Epics, 2012, S. 84.

6   Vgl. Str. 163, 185, 317 f., 361–363, 617–622, 687 f., 701, 708–710.

7   Bei allen 17 Belegen für *zauber* wird dieser von den ‹Heiden› ausgeübt. Vgl. auch Dobozy: The Function, 1986; Bowden: Bridal-Quest Epics, 2012, S. 84.

«Morolf ließ sich ein Schifflein aus Leder herstellen, mit dem er über das Meer fuhr. Es war gut mit Pech überzogen, und zwei Fenster ließen Licht herein. So stellte er es mit seinen eigenen Händen her.

Die Winde konnten diesem Schifflein auf dem wilden Meer nichts anhaben; das will ich euch sagen. Er trug es an seiner Seite, als ob es ein Ledersack wäre. Es rettete ihm oft das Leben.»

Dieses *schiffelin* benutzt er nicht nur zur siebenjährigen Suche über See nach Salme, als diese zum ersten Mal entführt wurde (Str. 178–179), sondern auch zur Flucht vor Fore und Salme, um das Heer Salmans zu Hilfe zu holen. Dabei erweist sich das lederne *schiffelin*, das in den Illustrationen der Handschrift des Frankfurter Goldschmieds Hans Dirmsteins (1479) und der beiden Drucke von 1499 und 1510 als gewöhnliches Segelschiff dargestellt wird,[8] als Unterseeboot:

Ee das sin Morolff wardt gewar,
do was er mit xxiiij galleen umbfaren.
er det in siner liste kundt,
vor ir aller angesicht
sencket er sich an den grundt.

Ein rore in das schifflin gieng,
dar durch Morolff den atum enpfing.
das hat er wol gemachet dar an

---

[8]   Frankfurt, Universitätsbibliothek, Ms. germ. qu. 13, fol. 24ʳ: *Hie fert morolff uber mere vnd suchet die konigin* («Hier fährt Morolf über das Meer und sucht die Königin») (http://sammlungen.ub.uni-frankfurt.de/msma/content/pageview/3654708   [04. Januar 2019]); *Salman und Morolff*, Mathis Hüpffuff, Straßburg 1551, Holzschnitt auf Papier, München, BSB, Rar 510, fol. 18ʳ: *Als morolff vrlop nam von dem künig salmon vnd von sinen rittern vnd in bilgernis wise vber mere fur* («Als Morolf Abschied von König Salman und seinen Rittern nahm und in der Art und Weise eines Pilgers über das Meer fuhr»; http://daten.digitale-sammlungen.de/bsb00031411/image_42   [04. Januar 2019]). Der Druck von 1510 ist nicht digitalisiert und wurde von mir nicht eingesehen. Nach Griese bieten beide Druckausgaben aber «die gleichen Holzschnitte, die lediglich in Kleinigkeiten voneinander abweichen» (Griese: *Salomon und Markolf*, 1979, S. 93).

mitt einem starcken leder
Morolff der listige man.

Ein schnür die lag oben dran,
daz dem tugenthafftigen man
das ror nit ließ brechen ab.
er verbarg sich zu dem grunde
vollichen vierzehen tag.

Er möcht ander nit sin komen hin,
wan die heiden ritten uff daz leben sin.
er wallete uff dem wilden se sechs und drissig tage,
do wurffent in die winde
gen Jherusalem in die habe […]. (*Salman und Morolf*, Str. 342–345)

«Noch bevor Morolf diese wahrnahm, war er schon von dreiundzwanzig Galeeren umzingelt. Doch er zeigte ihnen seine List. Vor ihrer aller Augen ließ er sich auf den Grund sinken.
Es führte ein Rohr in das Schiff, durch das Morolf die Atemluft aufnahm. Das hat er, Morolf, der listige Mann, gut mit einem starken Leder daran befestigt.
Eine Schnur war oben daran befestigt, damit dem tugendhaften Mann das Rohr nicht abbreche. Er verbarg sich ganze vierzehn Tage auf dem Meeresgrund.
Er hätte sich nicht anders retten können, denn die Heiden trachteten ihm nach dem Leben. Sechsunddreißig Tage verbrachte er auf dem wilden Meer, dann trieben ihn die Winde nach Jerusalem in den Hafen.»

Während die Wirkweise der *zauber* der ‹Heiden› stets unerklärt bleibt, wird die Funktionsweise des Tauchboots, das mit Pech abgedichtet ist und mittels eines Schnorchels aus festem Leder mit Luft versorgt wird, erläutert und rationalisiert. Dennoch lässt die Beschreibung des zusammenfaltbaren, am Gürtel tragbaren, mit einem langen Schnorchel ausgestatteten Unterseeboots aus Leder, das sich für jahrelange Meerfahrten ebenso eignet wie für das tagelange Tauchen und das vom Wind angetrieben wird, vor dem inneren Auge des modernen Lesers kein konkretes Bild entstehen. Es ist daher sicherlich auch kein Zufall, dass der Holzschnitt, der diese Szene in den Drucken illustriert, das Unterseeboot gar nicht abbildet: Man sieht nur fünf konventionelle Schiffe, deren Besatzungen etwas suchen und mit Stäben im Wasser herumstochern.[9] Die Beschreibung des Unterseeboots im *Salman und Morolf* ist in der Literatur des Mittelalters einzigartig und stellt gerade dadurch die besonderen Fähigkeiten der Morolf-Figur heraus.

Wesentlich bekannter als Morolfs Unterseeboot und mit einer eigenen Bildtradition verbunden war zur Entstehungs- und Rezeptionszeit des *Salman und Morolf* ein anderes Tauchinstrument, die Taucherglocke. Die Tauchfahrt Alexanders des Großen in einer solchen ist fester Bestandteil des Alexanderstoffes und somit auch fast aller deutschen Alexanderdichtungen.[10] Die Beschreibung der Taucherglocke Alexanders ist in den ältesten Beschreibungen, im *Annolied* (um 1080) – *in eimo glase* (V. 14,11, «in einem Glas») – und in der von diesem abhängigen *Kaiserchronik* (12. Jahrhundert) – *in einem glasevazze* (V. 543)[11] – noch sehr knapp. In den Texten des späten 13. Jahrhunderts lässt sich dagegen ein gesteigertes technisches Interesse beobachten. In der *Weltchronik* des Jans von Wien (nach 1272/84) ist das *glas* Alexanders bereits mit Eisen beschlagen und weist eine Tür auf (V. 19313–19332). Ulrichs von Etzenbach Beschreibung im *Alexander*[12] ist aber noch detaillierter:

> *er* [d. i. Alexander] *hiez machen ein glas:*
> *ich wil iu sagen wie daz was,*
> *ob mich des die wârheit mante.*
> *daz underteil was als ein kante.*
> *dar ûf was ein überlit*
> *gar künstlich versmit,*
> *als die meister daz erdâhten,*

---

9   *Salman und Morolff*, Mathis Hüpffuff, Straßburg 1551, Holzschnitt auf Papier, München, BSB, Rar 510, fol. 32ᵛ: *Also morolff vber mere wolte faren vnd wart vmbgeben von den heyden mit xxiiij. gallenen* («Als Morolf über das Meer fahren wollte und von den Heiden mit 24 Galeeren umzingelt wurde»; http://daten.digitale-sammlungen.de/ bsb00031411/image_71 [04. Januar 2019]).

10   Walz: Alexanders Tauchfahrt, 1994; Huisman: Alexanders Rettung, 1979. Zur Bildtradition vgl. Ross: *Alexander historiatus*, 1988.

11   Zitiert nach: *Das Annolied*, 1975; *Die Kaiserchronik*, 2014. Vgl. auch Walz: Alexanders Tauchfahrt, 1994, S. 47.

12   Zitiert nach: *Alexander* von Ulrich von Eschenbach, 1888. Vgl. auch Walz: Alexanders Tauchfahrt, 1994, S. 50 f.

die ez veste zesamen brâhten,
als sie wolden des geniezen.
dâ die teil zesamen stiezen,
dâ heten siez alsô zuo brâht:
listeclich was ez erdâht
und gevestent gar envollen:
lîm, öl, zigel, boumwollen,
dâ mit vermachet daz glas
alumme an den fuogen was.
in îsenbant und an keten
vaste siez gehangen heten.
ez was gar dicke und doch lieht. (Alexander, V. 24183–24201)

«Alexander ließ ein Glas herstellen. Ich will euch berichten, wie dieses beschaffen war, auch wenn mich die Wahrheit deswegen ermahnt: Das Unterteil war wie eine Kanne geformt. Darüber war ein Deckel so kunstreich verschmiedet, wie es die Meister, die es fest zusammenfügten, es sich, als sie sich damit beschäftigten, ausgedacht hatten. Wo die Teile zusammenstießen, da haben sie es auf folgende Weise zusammengebracht – das war listig erdacht und hielt vollkommen fest: Mit Leim, Öl, Ziegel und Baumwolle war das Glas rundherum an der Fuge abgedichtet. Sie hatten es [d. i. das Glas] fest an Eisenbänder und Ketten gehangen. Es war sehr dick und dennoch leicht.»

Hier ist die Taucherglocke auch mit einem Luftrohr oder Schnorchel versehen, wie wir ihn von Morolfs Konstruktion her kennen:

der meister mir dâ von vergiht
ez het ein hals offen lanc,
daz hôhe über daz wazzer swanc:
dâ mit daz glas vienc den luft. (Alexander, V. 24202–24205)

«Der Meister hat mir davon berichtet, es hätte einen langen offenen Hals, der hoch über dem Wasser schwang. Damit fing das Glas die Luft ein.»

Ungeachtet der technischen Detailliertheit und (Pseudo-)Rationalisierung mittels Schnorchel wird die Beschreibung vom Erzähler jedoch als wunderliche Prahlerei gedeutet: *ich hânz vür wunderlîchen guft (Alexander,* V. 24206, «Ich halte es für wundersame Übertreibung»).

Den tatsächlichen Aufbau und die Funktionsweise einer Taucherglocke, die ein nach unten offenes Gefäß ist, in dem die Atemluft durch den Wasserdruck komprimiert wird, erläutern alle diese Texte nicht. Die Autoren scheinen vielmehr – wie die Illustratoren ihrer Werke – geschlossene Behältnisse im Sinn gehabt zu haben. Die entsprechenden Abbildungen zu *Weltchronik* und *Alexander* zeigen geschlossene Glaskugeln, die an einer Kette von einem Boot herabgelassen werden.[13]

Größere Ähnlichkeit mit Morolfs ledernem Tauchboot als diese gläsernen ‹Taucherglocken› Alexanders haben – zumindest in technischer Hinsicht – die ledernen Taucheranzüge der kriegstechnischen Bilderhandschriften und -drucke des 15. Jahrhunderts. Seit Konrad Keysers *Bellifortis* (1402–1405) finden sich dort häufiger Abbildungen solcher Taucheranzüge und verschiedener Atemhilfen wie Luftblasen, Schwämme und vor allem lange lederne Schnorchel.[14] Während diese Abbildungen aber höchstens mit sehr knappen schriftlichen Anweisungen versehen sind, findet sich im *Fischbüchlein vom Bodensee,* der um 1450 westlich des Bodensees entstandenen fachliterarischen Sammelhandschrift Karlsruhe, Landesbibliothek, Cod. Donaueschingen 792, eine detaillierte Anleitung *Visch zuo vachen mit einem ror* («Fische mit einem Rohr zu fangen»).[15] Das Atemrohr solle aus Fisch- oder Bocksleder gefertigt werden und könne bei festgelegtem Durchmesser (*das ror sye vingers wyt*; *Fischbüchlein,* S. 268, «Das Rohr sei fingerbreit») beliebige Länge aufweisen (*lang als du wilt*; *Fischbüchlein,* S. 268, «so lang wie du willst») und je nach Tiefe des Gewässers aus Einzelstücken zusammengesetzt und mit gepulvertem Weinstein und Fett abgedichtet werden. Das obere Ende des Rohres soll aus dem Wasser ragen, auf dessen Oberfläche es durch eine schwimmende Scheibe gehalten wird. An das untere Ende soll eine *was-*

---

13 Vgl. beispielsweise Heidelberg, Universitätsbibliothek, cpg. 336, fol. 153^v und München, Staatsbibliothek, cgm. 7377, fol. 215^v.

14 Vgl. beispielsweise Göttingen, Staats- und Universitätsbibliothek, 2° Cod. Ms. philos. 63, fol. 62^r; Kopenhagen, Königliche Bibliothek, Cod. Thott. 290,2°, fol. 44^r, 45^r; Erlangen, Universitätsbibliothek, Ms. B 26, fol. 92^v. Vgl. auch Essenwein: Mittelalterliche Taucher- und Schwimmapparate, 1871; Leng: Feuerwerks- und Kriegsbücher, 2010 (http://kdih.badw.de/datenbank/stoffgruppe/39 [15.02.2019]).

15 Hoffmeister: Fischer- und Tauchertexte, 1968, S. 268 f., Nr. X. Vgl. zur Handschrift Obhof: Ein Haus- und Arzneibuch, 2009.

serkappen mit glesinen ougen (*Fischbüchlein*, S. 268, «Wasserkappe mit Glasaugen») anschließen; alternativ könne es aber auch schlicht in den Mund genommen werden. Erläutert wird auch, wie man versehentlich ins Atemrohr gelangtes Wasser beseitigen könne. Dem Verfasser oder zumindest einem Bearbeiter dieser Anleitung scheint aber dennoch bewusst gewesen zu sein, dass diese Apparatur – wie auch die von Morolfs Tauchboot – die Grenzen des physikalisch-physiologisch Möglichen übersteigt. Wie der Physiologe und Rassehygieniker Robert Stigler, der auch schon vor der NS-Zeit vor Menschenversuchen nicht zurückschreckte,[16] 1910 anhand solcher auch für die heutige pragmatische Tauchliteratur bindend[17] feststellte, kann das Atmen durch einen Schnorchel unter einer Wassersäule von einem Meter Höhe über dem Herzen «nur wenige Sekunden ausgehalten werden», da es einen «äußerst peinvollen Zustand herbeiführt».[18] Das *Fischbüchlein vom Bodensee* vermittelt die Erkenntnis der unmöglichen Realisierung des Fischfangs *mit einem ror* subtiler:

> *Vnd wo du zuo den vischen kumpst, so kracz sy gemechlich vnnen am buch, so stand sy stille, bys du sy by den oren ergriffen machst.* (*Fischbüchlein*, S. 269)

> «Und wo auch immer du zu den Fischen kommst, da kratze sie gemächlich unten am Bauch, sodass sie verharren, bis du sie an den Ohren packen kannst.»

Bibliographie

Alexander von Ulrich von Eschenbach. Herausgegeben von Wendelin Toischer. Tübingen 1888 (Bibliothek des Literarischen Vereins in Stuttgart 183).

Das Annolied. Mittelhochdeutsch/Neuhochdeutsch. Herausgegeben, übersetzt und kommentiert von Eberhard Nellmann. Stuttgart 1975 (RUB 1416).

---

16   Vgl. zu Stigler: Loidl: Kolonialpropaganda und -aktivitäten in Österreich-Ungarn, 2012, S. 211–227; Pack: Robert Stigler, o. J. (http://www.afrikanistik.at/personen/stigler_robert.htm [15. 02. 2019]); Neugebauer: Die Wiener Gesellschaft, 2005, S. 60 f.

17   Vgl. Mathelisch und Thaller: Physik des Sports, 2015, S. 125.

18   Stigler: Die Taucherei, 1913, S. 180. Vgl. auch: Stigler: Baden, Schwimmen und Tauchen, 1915, bes. S. 188 f.

Enikel, Jansen: *Weltchronik*. In: Jansen Enikels Werke. Herausgegeben von Philipp Strauch. Hannover, Leipzig 1900 (MGH, Scriptores qui vernacula lingua usi sunt 3).

Kyeser, Conrad: *Bellifortis*. Herausgegeben von der Georg-Agricola-Gesellschaft zur Förderung der Geschichte der Naturwissenschaften und der Technik. 2 Bde. Düsseldorf 1967.

Lemmer, Manfred: Deutschsprachige Erzähler des Mittelalters. Leipzig 1977 (Deutschsprachige Erzähler 1, Sammlung Dieterich 370).

Salman und Morolf. Herausgegeben von Alfred Karnein. Tübingen 1979 (ATB 85).

Bowden, Sarah: Bridal-Quest Epics in Medieval Germany. A Revisionary Approach. London 2012 (MHRA Texts and Dissertations 85, Bithell Series of Dissertations 40), S. 19–25.

Bowden, Sarah: Dinge und *ars* in *Salman und Morolf*. In: Anna Mühlherr, Bruno Quast, Heike Sahm und Monika Schausten (Hgg.): Dingkulturen. Objekte in Literatur, Kunst und Gesellschaft der Vormoderne. Berlin, Boston 2016 (Literatur – Theorie – Geschichte 9), S. 232–246.

Dobozy, Maria: The Function of Knowledge and Magic in *Salman und Morolf*. In: Stephanie Cain van d'Elden und Edward R. Haymes (Hgg.): The Dark Figure in Medieval Germany and Germanic Literature. Göppingen 1986 (GAG 448), S. 27–41.

Essenwein, August: Mittelalterliche Taucher- und Schwimmapparate. In: Anzeiger für Kunde der deutschen Vorzeit N.F. 18 (1871), Sp. 257–260.

Griese, Sabine: Salomon und Markolf. Ein literarischer Komplex im Mittelalter und in der frühen Neuzeit. Studien zu Überlieferung und Interpretation. Tübingen 1979 (Hermaea N. F. 81).

Hoffmeister, Gerhart: Fischer- und Tauchertexte vom Bodensee. In: Rudolf Keil (Hg.): Fachliteratur des Mittelalters. Festschrift für Gerhard Eis. Stuttgart 1968, S. 261–276.

Huisman, Jan: Alexanders Rettung von dem Meeresboden. In: Rudolf Schützeichel (Hg.): Studien zur deutschen Literatur des Mittelalters. Bonn 1979, S. 121–148.

Leng, Rainer: Feuerwerks- und Kriegsbücher. In: Ulrike Bodemann, Peter Schmidt und Christine Stöllinger-Löser (Hgg.): Katalog der deutschsprachigen illustrierten Handschriften des Mittelalters (KdiH). Bd. 4/2. München 2010.

Loidl, Simon: Kolonialpropaganda und -aktivitäten in Österreich-Ungarn 1885–1918. Wien 2012, S. 211–227.

Mathelisch, Leopold und Sigrid Thaller: Physik des Sports. Weinheim 2015 (Reihe Erlebnis Wissenschaft).

Neugebauer, Wolfgang: Die Wiener Gesellschaft für Rassenpflege und die Universität Wien. In: Heinz Eberhard Gabriel und Wolfgang Neugebauer (Hgg.): Vorreiter der Vernichtung? Eugenik, Rassenhygiene und Euthanasie in der österreichischen Diskussion vor 1938. Wien u. a. 2005 (Zur Geschichte der NS-Euthanasie 3), S. 53–64.

Obhof, Ute: Ein Haus- und Arzneibuch des 15. Jahrhunderts (*Buch vom Menschen, Tier und Garten*) aus der Bibliothek des Sammlers Joseph von Laßberg. Der Codex Donaueschingen 792 der Badischen Landesbibliothek Karlsruhe. In: Fachprosaforschung – Grenzüberschreitungen 2/3 (2006/2007 [2009]), S. 135–141.

Pack, Birgit: Robert Stigler. Mediziner, Rassenphysiologe, Afrikareisender. In: Die Geschichte der Afrikanistik in Österreich. o. O. und o. J.

Ross, David J. A.: Alexander historiatus. A Guide to Medieval Illustrated Alexander Literature. Frankfurt a. M. 1988 (Athenäum Monografien, Altertumswissenschaft 186).

Stigler, Robert: Die Taucherei. Berlin, Wien 1913 (Fortschritte der Naturwissenschaftlichen Forschung 9).

Stigler, Robert: Baden, Schwimmen und Tauchen. Vortrag, gehalten den 25. November 1914. Wien 1915 (Schriften des Vereines zur Verbreitung naturwissenschaftlicher Kenntnisse in Wien 55), S. 169–197.

Walz, Herbert: Alexanders Tauchfahrt. Technikgeschichtliche Beobachtungen an deutschen mittelalterlichen Erzählvarianten. In: Rudolf Hoberg (Hg.): Technik in Sprache und Literatur. Darmstadt 1994 (THD Schriftenreihe Wissenschaft und Technik 66), S. 43–58.

Wuth, Henning: Morolfs Tauchfahrt. Überlegungen zur narrativen Bedeutung von ⟨Technik⟩ im *Salman und Morolf*. In: Archiv 235 (1998), S. 328–343.

Abb. 22: Bertschi Triefnas und Mätzli Rüerenzumph küssen einander. Bertschi greift mit seiner Hand in den Schritt Mätzlis.

Quelle: München, BSB, cgm. 9300, etwa 1400/10. Heinrich Wittenwiler: *Der Ring*, fol. 1ʳ, Federzeichnung auf Pergament, 260 x 188 mm.

Vut

Satu Heiland

Dass die *vut*[1], das Geschlecht der Frau, zu den ‹Dingen› oder ‹Gegenständen› gezählt wird, mag bereits Verwunderung hervorrufen, ist sie doch fester Bestandteil des weiblichen Körpers. Werden ihr dazu Eigenständigkeit und menschliche Züge zugesprochen, ist die Verwirrung komplett. Nichtsdestotrotz manifestiert sich eine derartige Vorstellung der weiblichen (und auch der männlichen) Genitalien sowohl in Literatur als auch in Artefakten des späteren Mittelalters. «Dinge erzählen», wenn sie «in kulturelle und historische Kontexte und Narrative eingebettet»[2] sind und den Status der bloßen Realien hinter sich lassen. Ihnen ist ein tieferer Sinn inhärent – den sie preisgeben oder zuweilen auch verbergen mögen. Über diese Vermittlung von Sinn hinaus sind ‹Dinge›, insbesondere Körperglieder, in der Literatur mitunter in der Lage, tatsächlich zu ‹erzählen› – sie werden buchstäblich zu «things that talk».[3] Diese Redefähigkeit findet sich insbesondere im Streitgespräch, in dem «zwei oder mehrere (typisierte) menschliche Figuren, personifizierte Objekte oder Abstrakta» einander gegenübergestellt sind und «um den Vorrang (der von ihnen verkörperten Prinzipien) oder um die Richtigkeit einer Aussage disputieren».[4] Bisweilen sind es auch Körperteile, die ihre Uneinigkeit in einem verbalen Schlagabtausch «zwecks Darstellung innermenschlicher Konflikte»[5] zum Ausdruck bringen, wie z. B. Magen und Glieder im mittellateinischen *Dialogus membrorum* oder der mittelhochdeut-

---

1   Bei der *vut* (*fud*) handelt es sich um eine von mehreren mittelhochdeutschen (eigentlichen) Bezeichnungen für das weibliche Genitale (vgl. Heiland: Visualisierung, 2015, S. 67–71); im Folgenden werden die verschiedenen hier vorgefundenen Bezeichnungen (*vut/futze, flek, mutze, pletz*) synonym gebraucht.

2   Vedder: Sprache der Dinge, 2018, S. 29.

3   Daston: Things that Talk, 2004.

4   Kiening: Streitgespräch, 2007, S. 526.

5   Kröll: Der schalkhaft beredsame Leib, 1994, S. 279.

schen Entsprechung *Von der buchfull*. In selteneren Fällen sind es gar die
pudenda, die Geschlechtsorgane, die ihre Unzufriedenheit bzw. ihren Vorrang mit sprachlichen Mitteln äußern. Im Folgenden sollen einige Beispiele
aus der spätmittelalterlichen deutschsprachigen Dichtung angeführt werden,
in denen das Geschlecht der Frau anthropomorphisiert wird und mal mehr,
mal weniger über Redefähigkeit verfügt.

Im Märe *Der Rosendorn*[6] (vermutlich 2. Hälfte 14. Jh.) begibt sich der
Erzähler der Geschichte nach eigener Aussage heimlich in den Garten einer
junkfrau, um dort (sicher nicht unzweideutig) ‹Rosen zu stehlen›. Stattdessen jedoch wird er Zeuge einer mehr als sonderbaren Unterhaltung, die er so
nicht erwartet haben dürfte: Die junge Frau, die den lieblichen Garten anle-
gen und einfrieden ließ, begibt sich, wie allmorgendlich, unbekleidet in ihren
locus amoenus, um sich dort mit Rosenwasser zu begießen, als plötzlich die
fud zu sprechen beginnt:

> *ir schaffent eu gar gut gemach*
> *überall an euerm leib.*
> *das ich da beleib,*
> *da ir mir immer er noch gut*
> *mit euerm willen selten tut!* (*Der Rosendorn* I, V. 76–80)

> «Ihr lasst euch an eurem Körper überall gute Pflege angedeihen. Ich indessen muss
> dort verharren, wo ihr mir weder Ehre noch Besitz zukommen lassen wollt!»

Die Frau staunt nicht schlecht, hat sie doch noch nie ein Wort vonseiten
ihrer *fud* vernommen. Sie blickt nach unten, um ihrer Gesprächspartnerin
ansichtig zu werden, und erfährt mehr von deren Unzufriedenheit: Obwohl
einzig sie selbst, so die *fud*, für die Beliebtheit der Dame verantwortlich sei,
erhalte sie dafür keinerlei Anerkennung – in einen engen Winkel sei sie
abgedrängt, versteckt unter niederster Wäsche und ganz ohne Preziosen,
welche die Dame doch nur um ihres Genitales willen geschenkt bekommen
habe. Die *junkfrau*, zornig ob solcher Selbstüberschätzung, führt ihren Erfolg
bei den Männern einzig und allein auf ihre Schönheit zurück. Die abscheuli-
che *fud* hingegen sei keinesfalls zu loben, sondern vielmehr ein Grund, sich

---

6   Zitate des *Rosendorns* (Fassung I) nach: *Rosendorn*, 1966 [Übersetzung S. H.].

zu schämen (vgl. V. 109). Schließlich weist sie ihr Geschlecht von sich, um ihre eigene Vorrangstellung zu beweisen: *ich wil zwar besechen das, / oder mich die leut baß / haben oder dich* (V. 167–169, «Ich will fürwahr prüfen, ob die Leute mich oder dich lieber haben»). Die beiden trennen sich und gehen ihrer Wege, um diese Frage zu klären. Die Frau begibt sich zu einem Studenten, der nach kurzer Zeit ihrer Geschlechtslosigkeit gewahr wird und sie öffentlich in Verruf bringt. Und auch der *fud* ergeht es nicht besser, denn sie wird für eine Kröte gehalten und mit Füßen getreten. Letztlich bereuen die Parteien ihre Entzweiung, und es findet ein herzliches Wiedersehen statt, an dessen Ende sich die beiden wieder zusammentun. Um diesen Zustand dauerhaft zu gewähren, bittet die *junkfrau* den Erzähler um Hilfe, woraufhin dieser die *fud* tatkräftig an den Leib der Frau ‹nagelt›.[7] In parodistischer Manier wird hier ein minnekasuistisches Problem verhandelt und narrativ inszeniert: Die Teilung der Frau in eine *pars superior* und eine *pars inferior*, wie sie sich u. a. in Capellanus' *De amore*[8] und später im Märe *Die Heidin*[9] als Fiktion innerhalb eines Gesprächs findet, wird im *Rosendorn* in die Tat umgesetzt: ‹Oben› und ‹unten› bzw. asexuelle schöne Frau und Geschlecht – oder, um in den Worten des Andreas zu bleiben, hohe und niedere Liebe – trennen sich, um durch die Probe aufs Exempel herauszufinden, wem die Wertschätzung der Leute gilt. Die *fud* erfährt weniger eine Verdinglichung, sondern wird vielmehr anthropomorphisiert. Sie verfügt über ein eigenes Bewusstsein, eigene Wünsche und Bedürfnisse, kann laufen und sprechen.

---

[7] Für kurze Zeit verlässt das Genitale den Leib der Frau und wandert – man ist geneigt, es sich als ein kleines, tierähnliches Wesen vorzustellen, selbstständig umher, um dann (durch Koitus) endgültig an den weiblichen Körper ‹genagelt› zu werden, auf dass es nicht mehr entkomme: «*das si mir nit me entrinne*» (*Der Rosendorn I*, V. 258, «auf dass sie mir nicht mehr weglaufe»). Dies erinnert unweigerlich an die antike Vorstellung des ‹wandernden Uterus›, nach der die Gebärmutter durch Koitus (oder Schwangerschaft) im Körper der Frau befestigt werden müsse, da sie ansonsten dazu neige, im Körper umherzuwandern und dabei unter Umständen andere Organe zusammenzudrücken und sich schädlich auf die Gesundheit der Frau auszuwirken (vgl. Gosetti-Murrayjohn: The Wandering ‹Womb›, 2008, S. 526 f.).

[8] Andreas Capellanus: *De amore*, 2006, 1. Buch, 6. Kapitel, H: *Loquitur nobilior nobiliori* / «Es spricht ein Hochadeliger zu einer Hochadeligen».

[9] *Die Heidin* (Fassung B), 1996.

Eine Verdinglichung und bisweilen Personifizierung von Genitalien findet sich mehrfach in der Märenliteratur; eine Verselbständigung, «Autonomisierung»[10] dieser Art ist jedoch auf wenige Erzählungen (*Der Rosendorn, Das Nonnenturnier, Gold und Zers*)[11] beschränkt, für das weibliche Geschlecht ist es gar die einzige.[12]

Neben der Isolierung und Mobilität zeichnet das weibliche Geschlecht im *Rosendorn* insbesondere seine Redefähigkeit aus: Durch eine *wurz* – eine besondere Wurzel oder ein Zauberkraut – im *mund* (V. 87) ist ihm diese Gabe gegeben. Das Motiv des *cunnus garrulus* bzw. der *vagina loquens*[13] ist bereits aus Fabliaux des 13. Jahrhunderts bekannt, wie aus *Le debat du cul et du con* und *Le chevalier qui fist parler les cons et les culs*. Letzteres entspricht dem (nach Diderots Roman benannten) Erzähltyp der *Bijoux indiscrets*[14] aus dem Bereich der Keuschheitsproben. Für gewöhnlich geht es hier um das Enthüllen von Unkeuschheit, die von der Frau verheimlicht, aber durch das Geschlecht offenbart wird. Im *Rosendorn* enthüllt entsprechend der *cunnus*

---

10   Velten: Groteske Organe, 2004, S. 241.

11   In *Gold und Zers* führen (ein Stück?) Gold und ein Penis einen Rangstreit, im *Nonnenturnier* ein Mann und sein Geschlecht. Letztere Erzählung verläuft, was das Streitgespräch betrifft, nahezu parallel zum Disput im *Rosendorn*: Auch dort ist das Genitale mit seiner Stellung und Wertschätzung unzufrieden und wird von seinem ‹Träger› abgetrennt, um die Vorrangstellung zu klären. In beiden Texten erscheint das männliche Genitale als eigenständiges Wesen, das über eigenen Willen, Sprache und Mobilität verfügt.

12   In spätmittelalterlichen Artefakten, den erotischen profanen Tragezeichen (14. Jh., südwestliche Niederlande) hingegen tummeln sich eine ganze Reihe isolierter, eigenständiger Genitalien – männlicher und weiblicher, verdinglicht, in anthropomorpher oder auch zoomorpher Gestalt: «Es handelt sich um den Phallus in verschiedenen Formen, oft mit Beinen oder Flügeln versehen, um Vulven in Pilgerkleidung, zu Pferd, oder auf einer Leiter, um Kombinationen weiblicher und männlicher Geschlechtsteile, die in einen religiösen Kontext (Beginn der Pilgerfahrt) oder in einen Alltagskontext versetzt sind [...]. Diese Geschlechtsteile führen offensichtlich ein Eigenleben, sie haben sich vom Rumpf abgetrennt und agieren nun als handelnde Personen einer Szene.» (Velten: Groteske Organe, 2004, S. 236).

13   Vgl. Thompson: Motif-Index, 1956, S. 283: Mot. D 1610.6.1 *speaking vulva*.

14   Vgl. Aarne und Thompson: The Types of the Folktale, 1981, S. 414: AaTh 1391 («Every Hole to Tell the Truth»). Vgl. auch Uther: Bijoux: Les b. indiscrets, 1979.

garrulus die Begierde der Frau: Während die *junkfrau* ihr (doppeldeutiges) ‹Gärtlein› umfriedet, auf dass niemand dort eindringe, und in einem allmorgendlichen Ritual ihre marienhafte Reinheit zelebriert, plaudert ihre *fud* das sexuelle Begehren aus. Wie so häufig im Streitgespräch disputieren auch hier nicht einfach nur zwei Figuren, sondern zwei Abstrakta: Während die Frau für (asexuelle) Schönheit steht, handelt es sich bei der *fud* um die Personifizierung der weiblichen Lust, welche diese darüber hinaus auch verbal kundtut – eine Lust, die der *junkfrau* bisher noch nicht bekannt war: *dein stimm han ich selten me vernomen* (V. 83, «Deine Stimme habe ich noch nie gehört»). Passend zur Gabe der Sprache und einem eigenen Willen verfügt das weibliche Genitale auch äußerlich über anthropomorphe Züge: Es hat einen Mund und Haare (*die het raides har / in dem schopf, das ist war*; V. 115 f., «Die hatte tatsächlich rotes Haar im Schopf»), die das Ganze zu einem Gesicht abrunden. Diese Analogie zwischen Gesicht und Geschlecht findet sich auch im Märe *Die Kohlen*[15] (1. Hälfte 15. Jh.), in dem ein Kind von seiner Mutter dafür gescholten wird, Kohlen gegessen zu haben, und darauf erwidert:

> *Wor vmb hostu geslagen mich,*
> *Das ich die koln as?*
> *Sich zwischen dein bein vnd slach das!*
> *Es hot der koln geßen vil.*
> *Fur war ich dir das sagen wil.*
> *Es ist swarcz vmb den munt*
> *(Daß merck ich wol an der stunt)*
> *Vnd geschaffen, als eyn mor.* (*Die Kohlen*, S. 477, V. 9–16)

«Warum hast du mich dafür geschlagen, dass ich die Kohlen gegessen habe? Schau zwischen deine Beine und schlag das! Es hat viele Kohlen gegessen. Das will ich dir wahrlich sagen. Es ist schwarz um den Mund (das erkenne ich sofort) und wie ein Mohr geschaffen.»

---

15 Zitiert nach: Erzählungen, 1855 [Übersetzung S. H.]. Vgl. auch *Ein hubsch vasnachtspil* (Keller: Fastnachtspiele, Bd. 1, 1853, Nr. 31: S. 256, V. 26 f.): ‹*Er acht nit, das man sicht mein torin, / Die schwarz umbs maul ist, als ein Morin.*›

Der Unterleib der Frau wird vom Kind zum menschlichen Gesicht: Als dunkelfarbiges Wesen mit einem Mund, das gerne nascht und dafür Schläge verdient. Hier ist es der Kindermund, der Wahrheit kundtut – über Aussehen und Appetit der *vut*.

Es zeigt sich eine auffallende Parallele zu einer Szene im *Ring*[16] (um 1400/1410) des Heinrich Wittenwiler, in der dem weiblichen Geschlecht besondere Aufmerksamkeit geschenkt wird.[17] Im Mittelpunkt dieses epochalen Werks steht die Werbung des hoffärtigen Dörpers Bertschi Triefnas um das hässliche Bauernmädchen Mätzli Rüerenzumph. Nachdem auch der dritte Versuch Bertschis misslingt, sich seiner Angebeteten zu nähern, wird diese anstelle des geflüchteten Werbers von ihrem Vater bestraft, der sie zunächst verbläut und anschließend auf den Dachboden sperrt. Dort lässt Mätzli ihre Wut an ihrem Geschlecht aus; sie schlägt, zieht und rupft *ier vil praunen mutzen* (*Der Ring*, V. 1566, «ihre dunkelbraune Möse»), die sie für die eigene Misshandlung durch den Vater verantwortlich macht (vgl. V. 1577) – Schuld an all dem Schlamassel ist ihrer Meinung nach die Sexualität, die auch hinter der unglückseligen Werbung Bertschis steht. Sie richtet ihre Schelte direkt an das Genitale (*Mätzel zuo der futzen sprach: / ‹Got geb dir laid und ungemach›*, V. 1572 f., «Mätzli sprach zu der Fotze: ‹Gott gebe dir Leid und Ungemach›»), das sie in ihrer Naivität nicht als Teil ihres Körpers, sondern als eigenständiges Ding bzw. Lebewesen betrachtet: «Mätzli scheint sich zu

---

16   Zitiert nach: Heinrich Wittenwiler: *Der Ring*, 2003 [Übersetzung S. H.].

17   Auch in den Miniaturen der Meininger Handschrift (München, BSB, cgm. 9300) liegt der Fokus auf Sexualität und womöglich der *vut* im Speziellen. Bezeichnenderweise ist auf der einzigen größeren Abbildung in der Handschrift der *kühne Griff* des Mannes (der sogenannten ‹Anagriff›) an das Geschlecht der Frau dargestellt (s. Abb. 22): Mit der rechten Hand greift Bertschi an Mätzlis Scham. Die historisierte Initiale auf derselben Prologseite, in der der Dichter bzw. ein Gelehrter mit seinem überdimensional langen Finger (der bekanntermaßen häufig als Penismetapher verwendet wird) einen edelsteinbesetzten Ring berührt (vgl. im Text V. 8 f.: *‹Ein puoch, daz ist DER RING genant / (Mit einem edeln stain bechlait)›*) ist mit Bachorski: *Der Ring*, 1994/95, S. 253, möglicherweise als Parallele zum Griff Bertschis zu verstehen (der Griff des Mannes mit der Rechten einmal an einen edelsteinbesetzten Ring, einmal an das Geschlecht der Frau) – womit sich für den titelgebenden ‹Ring› eine weitere (und überaus gewagte) Bedeutung ergeben würde (vgl. aktuell dazu: Frömming: *Die Ästhetik des Leibes*, 2015, bes. S. 163–168).

weigern, den *rauhen fleken* (V. 1568) als Teil ihres Körpers oder genauer Leibes anzuerkennen. [...] Dabei redet sie sie [d. i. die *mutze*, S. H.] so an, als ob diese gar kein Bestandteil ihres Körpers mehr wäre, sondern ein Eigenleben führte.»[18] Doch schon bald bereut sie die Misshandlung ihrer *mutze*, bittet diese um Verzeihung, streichelt und salbt sie (was in der Forschung gemeinhin als Masturbation verstanden wird). Stand Mätzli dem Liebesbegehren Bertschis bisher mit Unverständnis und Ablehnung gegenüber, so «entdeckt sie nun auch ihre eigene sexuelle Lust».[19] Diese Entwicklung geht äußerst rasant vonstatten: Verflucht sie anfänglich noch ihr Geschlecht und mit diesem die Sexualität generell (*Dar zuo so müess er sterben, / Der nach dir wil verderben!*; V. 1582 f., «Sterben soll derjenige, der bereit ist, für dich zugrunde zu gehen»), so lobt sie – nach kurzer Rauferei – dieses schon bald in den höchsten Tönen: *Sälich müess er werden, / Der nach dir wil verderben!* (V. 1606 f., «Selig soll derjenige werden, der bereit ist, für dich zugrunde zu gehen»). Passend zur Personifizierung durch Mätzli verfügt das Geschlecht quasi über ein Gesicht – es hat einen Mund (vgl. V. 1579)[20], Haare (vgl. V. 1568) und Zähne (vgl. V. 1601) – die ihm nun leider ausgeschlagen sind, sodass es nicht mehr sprechen kann:

> *Der pletz der wolt geantwürt haben:*
> *Do warend im die zend aus gschlagen,*
> *Daz maul was im geswullen,*
> *Er hiet verlorn die wullen.* (V. 1600–1603)

«Der Fleck hätte gerne geantwortet: Doch waren ihm die Zähne ausgeschlagen, das Maul war ihm geschwollen, seine Wolle hatte er verloren.»

Die Redefähigkeit ist demnach theoretisch gegeben – die *vut* hätte geantwortet, wäre sie nicht so stark verletzt gewesen.[21]

---

18 Frömming: Die Ästhetik des Leibes, 2015, S. 57.

19 Ebd., S. 60.

20 Vgl. auch *Der Ring*, V. 6413: *Sei hat ein maul und har dar an* («Sie hat ein Maul und Haare daran»).

21 Frömming spricht diesbezüglich von einer der «Schlüsselstellen leiblicher Kommunikation im ‹Ring›» (Die Ästhetik des Leibes, 2015, S. 57).

‹Dinge erzählen›: In der naiven Phantasie der Mätzli Rüerenzumph könnte ihr Geschlecht dies unter anderen Umständen leisten, im Märe vom *Rosendorn* ist die Fähigkeit der Sprache gar verwirklicht. Beide Frauen stehen ihrer *vut* zunächst kritisch, wenn nicht gar feindselig gegenüber, ändern jedoch schließlich ihre Einstellung und nehmen ihre Geschlechtlichkeit an. Dabei ist die Frau, die noch nichts von Sexualität weiß bzw. wissen will, keine Seltenheit in der schwankhaften Literatur. Es ist die Betrachtung und Beschäftigung mit der dinghaften bzw. personifizierten *vut*, die so bemerkenswert in den beiden Texten ist: *die frau sach vornen nider* (*Der Rosendorn*, V. 81, «Die Frau sah vorne herunter»), *Mätzli sas allaine, / Sei schawt ier weissen paine. / Do sach sei ier vil praunen mutzen* (*Der Ring*, V. 1564–1566, «Mätzli saß alleine und betrachtete ihre weißen Schenkel. Da erblickte sie ihre dunkelbraune Möse»).[22]

Es ist die personifizierte Lust, die hier ganz konkret in Form des Genitales in Erscheinung tritt und die Frau dazu zwingt, sich mit ihrer Sexualität buchstäblich ‹auseinanderzusetzen›. In ihrer Anthropomorphisierung, besonders durch die Gabe der Sprache, ist die *vut* in der Lage, der Frau eine bisher verborgene Leidenschaft zu vermitteln: «Enthüllen die Zanner und Blecker gestisch eine insgeheim betriebene Unzucht, so verkündet der *cunnus garrulus* verbal eine versteckt gehaltene sexuelle Lust»[23] – oder gleichsam auf den Punkt gebracht: Cunnus' Mund tut Wahrheit kund! Diese Vorstellung der Preisgabe verborgener Begierde und der mehrfach vorzufindenden Analogie von Gesicht und Geschlecht beschreibt Aberdein treffend als «*conceit, that the women's lower lips speak truths their upper lips disavow*».[24]

---

22   Vgl. *Der Rosendorn I*, V. 107–110. Zur Farbe siehe auch *Die Kohlen* und *Ein hubsch vasnachtspil*.

23   Kröll: Der schalkhaft beredsame Leib, 1994, S. 277.

24   Aberdein: Strange Bedfellows, 2010, S. 1.

Bibliographie

Andreas Capellanus: *De amore. Libri tres. Von der Liebe.* Text nach der Ausgabe von Emil Trojel. Übersetzt und mit Anmerkungen und einem Nachwort versehen von Fritz P. Knapp. Berlin, Boston 2006 (de Gruyter Texte).

Le chevalier qui fist parler les cons et les culs. In: Fabliaux. Französische Schwankerzählungen des Hochmittelalters. Altfranzösisch/Deutsch. Ausgewählt, übersetzt und kommentiert von Albert Gier. Stuttgart 1985 (RUB 8058), Nr. VIII, S. 124−159.

Le debat du cul et du con. In: Recueil général et complet des fabliaux des XIIIᵉ et XIVᵉ siècles imprimés ou inédits. 6 Bde. Herausgegeben von Anatole de Montaiglon und Gaston Raynaud. Paris 1872−1890, Nr. 39, S. 133−136.

Erzählungen aus altdeutschen Handschriften. Herausgegeben von Adelbert von Keller. Stuttgart 1855 (Bibliothek des Literarischen Vereins Stuttgart 35).

Fastnachtspiele aus dem 15. Jahrhundert. Gesammelt von Adelbert von Keller. 4 Bde. Darmstadt 1965 f. [Unveränderter reprographischer Nachdruck der Ausgabe Stuttgart 1858].

Die Heidin (Fassung B). In: Novellistik des Mittelalters. Märendichtung. Herausgegeben, übersetzt und kommentiert von Klaus Grubmüller. Frankfurt a. M. 1996 (Bibliothek deutscher Klassiker 138, Bibliothek des Mittelalters 23), S. 364−467 [Text], S. 1153−1172 [Kommentar].

Der Rosendorn (Fassung I). In: Die deutsche Märendichtung des 15. Jahrhunderts. Herausgegeben von Hanns Fischer. München 1966 (MTU 12), Nr. A4a, S. 444−461.

Wittenwiler, Heinrich: *Der Ring.* Frühneuhochdeutsch/Neuhochdeutsch. Nach dem Text von Edmund Wießner ins Neuhochdeutsche übersetzt und herausgegeben von Horst Brunner. Durchgesehene und bibliographisch ergänzte Ausgabe. Stuttgart 2003 (RUB 8749).

Wittenwiler, Heinrich: *Der Ring.* Text − Übersetzung − Kommentar. Nach der Münchener Handschrift herausgegeben, übersetzt und erläutert von Werner Röcke. Mit einem Abdruck des Textes nach Edmund Wießner. Berlin, Boston 2012 (de Gruyter Texte).

Aarne, Antti und Stith Thompson: The Types of the Folktale. A Classification and Bibliography. Antti Aarne's Verzeichnis der Märchentypen. Translated and enlarged by Stith Thompson. Helsinki ²1981.

Aberdein, Andrew: Strange Bedfellows: The Interpenetration of Philosophy and Pornography. In: Dave Monroe (Hg.): Porn − Philosophy for Everyone. Wiley 2010, S. 1−10.

Bachorski, Hans-Jürgen: *Der Ring:* Dialogisierung, Entdifferenzierung, Karnevalisierung. In: JOWG 8 (1994/95), S. 239−258.

Daston, Lorraine (Hg.): Things that Talk. Object Lessons from Art and Science. New York 2004.

Frömming, Götz: Die Ästhetik des Leibes. Eine Studie zur Poetik des Körpers in Heinrich Wittenwilers *Ring*. Trier 2015 (Literatur – Imagination – Realität 49).

Gosetti-Murrayjohn, Angela: The ‹Wandering Womb› and Hysteria. In: Victoria Pitts-Taylor (Hg.): Cultural Encyclopedia of the Body. Bd. 2. Westport (CT) 2008, S. 526–531.

Gsell, Monika: Die Bedeutung der Baubo. Kulturgeschichtliche Studien zur Repräsentation des weiblichen Genitales. Frankfurt a. M., Basel 2001 (Nexus 47).

Heiland, Satu: Visualisierung und Rhetorisierung von Geschlecht. Strategien zur Inszenierung weiblicher Sexualität im Märe. Berlin, Boston 2015 (Literatur – Theorie – Geschichte 11).

Keller, Johannes: Vorschule der Sexualität: Die Werbung Bertschis um Mätzli in H. Wittenwilers *Ring*. In: Alois M. Haas und Ingrid Kasten (Hgg.): Schwierige Frauen – schwierige Männer in der Literatur des Mittelalters. Bern u. a. 1999, S. 153–174.

Kiening, Christian: [Art.] Streitgespräch. In: RLW 3, S. 525–528.

Kröll, Katrin: Der schalkhaft beredsame Leib als Medium verborgener Wahrheit. Zur Bedeutung von ‹Entblößungsgebärden› in mittelalterlicher Bildkunst, Literatur und darstellendem Spiel. In: dies. und Hugo Steger (Hgg.): Mein ganzer Körper ist Gesicht. Groteske Darstellungen in der europäischen Kunst und Literatur des Mittelalters. Freiburg i. Br. 1994 (Rombach-Wissenschaften, Rh. Litterae 26), S. 239–294.

Rasmussen, Ann M.: Wandering Genitalia: Sexuality & the Body in German Culture between the Late Middle Ages & Early Modernity. In: KCLMS 2 (2009), S. 1–28.

Schmitt, Kerstin: Sexualität als Textualität. Die Inszenierung von Geschlechterdifferenz und Sexualität in Heinrich Wittenwilers *Ring*. In: Alois M. Haas und Ingrid Kasten (Hgg.): Schwierige Frauen – schwierige Männer in der Literatur des Mittelalters. Bern u. a. 1999, S. 129–152.

Thompson, Stith: Motif-Index of Folk-Literature. A Classification of Narrative Elements in Folktales, Ballads, Myths, Fables, Mediaeval Romances, Exempla, Fabliaux, Jest-Books, and Local Legends. Revised and enlarged edition. 6 Bde., Bloomington 1955–1958.

Uther, Hans-Jörg: [Art.] Bijoux: Les b. indiscrets. In: Enzyklopädie des Märchens. Handwörterbuch zur historischen und vergleichenden Erzählforschung. Begründet von Kurt Ranke, herausgegeben von Rolf Wilhelm Brednich, zusammen mit Hermann Bausinger u. a. Bd. 2: Bearbeitung – Christusbild. Berlin 1979, Sp. 316–318.

Vedder, Ulrike: Sprache der Dinge. In: Susanne Scholz und Ulrike Vedder (Hgg.): Handbuch Literatur & Materielle Kultur. Berlin, Boston 2018, S. 29–37 (Handbücher zur kulturwissenschaftlichen Philologie 6).

Velten, Hans Rudolf: Groteske Organe. Zusammenhänge von Obszönität und Gelächter bei spätmittelalterlichen profanen Insignien im Vergleich zur Märenliteratur. In: ABäG 59 (2004), S. 235–263.

Wenzel, Edith: *Zers* und *fud* als literarische Helden. Zum ‹Eigenleben› von Geschlechtsteilen in mittelalterlicher Literatur. In: Claudia Benthien und Christoph Wulf (Hgg.): Körperteile. Eine kulturelle Anatomie. Reinbek bei Hamburg 2001 (rororo 55642), S. 274–293.

Abb. 23: Gawein besteht auf Schastel marveile, Clinschors Burg, mehrere Abenteuer. Auf dem Wunderbett Lit marveile stehend, wird er von allen Seiten von automatisch feuernden Waffen attackiert. Das Bett ist umgeben von einer Burgarchitektur, die Wundersäule mag in einem der Türme verborgen sein.

Wundersäule

Harald Wolter-von dem Knesebeck

Die Wundersäule[1] ist im *Parzival* Wolframs von Eschenbach eine Neuerung gegenüber seiner Vorlage von Chrétien de Troyes und wird in der Gawan-partie des Romans behandelt.[2] Nachdem Gawan die Probe auf dem *Lit marveile* verwundet, aber siegreich bestanden und hierdurch zum neuen Herrn von *Schastel marveile*, der Burg Clinschors, und des acht Meilen im Rund um diese gelegenen Territoriums der *Terre marveile* geworden ist, erblickt er erstmals am Morgen nach diesem Kampf (V. 588,24 ff.), gleich nachdem er sich von seinem Krankenlager erhoben hat, die Wundersäule. Aus der Kemenate tretend, betrachtet er zuerst den außergewöhnlich prachtvollen Palas. An einer seiner Seiten geleitet ein nach oben führender Gewölbegang auf dessen Dach, auf dem Gawan die Säule sieht. Der Erzähler vermerkt zu ihr, sie sei hell, fest und so dick, dass der Sarg der edlen Camille bequem darauf Platz gefunden hätte (V. 589,5–9). Der Zauberer Clinschor habe sie aus dem Reich des Feirefiz herangeschafft (V. 589,10), sie stammt somit aus dem Orient. Später erfährt man, dass er sie der Königin Secundille (V. 592,18 f.) in Tabronit geraubt hatte. Wie ein *gezelt* (V. 589,13) rage sie empor und sei nur mit Magie herzustellen gewesen (*ez was gewoht mit liste*; V. 589,17, «es war

1   Mein Dank gilt Elke Brüggen, die mir sehr geholfen hat, als Außenseiter im Bereich der germanistischen Mediävistik doch in gebotener Zeit einen gewissen Überblick über die Forschungslage zu Wolframs Wundersäule zu bekommen, wobei Versäumnisse hierbei allerdings die meinen sind.

2   Zuletzt ausführlicher zu ihr Glaser: Der Held und sein Raum, 2004, S. 275–290; zuvor insbesondere Wolf: Die Wundersäule, 1954; Blank: Der Zauberer Clinschor, 1989, S. 323–326; Bumke: Parzival und Feirefiz, 1991, S. 254 f.; Tuchel: Macht ohne Minne, 1994, S. 250 f.; Bumke: Wolfram von Eschenbach, 2004, S. 102 f. und 187; Linden: Spielleiter hinter den Kulissen, 2007, S. 163 f.; Linden: Clinschor und Gansguoter, 2008, S. 21; Clason: The Magic of Love, 2017, S. 309–312. Zum Vergleich von Chrétien und Wolfram vgl. McFarland: Clinschor, 1993.

mit Kunst, Magie errichtet!»). Vom Begriff *gezelt* ausgehend, beschreibt der Erzähler dann zuerst Fenster einer im Umfeld der Säule befindlichen Architektur, die aus einer Vielzahl von Edelsteinen bestehen, wobei neben den Fenstersäulen auch ein gleichartiges Dach erwähnt wird (V. 589,18–26). Unvergleichlich mit diesen ist aber die Säule in ihrer Mitte, die Wundersäule: *uns tuot die âventiure kuont / waz diu wunders mohte han* (V. 589,30–590,1, «Welch ein Wunderwerk sie war, / das verrät uns die histoire»).

Die Annäherung an sie und ihre Funktion erfolgt hiernach in mehreren Schüben. Zuerst betritt Gawan die als Warte (*warthûs*; V. 590,2, vgl. auch V. 755,16–19) bezeichnete Anlage rund um sie herum. Von dort blickt er aber nicht direkt auf das Umland, wie eine Warte und die Situation Gawans erwarten ließen, sieht sich hier doch schließlich der neue Burgherr erstmals in der zentralen Burg seiner gerade erst erworbenen Herrschaft um. Vielmehr überwältigt ihn die Wundersäule sofort visuell, scheint es ihm doch, *daz im al diu lant / in der grôzen siule wærn bekant, / unt daz diu lant umb giengen* (V. 590,7–9, «er könnte alle Länder / in der großen Säule sehen, / und daß sie sich im Kreis bewegten»). Dieser Blick auf die Welt erinnert an Alexanders Greifenflug, den Gottes Eingriff zum Abbruch brachte.[3] Einen Hintergrund der Vorstellung solch überwältigender Weltsicht mag eine erst im Hochmittelalter anzutreffende Entwicklung markieren, die damals entstehenden ersten großen, das Buchformat sprengenden Weltkarten bzw. Kosmosentwürfe, wie sie in literarischer Form, aber auch als große Wandkarten im 12. Jahrhundert für die Augustinerchorherren von St. Victor in Paris belegt sind.[4] Diese standen in engem Austausch mit ihresgleichen im mitteldeutschen Raum, aus dem mit Hugo von St. Victor wohl eine Hauptfigur dieses neuartig sich artikulierenden Interesses an der Welt als Ausdruck Gottes stammte. In dieser Tradition steht die um 1300 entstandene Ebstorfer

---

3   Vgl. Kugler: Alexanders Greifenflug, 1987.
4   Vgl. Dalché: La *Descriptio Mappe Mundi* de Hugues de Saint-Victor, 1988, S. 95–100, bes. S. 100 mit Verweis auf Hugos *De Vanitate mundi*, Migne PL 176,709, und S. 101 mit Verweis auf Hugos *De sacramentis legis naturali et scriptae dialogus*, vgl. Migne PL 176,24, sowie S. 133, Beginn der *Descriptio*, vgl. auch Wilke: Die Ebstorfer Weltkarte, 2001, S. 266 ff.

Weltkarte mit jeweils mehr als drei Metern Kantenlänge.[5] Bezeichnenderweise bietet sie abseits der an geometrischen Fixpunkten anzutreffenden christologischen Elemente (Kopf und Extremitäten Christi in den vier Himmelsrichtungen sowie den Auferstandenen in Jerusalem am Mittelpunkt der Weltkarte) einem von *curiositas* gelenkten Blick eine nicht geometrisch fixierte Fülle von Bildelementen, die zum ziellosen Schweifen einlädt.[6] Diesem nicht als tugendhaft erachteten Umgang konnte man aber mit gezielter Textarbeit entgegentreten, welcher der hohe Textanteil dieses Schrift-Bild-Hybrids zuarbeitete.

Gawans Betrachtung der Wundersäule geht nach dieser ersten Überwältigung durch das visuelle Überangebot vom Großen ins Kleine, d. h. von Bergen hin zu Menschen in verschiedenen Tätigkeiten. In einer Nische sitzend, wo *er wolt daz wunder prüeven baz* (V. 590,16, «[er] dieses Wunder […] studieren [wollte]»), schaut er weiter gebannt auf die Säule. Dort wird er von der mit weiteren engen Verwandten Gawans auftretenden Arnive als *meisterinne* (V. 591,27) näher über die Säule aufgeklärt. Sie sei aus einem unzerstörbaren Edelstein und leuchte bei Tag und Nacht acht Meilen in das Land, wobei aber zugleich alles in dieser Zone auf ihr sichtbar werde. Nach diesen Erläuterungen erkennt Gawan auf der Säule erstmals Personen, und zwar Orgeluse, seine Minnedame, und den sie begleitenden Turkyoten, mit dem er kämpfen wird. Erstaunlicherweise traut der von Liebeskummer zu Orgeluse geschüttelte Gawan diesem ersten konkret in Ort und Handlung kontextualisierbaren Bild der Säule nicht. Deshalb dreht er sich erstmals von der Säule weg, um Orgeluse und ihren Begleiter sogleich im Vorfeld der Burg so zu sehen wie auf der Säule. Sein erster Blick in seine neue Herrschaft ist somit von Liebeskummer bestimmt. Zugleich wird auf diese Weise klar, dass die Wundersäule tatsächlich wie ein großes Fernrohr funktioniert, da sie eine zwar räumlich begrenzte, dafür aber allumfassende Sicht aller Dinge und

---

5 Edition durch Kugler: Die *Ebstorfer Weltkarte*, 2007; vgl. Wilke: Die *Ebstorfer Weltkarte*, 2001; Kruppa und Wilke: Kloster, 2006. Im Internet unter http://www.uni-lueneburg.de/hyperimage/EbsKart/start.html (25.11.2018).

6 Vgl. Wolter-von dem Knesebeck: Neue Formen der Bildung, 2006; Wolter-von dem Knesebeck: Neue Formen des Sehens, 2008.

Vorgänge in der Achtmeilenzone um *Schastel marveile* erlaubt. Für Clinschor war sie daher ein perfektes Überwachungsinstrument.[7]

Die Säule ist eine magische Schöpfung wie das *Lit marveile*. Doch kulminiert nur im Wunderbett die fehlende Hausehre Clinschors, da er es dank seiner dunklen magischen Künste aus einem Ort besonderer Gastfreundschaft in eine tödliche Falle für jeden Gast verwandelt hatte. Der beim Ehebruch entmannte ehemalige Herzog Clinschor, der sich im Orient zum zauberkundigen Pfaffen ausbildete, ist zudem in seiner Burg nicht präsent, was ebenfalls Pflicht eines guten Gastgebers gewesen wäre. Darüber hinaus hat er in der Trennung der auf seiner Burg gefangenen Damen von den Rittern bewusst alle Freude, Grundlage jedes höfischen Daseins, unterbunden. Diesen trostlosen Zustand kann Gawan mit seinem Sieg auf dem *Lit marveile* als neuer Burgherr erfolgreich beenden. Dem gegenüber ist die von Clinschor nicht geschaffene, sondern nur geraubte Wundersäule, die gleichsam im Zentrum von Clinschors ‹Überwachungsstaat› steht und seine Präsenz verkörpert, anders als die als Bett getarnte Tötungsmaschine eine in ihrer wunderbaren Funktion neutrale, ethisch nutzungsabhängige Schöpfung.

Die Wundersäule verbindet in ihrer als ‹architektonische Phantasie› angelegten Kontextualisierung den höchsten Punkt einer Burg, den obersten Raum eines großen Wartturms am großen Saalbau einer Burg, mit den Funktionen eines Leuchtturms, der Licht aussendet und zugleich zur Aussicht befähigt.[8] Dies erinnert an den als Weltwunder bekannten und auch auf Weltkarten wie der Ebstorfer wiedergegebenen Pharos Alexanders des Großen in Alexandria.[9] Als Edelstein im Zentrum der Herrschaft befördert sie die öfter in der Forschung hervorgehobene Kontrastbindung von Clinschor zu Anfortas bzw. von Clinschors Burg zu Munsalvaesche und dem ebenfalls monolith aus einem Edelstein gebildeten Gral im Zentrum dieser Burg.[10] Wenn auf dem Gral aber keine Bilder, sondern Inschriften erscheinen,

---

[7]   Vgl. etwa Tuchel: Macht ohne Minne, 1994, S. 250 f.; Linden: Clinschor und Gansguoter, 2008, S. 21; Clason: The Magic of Love, 2017, S. 309–312.

[8]   Glaser: Der Held und sein Raum, 2004, S. 276.

[9]   Kugler: Die *Ebstorfer Weltkarte*, 2007, S. 277.

[10]   Zur Verbindung von Clinschor und Anfortas vgl. etwa Blank: Der Zauberer Clinschor in Wolframs *Parzival*, 1989, S. 330 f.; Krohn: *habt ir von Klinsor nye vernumen*, 2001, S. 513–515; Linden: Clinschor und Gansguoter, 2008, S. 9, 20,

scheint hier eine unterschiedliche Wertigkeit von Schrift und Bild auf, die nicht zuletzt auch Wolframs Medium der Dichtung aufwertet. Hinzu treten verschiedene literarische Bezugsmöglichkeiten der Wundersäule, die mit dem Verweis auf die Schilderung von Camilles Grab in Heinrichs von Veldeke *Eneit* (V. 251,21–256,10) im Text selbst ihren Niederschlag fanden.[11] Hier hat die Forschung u. a. auf Vergil hingewiesen.[12] Zuletzt ist auch vermehrt die poetologische Bedeutung der Wundersäule in dem Bereich des *Parzival*-Romans, der Gawan-Erzählung, herausgestrichen worden, in der Gawan in einer neuen, weniger auktorialen Erzählweise teilweise geradezu wie ein ‹Spielleiter› sehr autonom agieren würde und zwischenzeitlich quasi die Erzählerfunktion übernimmt.[13] Diese auf die Leistungen des eigenen Mediums bezogene Stoßrichtung Wolframs, die in der Behandlung eines *wunders* (V. 590,1) wie der Bildsäule zu kulminieren scheint, möchte ich abschließend, über den neuen Typus großer Weltkarten hinaus, mit den gleichermaßen gestiegenen Möglichkeiten hochmittelalterlicher Bilder kontrastieren, die in dem einen oder anderen Bezug mit der visuellen Wirkung stehen, die für die Wundersäule im *Parzival* geschildert wird.

Gerade Gawans Fixierung auf die bildlich vermittelte Umwelt auf der Wundersäule, die seinem von Liebeskummer überschatteten ersten Blick auf seine neue Herrschaft vorangeht, kann vielleicht dank teilweise sensationeller Neufunde der letzten Jahrzehnte im Bereich der profanen Wandmalerei im deutschsprachigen Bereich aus der 1. Hälfte des 13. Jahrhunderts auch kunsthistorisch etwas besser kontextualisiert werden. Von besonderem Interesse ist hier das oberste Stockwerk des romanischen Saalbaus der Gamburg im Taubertal, das eigentlich einen sehr guten Blick auf das Umland der Burg erlauben könnte.[14] Hier finden sich ehemals wohl raumfüllende Wandmalereien zu Zug und Kämpfen des deutschen Kontingents des 3. Kreuzzugs unter Kaiser Friedrich I. Barbarossa, darunter auch die Verschiffung des

---

11 Vgl. Fromms Stellenkommentar (Heinrich von Veldeke: *Eneasroman*, 1992), S. 865–870.

12 Zu Clinschor und Virgil vgl. Blank: Der Zauberer Clinschor in Wolframs *Parzival*, 1989, S. 325; Tuchel: Macht ohne Minne, 1994.

13 Linden: Spielleiter hinter den Kulissen, 2007.

14 Zu den Wandmalereien der Gamburg vgl. jetzt von Mallinckrodt: Der Saalbau, 2016; Wolter-von dem Knesebeck: Die Wandmalereien, 2016.

Heeres über den Bosporus. Die Wandmalereien entstanden für den Herrn der Burg, den 1219 verstorbenen Beringer den Jüngeren, der mit eigenem Truppenteil Teilnehmer dieses Kreuzzugs gewesen war. Die mit Landschaftselementen und vor allem Architekturabbreviaturen der vom Kreuzzug betroffenen Städte verbundenen Bilder dominierten den Raum insofern, als hier die Fenster des Raums zu hoch angebracht waren, um durch sie in die umliegende Landschaft zu sehen. Kontinuierliche Landschaftswiedergabe bietet der Iweinzyklus von Burg Rodenegg bei Brixen gerade an den nicht durch Fenster durchbrochenen Teilen des Raums, wobei die einzigen beiden kleinen, trichterförmig nach innen erweiterten Fenster des Raums in der Südwand wiederum nicht wirklich zu einem Ausblick geeignet sind.[15] Der Abenteuerwald, in dem Iwein zum Kampf am Zauberbrunnen strebt, erscheint bezeichnenderweise über der Tür des Raums, die direkt auf den Burghof führt. Hierdurch bezeichnet er das Umfeld der Burg Rodenegg selbst als einen solchen Wald.[16] Zugleich verbindet sich Rodenegg mit der Wiedergabe der gastlichen Burg in der Wildnis des Romans, auf der Iwein gastfreundlich aufgenommen wurde. Denn diese ist direkt neben dem ehemaligen Kamin des Raums wiedergegeben, der als Feuerstelle rechtlich und vom Hausverständnis her als Keimzelle eines jeden Hauses für das konkrete Haus und damit auch in diesem Falle für Burg Rodenegg und ihre Bewohner steht.

Räume wie diese, die sich der höfischen Kultur zurechnen, boten somit Wandmalereien, welche die Außenwelt vorspiegelnde und teilweise Kontinente überspannende Bildräume und Panoramalandschaften wiedergaben und dabei die Außenwelt ausblendeten. Analog zu Gawans Fixierung auf das Bildangebot der Bildersäule waren sie so angelegt, dass sie den Blick vom eigentlichen Außenraum abzogen, auch wenn sie (inhaltlich) mit diesem verbunden erscheinen, wie auf Rodenegg beim Abenteuerwald über der Tür. Eine solche Weltdarstellung, die mit den gestiegenen medialen Möglichkei-

---

15   Zu den Wandmalereien auf Rodenegg vgl. Bonnet: Rodenegg und Schmalkalden, 1986; Schupp und Szklenar: Ywain auf Schloß Rodenegg, 1996; Curschmann: Vom Wandel im bildlichen Umgang mit literarischen Gegenständen, 1997; Meckseper: Wandmalerei im funktionalen Zusammenhang ihres architektonisch-räumlichen Orts, 2002; Stampfer und Emmenegger: Die Ywain-Fresken von Schloß Rodenegg, 2018.
16   Hierzu und zum Folgenden vgl. Wolter-von dem Knesebeck: «Hûsêre», 2007, S. 24–26.

ten dieser Zeit umso geeigneter war, einen Betrachter zu umfassen, verdeutlicht, dass die Maler damals auch im höfischen Raum Bilder selbstbewusster einsetzen konnten. Solches scheint mir ebenso wie die damals neuartigen wandgroßen Weltkarten im Bereich des Klerus einen Hintergrund für die von Wolfram eingeführte Wundersäule als große Bilderwand zu bilden. Sie reagierte vielleicht auf solche Bildangebote, indem sie deren gestiegenes mediales Potential mit den Mitteln literarischer Fiktion noch superlativisch zu überbieten trachtete, auch um ein Primat der Schilderungskunst der Dichtung herauszustellen.

Bibliographie

Die *Ebstorfer Weltkarte*. Herausgegeben von Hartmut Kugler. Kommentierte Neuausgabe in zwei Bänden. 2 Bde. Berlin 2007.

Heinrich von Veldeke: *Eneasroman*. Die Berliner Bilderhandschrift mit Übersetzung und Kommentar. Herausgegeben von Hans Fromm, mit den Miniaturen der Handschrift und einem Aufsatz von Dorothea und Peter Diemer. Frankfurt a. M. 1992 (Bibliothek deutscher Klassiker 77, Bibliothek des Mittelalters 4).

Wolfram von Eschenbach: *Parzival*. Nach der Ausgabe Karl Lachmanns. Revidiert und kommentiert von Eberhard Nellmann. Übertragen von Dieter Kühn. Bd. 1: Text. Bd. 2: Text und Kommentar. Frankfurt a. M. 2006 (Deutscher Klassiker Verlag im Taschenbuch 7).

Blank, Walter: Der Zauberer Clinschor in Wolframs *Parzival*. In: Kurt Gärtner und Joachim Heinzle (Hgg.): Studien zu Wolfram von Eschenbach. Festschrift für Werner Schröder zum 75. Geburtstag. Tübingen 1989, S. 321–332.

Bonnet, Anne-Marie: Rodenegg und Schmalkalden. Untersuchungen zur Illustration einer ritterlich-höfischen Erzählung und zur Entstehung profaner Epenillustration in den ersten Jahrzehnten des 13. Jahrhunderts. München 1986 (tuduv-Studien, Rh. Kunstgeschichte 22).

Bumke, Joachim: Parzival und Feirefiz – Priester Johannes – Loherangrin. Der offene Schluß des *Parzival* von Wolfram von Eschenbach. In: DVjs 65 (1991), S. 236–264.

Bumke, Joachim: Wolfram von Eschenbach. 8., völlig neu bearbeitete Auflage. Stuttgart, Weimar 2004 (Sammlung Metzler 36).

Clason, Christopher R.: The Magic of Love. Queen Isolde, the Magician Clinschor, and ‹Seeing› in Gottfried's *Tristan* and Wolfram's *Parzival*. In: Albrecht Classen (Hg.): Magic and Magicians in the Middle Ages and the Early Modern Time. The Occult in Pre-modern Sciences, Medicine, Literature, Religion, and Astrology. Berlin, Boston 2017. (Fundamentals of Medieval and Early Modern Culture 20), S. 291–313.

Curschmann, Michael: Vom Wandel im bildlichen Umgang mit literarischen Gegenständen: Rodenegg, Wildenstein und das Flaarsche Haus in Stein am Rhein. Freiburg (Schweiz) 1997 (Wolfgang Stammler Gastprofessur für Germanische Philologie – Vorträge 6).

Dalché, Patrick G.: La *Descriptio Mappe Mundi* de Hugues de Saint-Victor. Texte inédit avec introduction et commentaire. Paris 1988.

Glaser, Andrea: Der Held und sein Raum. Die Konstruktion der erzählten Welt im mittelhochdeutschen Artusroman des 12. und 13. Jahrhunderts. Frankfurt a. M. u. a. 2004 (Europäische Hochschulschriften Rh. 1, 1888).

Krohn, Rüdiger: *habt ir von Klinsor nye vernumen?* Der Zauberer Klingsor im Mittelalter. In: Ulrich Müller und Werner Wunderlich (Hgg.): Verführer, Schurken, Magier. St. Gallen 2001 (Mittelaltermythen 3), S. 511–518.

Kruppa, Nathalie und Jürgen Wilke (Hgg.): Kloster und Bildung im Mittelalter. Ebstorfer Kolloquium 2004. Göttingen 2006 (Studien zur Germania Sacra 28, Veröffentlichungen des Max-Planck-Instituts für Geschichte 218).

Kugler, Hartmut: Alexanders Greifenflug. Eine Episode des *Alexanderromans* im deutschen Mittelalter. In: IASL 12 (1987), S. 1–25.

Linden, Sandra: Spielleiter hinter den Kulissen? Die Gawanfigur in Wolframs von Eschenbach *Parzival.* In: Cora Dietl, Annette Gerok-Reiter, Christoph Huber, Paul Sappler und Gisela Vollmann-Profe (Hgg.): Impulse und Resonanzen. Tübinger mediävistische Beiträge zum 80. Geburtstag von Walter Haug. Tübingen 2007, S. 151–166.

Linden, Sandra: Clinschor und Gansguoter. Zwei Romanfiguren im Spannungsfeld von Gelehrsamkeit und Magie. In: Literaturwissenschaftliches Jahrbuch N. F. 49 (2008), S. 9–32.

Mallinckrodt, Goswin von: Der Saalbau der Gamburg und seine romanischen Wandmalereien. In: Peter Rückert und Monika Schaupp (Hgg.): Repräsentation und Erinnerung. Herrschaft, Literatur und Architektur im Hohen Mittelalter an Main und Tauber. Stuttgart 2016, S. 216–178.

McFarland, Timothy: Clinschor. Wolfram's Adaption of the *Conte du Graal:* The Schastel marveile Episode. In: Martin H. Jones und Roy Wisbey (Hgg.): Chrétien de Troyes and the German Middle Ages. Papers from an International Symposium. Cambridge u. a. 1993 (Arthurian Studies 26), S. 277–294.

Meckseper, Cord: Wandmalerei im funktionalen Zusammenhang ihres architektonisch-räumlichen Orts. In: Eckart Conrad Lutz, Johanna Thali und René Wetzel (Hgg.): Literatur und Wandmalerei I. Erscheinungsformen höfischer Kultur und ihre Träger im Mittelalter. 1. Freiburger Colloquium vom 2.–5. September 1998. Freiburg (Schweiz) 2002 (Scrinum Friburgense 15), S. 255–281.

Schupp, Volker und Hans Szklenar: Ywain auf Schloß Rodenegg. Eine Bildergeschichte nach dem *Iwein* Hartmanns von Aue. Sigmaringen 1996 (Kulturgeschichtliche Miniaturen).

Stampfer, Helmut und Oskar Emmenegger: Die *Ywain*-Fresken von Schloß Rodenegg. Maltechnik und kunsthistorische Bedeutung. Bozen 2018 (Veröffentlichungen des Südtiroler Kulturinstituts 9).

Tuchel, Susan: Macht ohne Minne. Zur Konstruktion und Genealogie des Zauberers Clinschor im *Parzival* Wolframs von Eschenbach. In: Archiv 146 (1994), S. 241–257.

Wilke, Jürgen: Die *Ebstorfer Weltkarte*. Bielefeld 2001 (Veröffentlichungen des Instituts für Historische Landesforschung der Universität Göttingen 39).

Wolf, Werner: Die Wundersäule in Wolframs Schastel Marveile. In: Annales Academiae Scientiarum Fennicae Ser. B 84 (1954), S. 275–314.

Wolter-von dem Knesebeck, Harald: Neue Formen der Bildung und neue Bildformen im Vorfeld der *Ebstorfer Weltkarte* in Sachsen. In: Nathalie Kruppa und Jürgen Wilke (Hgg.): Kloster und Bildung im Mittelalter. Ebstorfer Kolloquium 2004. Göttingen 2006 (Studien zur Germania Sacra 28, Veröffentlichungen des Max-Planck-Instituts für Geschichte 218), S. 231–261.

Wolter-von dem Knesebeck, Harald: «Hûsêre» and the «Topography of Contrasts» in 15th Century Mural Paintings from Tyrol and Trentino. In: Luís Urbano Afonso und Vítor Serrão (Hgg.): Out of the Stream. Studies in Medieval and Renaissance Mural Painting. Cambridge 2007, S. 22–41.

Wolter-von dem Knesebeck, Harald: Neue Formen des Sehens und das mittelalterliche Weltbild. Die *Ebstorfer Weltkarte*. In: Mathias Bruhn und Kai-Uwe Hemken (Hgg.): Modernisierung des Sehens. Sehweisen zwischen Künsten und Medien. Bielefeld 2008, S. 68–80.

Wolter-von dem Knesebeck, Harald: Die Wandmalereien auf der Gamburg und ihr Bildprogramm im Kontext der profanen Wandmalerei des Mittelalters. In: Peter Rückert und Monika Schaupp (Hgg.): Repräsentation und Erinnerung. Herrschaft, Literatur und Architektur im Hohen Mittelalter an Main und Tauber. Stuttgart 2016, S. 179–203.

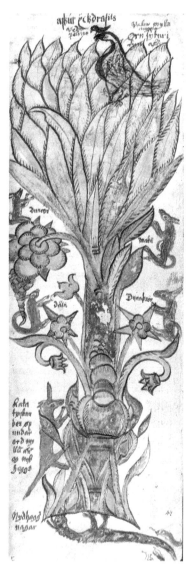

Abb. 24: Die Weltesche Yggdrasill mit ihren Bewohnern: an der Wurzel der Drache Nidhogg, an ihrem Stamm unten links das Eichhörnchen Ratatosk, in ihrer Krone der Adler, auf dessen Kopf der Habicht Vedrfölnir sitzt.

Quelle: Reykjavík, The Árni Magnússon Institute for Icelandic Studies, AM 738 4to, 1680. *Prosa-Edda*, fol. 43', kolorierte Federzeichnung auf Papier, 330 x 105 mm.

Yggdrasill

Rudolf Simek

Jeder, der den Namen schon einmal gehört hat, meint zu wissen, was ‹Ygg-drasill› bedeutet: Das ist doch der Weltenbaum der nordischen Mythologie? In der Tat kann man sich dafür, wie bei jeder oberflächlichen Beschäftigung mit der nordischen Mythologie, auf die *Prosa-Edda*[1] des Snorri Sturluson berufen.

Þá mælti Gangleri: «Hvar er höfuðstaðrinn eða helgistaðrinn goðanna?» Hárr sva-rar: «Þat er at aski Yggdrasils. Þar skulu goðin eiga dóma sína hvern dag.» Þá mælti Gangleri: «Hvat er at segja frá þeim stað?» Þá segir Jafnhárr: «Askrinn er allra trjá mestr ok beztr. Limar hans dreifast um heim allan ok standa yfir himni. Þrjár rætr trésins halda því upp ok standa afarbreitt. Ein er með ásum, en önnur með hrímþur-sum, þar sem forðum var Ginnungagap. In þriðja stendr yfir Niflheimi, ok undir þeiri rót er Hvergelmir, en Níðhöggr gnagar neðan rótina. En undir þeiri rót, er til hrímþursa horfir, þar er Mímisbrunnr, er spekð ok mannvit er í fólgit, ok heitir sá Mímir, er á brunninn. (*Edda*, S. 20 f.)

«Gangleri sprach: ‹Welches ist der Hauptort und die heilige Stätte der Götter?› – Der Hohe antwortete: ‹Der ist bei der Esche Yggdrasill; dort sollen die Götter jeden Tag ihre Ratsversammlung halten.› – Dazu meinte Gangleri: ‹Was ist über diesen Ort zu sagen?› – Da sagte der Gleichhohe: ‹Die Esche ist der größte und beste aller Bäume. Ihre Äste breiten sich über die ganze Welt aus und erstrecken sich über den Himmel. Drei Wurzeln richten den Baum auf und liegen besonders breit: Eine liegt bei den Asen, die zweite bei den Reifriesen, dort, wo einst das Ginnungagap war. Die dritte erstreckt sich über Niflheim, und unter dieser Wurzel liegt Hwergelmir, und Nidhögg nagt an ihr von unten. Aber unter der Wurzel, die sich bei den Reifriesen hinzieht, ist die Quelle Mimirs, in der Klugheit und Verstand verborgen sind. Mimir heißt der, dem sie gehört.›» (*Gylfaginning*, Kap. 15; *Die Edda* des Snorri Sturlson, S. 28 f.)

---

1   Zitiert nach: Snorri Sturluson: *Edda*, 1925. Übersetzung nach: *Die Edda* des Snorri Sturluson, 1997.

Und weiter:

Þá maelti Gangleri: «Hvat er fleira at segja stórmerkja frá askinum?»
Hárr segir: «Margt er þar af at segja. Örn einn sitr í limum asksins, ok er hann
margs vitandi, en í milli augna honum sitr haukr, sá er heitir Veðrfölnir. Íkorni sá,
er heitir Ratatoskr, renn upp ok niðr eftir askinum ok berr öfundarorð milli arnarins
ok Níðhöggs, en fjórir hirtir renna í limum asksins ok bíta barr. Þeir heita svá:
Dáinn, Dvalinn, Duneyrr, Duraþrór. En svá margir ormar eru í Hvergelmi með
Níðhögg, at engi tunga má telja. Svá segir hér:
24.
Askr Yggdrasils
dry|'gir erfiði
meira en menn viti;
hjörtr bítr ofan,
en á hliðu fúnar,
skerðir Níðhöggr neðan.
Svá er enn sagt:
25.
Ormar fleiri liggja
und aski Yggdrasils
en þat of hyggi hverr ósviðra apa.
Góinn ok Móinn,
þeir eru Grafvitnis synir,
Grábakr ok Grafvölluðr,
Ófnir ok Sváfnir,
hygg ek, at ae myni
meiðs kvistum má.» (*Edda*, S. 22 f.)

«Gangleri sprach: ‹Was ist mehr an Wunderdingen von der Esche zu sagen?› – Der
Hohe sagte: ‹Noch vieles gibt es zu erzählen. Ein Adler sitzt in den Ästen der Esche,
der hat manches Wissen, und zwischen seinen Augen sitzt der Habicht mit Namen
Vedrfölnir. Das Eichhörnchen, das Ratatosk heißt, springt an der Esche hinauf und
hinunter. Zwischen dem Adler und Nidhögg tauscht es Gehässigkeiten aus. Vier
Hirsche dringen ins Geäst und beißen die Blätter ab. Sie heißen Dainn, Dvalinn,
Duneyrr und Durathror. So viele Schlangen sind in Hvergelmir bei Nidhögg, daß
keine Zunge sie zu zählen vermag. So wird es hier gesagt:
22
Die Esche Yggdrasill erduldet Mühsal,
mehr als man weiß; der Hirsch weidet oben,
und an der Seite fault es, Nidhögg beschädigt unten.

So heißt es noch:

23

Mehr Schlangen liegen unter der Esche Yggdrasill,
als es jeder dumme Tor glaubt,
Goinn und Moinn, sie sind Grafwitnirs Söhne,
Grabak und Grafwöllud, Ofnir und Swafnir,
ich meine, daß sie immer die Zweige des Baumes abfressen werden.»» (*Gylfaginning*
16; *Die Edda* des Snorri Sturlson, S. 30 f.)

Abschließend zitiert Snorri dann noch mit ganz geringen Abweichungen von
der Fassung des *Codex Regius* die Hauptquelle für die Weltesche, nämlich
Völuspá 19:

Ask veit ek ausinn, heitir Yggdrasill,
hárr baðmr, heilagr, hvíta auri;
þaðan koma döggvar, er í dali falla;
stendr hann ae yfir graenn Urðarbrunni.[2]

«Eine Esche kenne ich – überschüttet –, sie heißt Yggdrasill,
ein hoher heiliger Baum – mit weißem Sand.
Von dort kommt der Tau, der in den Tälern niederfällt.
Sie steht immer grün über dem Urdbrunnen.» (*Gylfaginning* 16; *Die Edda* des Snorri Sturlson, S. 31)

Snorri Sturluson, der Ahnvater altnordistischer Forschung (1178/9–1241),
zitiert in der zweiten Passage auch seine Hauptquelle, nämlich das Gedicht
Grímnismál (Strophen 35 und 34), das wohl aus dem (späten?) 12. Jahrhundert stammen dürfte und deutliche Anzeichen gelehrter Organisation alten
mythologischen Wissens aufweist; die ebenfalls auf Yggdrasill bezogenen
Strophen 32 und 33 der *Grímnismál* zitiert er zwar nicht im Text, kennt sie
aber sehr wohl, wie die Erwähnung des Eichhörnchens Ratatöskr und des
Adlers im Wipfel des Baums zeigt. Die letzte der von Snorri zitierten Strophen stammt dagegen aus dem Gedicht *Völuspá* (Str. 19) aus der *Lieder-*

---

2   Für die Fassung von *Völuspá* 19 im Codex Regius, vgl. *Edda. Die Lieder des Codex
Regius*, 1962, S. 5.

Edda, das gemeinhin in die religiöse Umbruchzeit der Jahrtausendwende, jedenfalls aber vor 1056 datiert wird.[3]

Wohl nicht erst Snorri, sondern sicher auch der nur wenig ältere anonyme Verfasser der *Grímnismál* dürften in ihrer Schilderung des Baumes die Ausgestaltung mithilfe von Ekphrasis vorgenommen haben, denn auch in handschriftlichen Abbildungen zahlreicher unterschiedlicher mittelalterlicher schematischer *arbores*, besonders der *arbores morales*, also von Tugenden und Lastern, oder von Christi Stammbaum, wird Getier im Geäst der Bäume, besonders gern aber ein Adler, Falke oder eine Taube als Krönung des Baumwipfels dargestellt, mitunter auch Schlangen an der Wurzel.[4] Wie genau dieser Vorgang zu denken ist – ob also hier konkrete Handschriften in Island existierten, die als Vorlage gedient haben könnten, oder ob Snorri aufgrund seiner Bildung und seiner Auslandsreisen nur konzeptuelle Vorstellungen von den *arbores* hatte, ist wegen der systematischen Vernichtung des mittelalterlichen lateinischen Schrifttums in Island durch die Reformatoren kaum zu klären. Da aber das Motiv eines Adlers in den Wipfeln solcher *arbores* kaum große inhaltliche Relevanz besaß, halte ich Ersteres für wahrscheinlicher.

Die Formulierungen in den bei Snorri zitierten beiden Strophen der *Grímnismál* (sowie zusätzlich auch *Grímnismál* 35) machen aber sofort klar, dass Snorris Interpretation von Yggdrasill als Weltesche aufgrund dieses Gedichts ein grundlegendes philologisches Problem aufweist: Beide der von ihm als Quellen zitierten Strophen sprechen nämlich nicht von einer ‹Esche Yggdrasill›, sondern im Genitiv von der ‹Esche Yggdrasills›. Nur der Dichter der *Völuspá* könnte tatsächlich damit den Baum selbst gemeint haben (aber auch hier hat die zweite Haupthandschrift, der *Codex Regius* der *Snorra Edda* [AM 2367,4to], im Gegensatz zu den anderen Handschriften den Genitiv), aber in allen Fällen stellt sich die Frage nach dem Sinn dieser Genitivkonstruktion.

Die Forschung hat sich in erster Linie, soweit sie überhaupt auf das Problem eingegangen ist, mit der Bedeutung von ‹Yggdrasill› selbst beschäftigt, aber selbst die Etymologie ist nicht ganz unproblematisch: Yggr ist einer der

---

3 Simek und Pálsson: Lexikon, 2005, S. 430 f.
4 Vgl. dazu Simek: Snorri und Ekphrasis, 2018.

vielen Odinsnamen,[5] der wie Yggjungr auf *yggr* «schrecklich» beruht,[6] und *drasill* ist ein gut belegtes Synonym für Pferd bzw. Element von Pferdeheiti[7] (z. B. *vegdrasill, fagrdrasill*) sowie beliebtes Grundwort in Schiffskenningar auf das Grundwort ‹Pferd›.[8] Insofern wäre das Kompositum eigentlich problemlos aufzulösen, es würde dann also ‹Pferd des Yggr› bedeuten, was man aufgrund einer eher überdehnten Analogie als Hinweis für Odins Selbstopfer an einem Baum interpretiert hat. Demnach wäre das *tertium comparationis* die Last: Odin als Last des Pferdes und andererseits als Last des Baumes, was natürlich insofern hinkt, als dass Reiter üblicherweise nicht von Pferden hängen. Es ist also sehr fraglich, ob – selbst wenn der Name Yggdrasill wirklich ‹Pferd des Odin› bedeuten sollte – Yggdrasill jemals einen Baum bezeichnet hat. Aber warum wird der mythologische Weltenbaum, denn um einen solchen geht es in der genannten Strophe der *Völuspá* ebenso wie in den mit Sicherheit viel jüngeren Strophen der *Grímnismál*[9] zweifellos, durchwegs mit dieser eigentümlichen Kenning bezeichnet? Dies aber ergibt sich mit ziemlicher Sicherheit aus der von Snorri zuletzt zitierten Strophe der *Völuspá*. Daraus ergibt sich jedoch das Forschungsproblem, was denn der *askr Yggdrasills* wirklich ist, denn eine ‹Esche von Odins Pferd› gibt nicht viel Sinn. Die Phrase macht den Eindruck einer Kenning, aber wofür steht die?

Schon vorab: Dieses Forschungsproblem ist aufgrund der heutigen Quellenlage nicht wirklich lösbar, aber einige Überlegungen zu diesem *insolubilium* der Altnordistik seien gestattet.

Zur Bedeutung der Kenning *askr Yggdrasills* müssen in erster Linie andere Kenningar ähnlicher Bauart herangezogen werden. Rudolf Meissners[10] noch immer unersetzliches Verzeichnis der skaldischen Kenningar lis-

---

5 Z. B. *Vafþrúðnismál* 5, *Grímnismál* 53, *Hymiskviða* 2, *Fáfnismál* 43.

6 Falk: Odensheite, 1924, S. 34.

7 Altnord. *heiti* sind eingliedrige oder zusammengesetzte poetische Synonyme, *kenningar* zwei- oder mehrgliedrige Synonyme oder meist metaphernartige Umschreibungen in der Skaldendichtung.

8 Jónsson: Lexicon Poeticum, 1966, S. 84; die Wortliste der Skaldischen Datenbank listet 12 Belege: https://skaldic.abdn.ac.uk/db.php?id=14362&if=default&table=lemma&val=d%25 (26. 09. 2018).

9 Simek und Pálsson: Lexikon, 2005, S. 127 f.

10 Meissner: Die Kenningar, 1921, S. 267.

tet nur Mann-Kenningar[11] auf, die mit *askr* gebildet werden, nicht einmal der Schiffsmast wird damit verglichen. Dieser Eindruck wird durch Finnur Jónssons *Lexicon poeticum* bestätigt, der unter *askr* die Bedeutungen a) Esche, b) aus Eschenholz hergestellte Gegenstände einschließlich Schiffen und c) Esche als Grundwort für Mann-Kenningar anführt.[12]

Da sich aber die naheliegende Folgerung, dass *askr Yggdrasills* somit ebenfalls eine Mannkenning sein sollte, durch den Kontext der zitierten *Edda*-Strophen verbietet, bleibt dieser logische Lösungsweg verschlossen. Das *tertium comparationis* bei den Mann-Kenningar auf Baumnamen bildet jedoch die Vertikale, sodass zu fragen wäre, was noch dafür infrage käme, wobei sich Säulen, Kreuz und Galgen anbieten. Kenningar für Säulen kann ich jedoch gar nicht finden, und dass *askr* als Baum auch für das Kreuz Christi verwendet worden sein könnte, ist insofern nicht ganz überzeugend, als die wenigen Kenningar für Kreuz durchwegs nähere Bestimmungen aufweisen, etwa *lifstré þjóðar* «Lebensbaum der Völker» aus dem Gedicht *Liknarbraut* Str. 22 aus dem 13. Jahrhundert oder die viergliedrige Kenning *geisli grundar grams píslartré* «Qual-Baum des Schmerzes des Himmels» (ebd., Str. 33). Wenn jedoch Meissner *Yggdrasill*[13] alleine (also ohne *askr*) als Kenning für Galgen auffasst, so wäre dies zwar möglich, löst aber das Problem nicht, denn was wäre dann die Esche des Galgens?

Als einzige Erklärung bleibt, dass die feste Fügung *askr Yggdrasills*, möglicherweise als überbestimmte Kenning für Galgen, nach dem Ausgang der heidnischen Zeit bereits ihre ursprüngliche Bedeutung verloren hatte, aber aufgrund des eingängigen Stabreims weitertradiert wurde und schließlich sowohl von den Dichtern von *Völuspá* als auch der *Grímnismál* wegen der durch *askr* hervorgerufenen Assoziation als Weltenbaum aufgefasst wurde, was Snorri dann einfach übernommen hatte.

Die heute geläufige Gleichsetzung eines ‹Weltenbaums› der nordischen Mythologie hat also so gut wie keine belastbaren Grundlagen, die vor Snorris *Edda* im dritten Jahrzehnt des 13. Jahrhunderts zurückreichen. Somit stehen

---

11   Solche poetischen Umschreibungen für ‹Mann›, ‹Krieger›, ‹Fürst› stellen, nicht ganz überraschend, die häufigste Gruppe der Kenningar.

12   Jónsson: Lexicon Poeticum, 1966, S. 16 f.

13   Meissner: Die Kenningar, 1921, S. 435.

auch alle weitreichenden Deutungen von Yggdrasill als Beleg für eine ‹Weltachse›, ‹vertikales Ordnungsprinzip› o.Ä.[14] im germanischen Polytheismus auf tönernen Füßen. Allerdings zeigt die Rezeptionsgeschichte den durchschlagenden Erfolg von Snorris – in erster Linie poetologisch motiviertem – Konstrukt: Yggdrasill ist heute, knapp 700 Jahre nach Snorris Abfassung seiner *Edda*, als angebliches Element heidnisch-germanischer Mythologie fest im Bewusstsein verankert, mit all seinen leicht absurden Elementen wie Adlern, Habichten, im Geäst äsenden Hirschen, wurzelaffinen Drachen und hyperaktivem Eichhörnchen. Ein gutheidnischer norwegischer Wikingerfürst des späten 10. Jahrhunderts wie Jarl Hakon von Hlaðir hätte darüber sicher nur den Kopf schütteln können: Zudem hatte er vom Namen ‹Yggdrasill› nie gehört.

Bibliographie

Snorri Sturluson: *Edda*. Herausgegeben von Finnur Jónsson. Kristiania 1925.

Die Edda des Snorri Sturluson. Ausgewählt, übersetzt und kommentiert von Arnulf Krause. Stuttgart 1997 (RUB 782).

Edda. Die Lieder des Codex Regius nebst verwandten Denkmälern. Herausgegeben von Gustav Neckel. Bd. 1: Text. 4., umgearbeitete Auflage von Hans Kuhn. Heidelberg 1962 (Germanische Bibliothek 4).

Falk, Hjalmar: Odensheite. Kristiania 1924 (Videnskapsselskapets skrifter 2, Hist.-Filos. Klasse 1924/10).

Hastrup, Kirsten: Culture and History in Medieval Iceland: An Anthropological Analysis of Structure and Change. Oxford 1985.

Hastrup, Kirsten: Anthropology and Nature. London 2013 (Routledge Studies in Anthropology 14).

Jónsson, Finnur: Lexicon Poeticum antiquae linguae septentrionalis. Copenhagen [2]1966.

Meissner, Rudolf: Die Kenningar der Skalden. Bonn, Leipzig 1921 (Rheinische Beiträge und Hülfsbücher zur germanischen Philologie und Volkskunde 1).

Simek, Rudolf: Snorri und Ekphrasis. In: Alessia Bauer und Alexandra Pesch (Hgg.): Hvanndalir. Beiträge zur europäischen Altertumskunde und mediävistischen Litera-

---

14 Vgl. dazu die Arbeiten der gehypten dänischen Anthropologin Kirsten Hastrup (z. B. Hastrup: Culture and History, 1985, oder dies.: Anthropology and Nature, 2013), die sich durch einen beeindruckenden Mangel an Quellenkritik auszeichnen.

turwissenschaft. Festschrift für Wilhelm Heizmann. Berlin, New York 2018 (RGA 106), S. 301–316.

Simek, Rudolf und Hermann Pálsson: Lexikon der altnordischen Literatur. Die mittelalterliche Literatur Norwegens und Islands. 2., wesentlich vermehrte und überarbeitete Auflage. Stuttgart 2007 (Kröners Taschenausgabe 490).

Abb. 25: Otnit trifft vor der *stainwant* auf Alberich, der ihm seinen magischen Ring zurück-
gibt.

Quelle: Darmstadt, ULB, Heldenbuch-Inc. III 27, Straßburg 1479: Johann Prüss. *Straßburger Heldenbuch*, fol. 17ʳ, Holzschnitt auf Papier.

Zauberstein(e)

Sophie Quander

Mit dem verheißungsvollen Schlussvers, *ditz lied das höret gerne: allererst hebt es sich an* (*Otnit*, V. 597,4, «Dieses Lied nehmt wohlwollend auf: Gleich fängt es an» [Übersetzung S. Q.]), beendet der Erzähler des *Otnit* seine Geschichte um den gleichnamigen Helden, der auszieht, eine ‹heidnische› Königstochter von ihrem Vater zu befreien, und dank einer unzerstörbaren Rüstung des Zwergs Alberich auch siegreich heimkehrt, Jahre später jedoch von Drachen getötet wird. In ihren Handlungsabfolgen gehorcht die anonym verfasste Heldendichtung, die ins frühe 13. Jahrhundert datiert wird, uns jedoch vor allem in Bearbeitungen des 15. Jahrhunderts vorliegt, nur allzu vertrauten Mustern.[1] Die Zwischentöne aber, die der Erzähler seinem *lied* beimischt, bringen das eintönige Syntagma zum Klingen: Otnit, auf den ersten Blick vielversprechender Protagonist, sitzt unrechtmäßig auf dem Thron, da Alberich nicht nur sein wohlgesinnter Helfer, sondern vor allem sein leiblicher Vater ist; Otnit kann nicht als klassischer Held gelten, weil er sich der entscheidenden Schlacht gegen die ‹Heiden› verweigert, um stattdessen, in den Schoß seiner Künftigen gebettet, auszuruhen; er stirbt dann auch nicht etwa im Drachenkampf, sondern weil er, neuerlich eingeschlafen, von dem Untier gefunden und in sein Nest getragen wird. Dort nagen die hungrigen Drachenkinder derart vergeblich an seiner Rüstung, dass sie ihn durch die Maschen seines Kettenhemdes heraussaugen müssen. Otnit bemerkt von all dem nichts. Zurück bleibt kein König, nicht einmal ein Erbe, sondern lediglich die Rüstung aus arabischem Gold vom Berg *Caucasas* (V. 114,4), die im Gegensatz zu ihrem Träger dem Drachen sehr erfolgreich Widerstand leistet.[2] Tatsächlich präsentieren sich im *Otnit* vor allem die Dinge als wirk-

---

1   Vgl. Dinkelacker: *Ortnit*, 1989, Sp. 58–67; vgl. auch Rupp: *Ortnit*, 1979, S. 231.

2   Die Rüstung findet – so erzählt der thematisch anknüpfende *Wolfdietrich* – ebenjener Wolfdietrich im Drachennest, nachdem er den Drachen erschlagen hat. Die Bezie-

mächtig: Ein Zauberstein weist Otnit den Weg zu seinem leiblichen Vater und gibt damit einen wesentlichen Handlungsimpuls; ein anderer Stein lässt ihn alle Sprachen verstehen, sodass seine Brautwerbung im ‹fremdsprachigen Ausland› gelingt. Auf Rache sinnend, schickt ihm sein Schwiegervater Dracheneier, zwei *edle*[] *staine* (V. 537,1). Welches Licht wirft es auf den *Otnit* als Ganzen, wenn man nicht dem schlafsüchtigen Helden, sondern diesen so unterschiedlichen *stainen* durch den Erzählkosmos folgt?

Um die Wartezeit bis zur Brautwerbung zu verkürzen, erklärt Otnit im Gespräch mit seiner Mutter, ausreiten zu wollen. Da ihn alle besorgten Einwände nicht umstimmen können, schenkt sie ihm zum Abschied einen Goldring mit eingefasstem Edelstein: Allein dieser *stain*[] könne ihm den Weg zum erhofften *abenteur* (V. 81,4) weisen. Tatsächlich erblickt er kurz darauf den schlafenden Alberich, den, das stellt der Text wiederholt aus, nur der Ringträger sehen kann. Im Folgenden wechselt das Kleinod zweimal den Besitzer: Auf seine drängende Bitte hin reicht Otnit zunächst Alberich den Ring, sodass dieser vor den verblüfften Augen des Gegenübers verschwindet; nach einem wütenden Wortwechsel muss Otnit dem Unsichtbaren versprechen, dessen Geschichte anzuhören, und erhält als Gegenleistung sein Eigentum zurück. Erst jetzt erfährt der Protagonist von seiner Abstammung: Da sein vermeintlicher Vater keine Kinder zeugen konnte, habe Alberich aus Sorge um die Thronfolge die Königin bezwungen (vgl. V. 168,3). Nachdem Alberich ihn über seine Herkunft aufgeklärt hat, sichert er seinem Sohn all seine Kräfte zu, solange er nur den Ring trage, und überreicht ihm die goldene Rüstung und ein Schwert mit dem *namen Rose* (V. 116,3).

Ein Ritter auf *abenteur*, ein hilfsbereiter Zwergenkönig, eine auratische Rüstung und ein Zauberring, der (Alberich) (un-)sichtbar macht – all das sind altbekannte Erzählmotive, die der Erzähler für seine Geschichte miteinander verflicht: Der Held gelangt zu seinem Vater, der Ring führt über Alberich zur Rüstung – Ritter und Zwerg verweisen genealogisch, Ring und Rüs-

---

hung der beiden Stoffe zueinander ist nicht endgültig geklärt, doch werden sie in den meisten Handschriften im Verbund überliefert (vgl. Dinkelacker: *Ortnit*, 1989, Sp. 63). Häufig werden *Otnit* und *Wolfdietrich* deshalb auch als Doppelepos bezeichnet (so etwa Haferland: *Mündlichkeit*, 2004, S. 22). Jedenfalls kündigt der eingangs zitierte Schlussvers des *Ontit* den neuen Helden Wolfdietrich (und das ihm gewidmete *lied*) an.

tung in der Handlungsabfolge aufeinander. Zudem spielt der Erzähler beziehungsreich mit gleichklingenden Worten: *mir ist mein muot so ringe* (V. 77,3, «ich bin so unbeschwert!» [Übersetzung S. Q.]), ruft Otnit aus und lässt sich deshalb seine *ringe* (V. 77,1, «Rüstung») bringen; seine Mutter jedoch reicht ihm statt der geforderten Rüstung ihr *vingerlein* mit den Worten: Jener Zauberring sei so *reiche* (V. 81,1, «mächtig»), dass Otnit ihn nicht einmal gegen alle *reiche* (V. 82,2) der Welt eintauschen solle. Während diese Verse vor allem die Freude am Gleichklang ausstellen, nutzt der Text die unterschiedlichen Bedeutungsebenen gleichlautender Worte auch semantisch. Als Otnit vor der syrischen Küste die feindlichen Schiffe herannahen sieht, fordert Alberich ihn zu einer List auf: Er solle sich als Kaufmann ausgeben und so unbemerkt die Hafeneinfahrt passieren. Otnit jedoch merkt an, die Landessprache nicht zu beherrschen, woraufhin ihm Alberich einen *stain* überreicht, *der dich die sprache leret.* (V. 245,2, «der dich die Sprache lehrt»). Lege er sich den Sprachenstein unter die eigene *zunge* (V. 245,3), sei er jeder *zungen* (V. 245,2, «Sprache») mächtig. Hier leistet der Text mehr, als nur gleichlautende Worte für die Klangwirkung zusammenzubringen: Derselbe Begriff bezeichnet sowohl das menschliche Organ als auch die Sprache selbst, Körperzeichen und Zeichenkörper fallen ineinander.

Wie breit der Erzähler solche Sprachspiele anlegt, eröffnen die wiederkehrenden Begriffe (*edel*)*stain* und *golt:* Der in Gold eingefasste Edelstein führt seinen Träger zur goldenen, diamantverzierten Rüstung. Und weiter: Dank der Rüstung raubt Otnit eine junge Frau, deren Nacken wie ein *karbunkelstain* (V. 386,4) und deren Haut *golt*-gleich (V. 15,1) strahlt. Der geraubten Braut wiederum verdankt Otnit ein verheerendes Geschenk: Als Ausdruck seiner scheinbaren Versöhnung schickt sein Schwiegervater ihm *edle*[] *gestaine*[] (z. B. V. 497,4), *golt* (z. B. V. 499,3) und zwei Eier, aus denen ein Elefant und eine Kröte schlüpfen sollen. Tatsächlich jedoch schlüpfen zwei Drachen, sodass Otnit später resigniert gegenüber seiner Frau konstatiert: *Das sind die edlen staine, die mir dein vater hat gesant* (V. 537,1, «Das sind die Edelsteine, die mir dein Vater geschickt hat!»). *Stain* und *golt* durchziehen den gesamten Text, weisen metonymisch auf Objekte (Ring und Rüstung sind aus Gold), dienen der metaphorischen *descriptio* (die Königstochter leuchtet goldgleich), markieren Ironie (die Dracheneier sind gerade keine Edelsteine). Der Text reflektiert damit nicht nur jene rhetorischen Verfahren, die mit dem Gleichklang auf akustische Effekte zielen, sondern führt auch die Wirkmacht von Tropen vor, die mit der Inhaltsebene von Sprache spielen. Es entfaltet sich ein semiotisches Verweis- und Verwirrsystem, in dem Ring, Rüstung, Frau und Drache(n) über die Begriffe *golt* und *stain* jeweils zum Nächsten führen. Diese Signifikantenketten stellen sich jedoch als gefährliche Fäden heraus: Otnit scheint sich zunehmend aufzulösen, der Drachenjäger wird selbst zum Gejagten und endet schließlich als Drachennahrung. Das engmaschige Bedeutungsnetz umschließt seinen Protagonisten so fest, dass dieser letzten Endes – nun gleichsam selbst Material – nur daraus herausgesaugt werden kann.[3]

Nachdem der Zauberring Alberich und Otnit zusammengeführt und die wesentliche Handlungsfolge von Brautwerbung und Drachenkampf ausgelöst hat, verschwindet er zunächst aus der Handlung. Erst in den Schlussversen tritt er wieder in Erscheinung: Bevor Otnit in den Drachenkampf zieht, fordert Alberich seinen Ring zurück. Diese Geste überrascht, hat sich Alberich doch bisher als hilfsbereiter Begleiter erwiesen. Er hatte seinem Sohn den Sprachenstein geschenkt, um seine Tarnung zu perfektionieren; er hatte dem Heidenkönig den Krieg erklärt, als Otnit die Etikette vernachlässigen und unbemerkt in die feindliche Burg eindringen wollte; er hatte die künftige Braut vor die Stadtmauern geführt, während seinem Sohn im Kampfgetümmel die Kräfte versagten. Was Alberich zu verschleiern sucht, legt Otnits Fehlverhalten letztlich offen: Woher nimmt ein Held seine nie versiegende Kampfeskraft? Wie kommunizieren zwei Fremde eigentlich miteinander, wenn beide die Sprache des jeweils anderen nicht beherrschen? Welchen handlungspraktischen Nutzen haben formalisierte Gesten im Chaos eines Krieges? Otnits nur allzu verständliche Kommentare stellen ganz bewusst aus, was andere Texte verschweigen, lesen sich als ironischer Reflex auf eine Erzähltradition, in der Figurentypologien und Handlungsmuster den einen oder anderen kausallogischen Kurzschluss provozieren.[4] Versteht man die

---

3   Stephan Fuchs-Jolie folgt den Wortfeldern *stainwant – ringe* – Härte – Sprache und kommt zu ähnlichen Ergebnissen; auch er sieht Otnits Tod darin begründet, dass der Held das semiotische Netz nicht meistert (Fuchs-Jolie: Was bleibt, 2011, S. 393–409).

4   Wesentliche Impulse verdankt die gebotene Interpretation dem Aufsatz von Björn K. Buschbeck: Dieser beschreibt Otnits Tod als «literarischen Kommentar», der die Ausweglosigkeit heldenepisch präfigurierter Figurenanlagen sehr bewusst reflektiere (Buschbeck: Ein Held, 2017, S. 381).

Begegnung mit dem Drachen als ordnungsstiftenden Kampf «der Form mit dem Chaos»[5], dann fungiert Otnits Tod letztlich als Absage an eine (erzählerische) Ordnung. Dieses Spiel um Form und Chaos wird auf der Textebene vom Zauberstein des Rings zusammengehalten, quasi ‹umringt›: Er steht am Anfang der Erzählung, führt Otnit zu seiner Herkunft. Ebenso deutet er bereits dessen Tod an, wenn er auf Otnits Rüstung, in der er schließlich sterben wird, vorausweist. Er verheißt *abenteur* und tut dies nicht nur für den Protagonisten, sondern ebenso für den Rezipienten. Mit dem Erscheinen des Zauberrings in der Handlung beginnt und endet jede Sinneinheit mit der strukturgebenden Formel *Abenteur*.[6] Dass Alberich seinen Ring zurückfordert, ist damit letzte Konsequenz einer inhärenten Dynamik. Während der erste Ringtausch die Handlungslizenzen auf Alberich überschreibt, legt dieser mit der zweiten Dingzirkulation jede Verantwortlichkeit ab. Die in sich kollabierende Geschichte kann selbst er nicht mehr retten.

All dies ereignet sich vor, in, an der *stainwant* (auch wieder ein besonderer Stein!), jenem unbeschreiblichen Un-Ort, der den Text programmatisch durchzieht.[7] Endet ein Vers auf *stainwant*, folgt meist ein Reim mit dem Imperfekt *vant*. Und überdies: An der *stainwant* findet die Hauptfigur im Vater, findet auch die Handlung in der Begegnung von Alberich und Otnit ihren Ursprung. Ebenso finden Figur und Geschichte hier allerdings auch ihr Ende durch jenen Drachen, [...] *von dem* – so berichtet der Erzähler in der vorletzten Strophe – *der Otnit ward verloren* (V. 596,3). Übersetzen kann man diesen Relativsatz so: «durch den Otnit sein Leben verloren hat» [Übersetzung S. Q.]. Die Passivkonstruktion ist allerdings mehrdeutig: Wer oder was ist mit ‹Otnit› gemeint? Der Protagonist oder der Text? In der Eingangsstrophe berichtet der Erzähler von einem in Tyrus aufgefundenen Buch,[8] das, vergleichbar dem Zauberring oder der Rüstung, somit auch eine

---

5 S. Lüthis Nachwort in: Europäische Volksmärchen, 1951, S. 564.

6 Wie Kofler nachweist, gilt dies lediglich für die Fassung A (Kofler: *Aventiure*, 2009, S. 364).

7 Erstmals erkannt hat das Fuchs-Jolie: *stainwant*, 2011.

8 Fuchs-Jolie, Millet und Peschel lesen *Lunders* (V. 1,1) und übersetzen «London» (vgl. *Otnit*, 2013, Stellenkommentar, S. 614). Auf den Erzählraum geblickt, scheint es jedoch schlüssiger hier *Suders*, die ‹heidnische› Stadt Tyrus, zu vermuten (so auch Dinkelacker: *Ortnit*, 1989, Sp. 60).

fiktive Objektbiographie erhält. Ebenjenes Buch sollen die ‹Heiden› *durch ir erge* (V. 1,3 f., «in ihrer Arglist») vergraben haben; aus *erge* bringen auch innerhalb der Erzählung der ‹Heidenkönig› und die Drachen Otnit ins Grab (z. B. V. 484,4 und 519,4 f.). Erzählung und Protagonist gehen gleichermaßen durch *erge* verloren. Es ist – so zeigt der Ritter, so zeigen Ring und Rüstung, so zeigt schließlich das *buoch* selbst – letztlich eine Geschichte vom Finden und Verlieren, vom Erfinden und Vergessen.

Bibliographie

Europäische Volksmärchen. Ausgewählt und herausgegeben von Max Lüthi. Zürich 1951 (Manesse Bibliothek der Weltliteratur).

Otnit. Wolf Dietrich. Frühneuhochdeutsch/Neuhochdeutsch. Herausgegeben und übersetzt von Stephan Fuchs-Jolie, Victor Millet und Dietmar Peschel. Stuttgart 2013 (RUB 19139).

Buschbeck, Björn Klaus: Ein Held, der keiner mehr sein wollte. König Ortnits Tod und das Problem, eine Heldenerzählung zu beenden. In: ZfdPh 136 (2017), S. 363–386.

Dinkelacker, Wolfgang: [Art.] *Otnit.* In: [2]VL 7 1989, Sp. 58–67.

Fuchs-Jolie, Stephan: *stainwant.* König Otnits Tod und die heterotope Ordnung der Dinge. In: Sonja Glauch, Susanne Köbele und Uta Störmer-Caysa (Hgg.): Projektion – Reflexion – Ferne. Räumliche Vorstellungen und Denkfiguren im Mittelalter. Berlin, Boston 2011, S. 39–60.

Fuchs-Jolie, Stephan: Was bleibt. Otnit, Auberon und die Auferstehung des Buches. In: Dorothea Klein (Hg.): Vom Verstehen deutscher Texte des Mittelalters aus der europäischen Kultur. Hommage à Elisabeth Schmid. Würzburg 2011 (Würzburger Beiträge 35), S. 393–409.

Gottzmann, Carola L.: Heldendichtung des 13. Jahrhunderts. Siegfried – Dietrich – Ortnit. Frankfurt a. M. 1987 (Information und Interpretation 4).

Haferland, Harald: Mündlichkeit, Gedächtnis und Medialität. Heldendichtung im deutschen Mittelalter. Göttingen 2004.

Haymes, Edward R.: *ez wart ein buoch funden.* Oral and Written in Middle High German Heroic Epic. In: John Miles Foley (Hg.): Comparative Research on Oral Traditions. A Memorial for Milman Parry. Columbus (OH) 1987, S. 235–243.

Heinzle, Joachim: Einführung in die mittelhochdeutsche Dietrichepik. Berlin, New York 1999 (de Gruyter Studienbuch).

Kofler, Walter: *Aventiure* und *sorge.* Anmerkungen zur Textstruktur von *Ortnit* und *Wolfdietrich A.* In: ZfdA 138 (2009), S. 361–373.

Lecouteux, Claude: Des Königs Ortnit Schlaf. In: Euphorion 73 (1979), S. 347–355.

Müller, Mareike von: Vulnerabilität und Heroik. Zur Bedeutung des Schlafes in *Ortnit/ Wolfdietrich A*. In: ZfdPh 136 (2017), S. 387–421.

Rupp, Heinz: Der *Ortnit* – Heldendichtung oder? In: Egon Kühlebacher (Hg.): Deutsche Heldenepik in Tirol. König Laurin und Dietrich von Bern in der Dichtung des Mittelalters. Beiträge der Neustifter Tagung 1977 des Südtiroler Kulturinstitutes. Bozen 1979 (Schriftenreihe des Südtiroler Kulturinstitutes 7), S. 231–252.

Schmid-Cadalbert, Christian: Der *Ortnit AW* als Brautwerbungsdichtung. Ein Beitrag zum Verständnis mittelhochdeutscher Schemaliteratur. Bern 1985 (Bibliotheca Germanica 28).

Störmer-Caysa, Uta: Ortnits Mutter, die Drachen und der Zwerg. In: ZfdA 128 (1999), S. 282–308.

Technisches: Zeit als Ding

Christian Kassung

Vom Faustkeil André Leroi-Gourhans bis zum Hammer Martin Heideggers standen Theorien des Technischen immer schon in einer extrem engen Verbindung zum Dinglichen.[1] So scheint sich vielmehr die Frage zu stellen, ob es das Technische jenseits seiner materiellen Gegebenheit, seiner alltäglichen Zuhandenheit und seiner komplexen Verwobenheit mit dem menschlichen Körper überhaupt geben kann. Ich werde dieser Frage und seinen Implikationen am Beispiel eines zumindest auf den ersten Blick eher untechnischen Dings nachgehen, der Zeit: Bis zum Ende des 19. Jahrhunderts verhinderten idealisierte Konzepte von Zeit, dass diese genau und nur zu dem werden konnte, was sich mithilfe von Uhren erzeugen lässt. Bekanntlich radikalisierte erst Albert Einstein das Gemachtsein von Zeit als fundamentales Prinzip der Physik, nämlich als strikt relatives, beobachterabhängiges Phänomen.[2] Damit sind die Pole markiert, die unser Denken von Zeit aufspannen: reine Anschauungsform auf der einen Seite, technisches Produkt auf der anderen Seite. Vor diesem Hintergrund werde ich im Folgenden die Technisierungs- und Rationalisierungsgeschichte der Zeit als materielles Kulturprodukt des Mittelalters rekapitulieren, um hieraus Antworten auf die Frage zu entwickeln, inwiefern sich technische Gegenstände von anderen Dingen unterscheiden.

Die Geschichte der Technisierung der Zeit im Mittelalter ist vielfach erzählt worden. So trifft der primär agrikulturell geprägte temporale Ordnungsrahmen jahreszeitlicher Rhythmen und Zyklen in der zweiten Hälfte des 14. Jahrhunderts auf eine neue Technologie, auf den Prototypen aller

---

[1] Vgl. Leroi-Gourhan: Hand und Wort, 1988 und Heidegger: Sein und Zeit, 2001, S. 69 *et passim.*

[2] Vgl. Galison: Einsteins Uhren, Poincarés Karten, 2003.

Maschinen: die Räderuhr.[3] Innerhalb dieser Erzählung wird die funktionale Ausdifferenzierung moderner Gesellschaften mit ihren hochkomplexen Interaktions- und Produktionsprozessen durch eine sämtliche Lebensbereiche durchdringende, synchrone Zeitordnung möglich. Die Räderuhr als zentrales technisches Moment dieser neuen Ordnung verwandelt sich damit selbst von einem bloßen Werkzeug zur Messung von Zeit in eine Maschine zur Generierung von Zeit im Sinne Lewis Mumfords.[4]

Selbstverständlich wirft eine derart zugespitzte Erzählung eine ganze Reihe von Fragen auf. Dabei gilt es zunächst dem technikdeterministischen Grundverdacht zu begegnen, dass es nicht die Uhren selbst sein können, «die die Zeit verändern.»[5] Denn Techniken der Zeitmessung in Gestalt von Gnomon, Sanduhr oder Klepsydra gab es ebenso wie die *horae aequinoctiales* bereits seit der Antike.[6] Insofern generiert die Räderuhr nicht einfach die Zukunft einer neuen Temporalität, sie ist vielmehr als technischer Entwurf zugleich ihre eigene Gegenwart. Die Welt ist nicht nach der Räderuhr eine andere, sondern innerhalb der sich stark verändernden Welt des Mittelalters verwandelt sich auch die Uhr vom Werkzeug in eine Maschine.[7]

Womit die überaus schwierige Frage in den Blick gerät, inwiefern technische Differenzen als historische Differenzen zu verstehen sind. Ist es wirklich legitim, Geschichte entlang technischer Errungenschaften zu erzählen, oder ist das Verhältnis von Zeit und Technik nicht ein viel komplexeres? Um diese Frage genauer diskutieren zu können, soll zunächst der Mechanismus der Räderuhr analysiert werden. Entscheidend für die Technik der Räderuhr ist die Koppelung von Zählen und Messen. Während das Messen von Zeit grundsätzlich analog geschieht – der Schatten des Gnomons wandert kontinuierlich über den Boden, weil die Zeit für den Menschen unaufhaltsam dahinzuströmen scheint –, ist Zählen eine prinzipiell digitale Operation.[8]

---

3   So beispielsweise bei Wendorff: Zeit und Kultur, 1980, S. 135.

4   Vgl. Mumford: Technics und Civilization, 2010, S. 14–18.

5   Dux: Zeit in der Geschichte, 2017, S. 280.

6   Vgl. Michel: Messen über Zeit und Raum, 1965, S. 140–150.

7   Vgl. Borst: Computus, 1999, S. 101.

8   Zum Gnomon vgl. Serres: Gnomon, 1995, S. 118–119 und zur Begriffsbestimmung des Analogen/Digitalen vgl. Pflüger: Wo die Quantität in Qualität umschlägt, 2005, S. 25–51.

Eine Zahl muss sich faktisch von einer anderen unterscheiden, wobei die Token, mit denen die Praxis des Zählens durchgeführt wird, Finger, Kerben oder Zahnräder, aber eben kein Wasser und kein Sand sein können.[9]

Zum entscheidenden technischen Element wird damit die Hemmung, also das mechanische Ineinandergreifen einer kontinuierlichen Drehbewegung und einer diskontinuierlichen Schwingungsbewegung. Bei den frühen Räderuhren ist dies das Foliot oder die Balkenwaag:[10] Das von einem Gewicht in Drehung versetzte Kronrad greift abwechselnd in zwei an einer Spindel befestigte Lappen ein, wodurch ein auf die Spindel gesetzter Balken hin und her gestoßen wird. Das Trägheitsmoment des Balkens erlaubt eine Regulierung des Uhrengangs auf etwa 15 Minuten Abweichung pro Tag. Diese sich in der Hemmung vollziehende Übersetzung einer kontinuierlichen in eine diskontinuierliche Bewegung könnte man nun auch als eine Übersetzung zwischen dem Realen und dem Symbolischen interpretieren: Zwar sehen wir die Zeit nach wie vor kontinuierlich und zyklisch auf dem Kreisrund des Ziffernblatts verfließen, aber kommunizierbar wird sie als exakt abzählbare Menge von diskontinuierlichen Bewegungsmomenten, die in ihrer Summe eine bestimmte Zeitdauer bedeuten.[11]

Zeit wird im späten 14. Jahrhundert also zu einem Gegenstand, der genau wie jedes andere Ding abzählbar, kalkulier- und teilbar ist. Zeit wird zu einem technischen *Ding* und damit zugleich zu etwas, über das sich mit Martin Heidegger reden und verhandeln lässt.[12] Somit steht die Uhr als konkrete Technik im Kontext einer zunehmenden Komplexion und Abstraktion urbaner Lebenswelten.[13] Vermittelt über die Räderuhr, reiht sich die Zeit buchstäblich in die sozialen Zeichensysteme vor allem von Ökonomie und Infrastruktur ein.[14] Die Räderuhr kann Zeit also genau deshalb in einen teilbaren Gegenstand verwandeln, weil sie in eine breite Kultur des Teilens und

---

9   Vgl. Macho: Zeit und Zahl, 2003.

10   Vgl. Dohrn-van Rossum: Geschichte der Stunde, 1992, S. 52 f.

11   Vgl. Glasemann: Uhr als Maschine, 1989, S. 219.

12   Vgl. Heidegger: Ding, 1994, S. 13.

13   Vgl. Borst: Computus, 1999, S. 102.

14   Vgl. Elias: Über die Zeit, 2014, S. 11–13.

Handelns eingebettet ist: «Die Erfindung des Menschen ist die Technik. Sowohl als Objekt wie als Subjekt.»[15]

Wie lässt sich nun vor diesem Hintergrund das Verhältnis von Technik und Zeit genauer fassen? Wenn mit und in der Uhr Zeit zu einem technischen Ding wird, so bedeutet dies nichts anderes, als dass über die Koppelung von Zeit und Zahl eine enorme Vielfalt von Kulturtechniken der Synchronisation ermöglicht werden:[16]

> Alle technischen und gelehrten Vorteile hätten freilich wenig bewirkt, wäre die Umstellung nicht zugleich der Mentalität von Stadtbürgern entgegengekommen. Ihre Tagesarbeit, immer öfter durch Werkzeuge terminiert und durch Geldzahlung entlohnt, sollte innerhalb der Stadtmauern kalkulierbar und kontrollierbar, mithin gleichförmig sein.[17]

Ersetzen wir an dieser Stelle den von Arno Borst verwendeten Begriff der Gleichförmigkeit durch den der Synchronisation, deutet sich bereits für das Mittelalter eine auf der Technisierung von Zeit basierende Kulturtechnik an, deren kulturelle Wirkmächtigkeit noch heute, im Zeitalter omnipräsenter Nachrichten und Bilder, überrascht wie schockiert.

Synchronisation lässt sich aber, und dies führt zum entscheidenden Argument dieses Beitrags, auch auf einer zweiten Ebene beobachten, nämlich im Begriff des Technischen selbst. Wenn nämlich die Technisierung von Zeit über das Medium der Uhr mit der Produktion von temporaler Ordnung verbunden ist, dann bedeutet diese Form der Hegung von Kontingenz nichts anderes, als dass sich die Gegenwart in der Fiktion ihres eigenen Entwurfs befindet.[18] Zukünftige Ereignisse werden durch Technik im Modus einer stabilen, verlässlichen und gleichförmigen Temporalität vorweggenommen. Sie sind als Erwartetes gewissermaßen immer schon anwesend, weil sich das eigene Handeln auf das sicher Eintretende hin ausrichtet. Dabei tut die vom Technischen prinzipiell erwartete Kontingenzreduktion ihr Übriges, sodass

---

15   Stiegler: Technik und Zeit, 2009, S. 185.

16   Vgl. Kassung und Macho: Einleitung, 2013, S. 9 f.

17   Borst: Computus, 1999, S. 102.

18   Das Argument der Kontingenzreduktion ist bekanntlich für das luhmannsche Konzept sozialer Systeme entscheidend, vgl. Luhmann: Soziale Systeme, 1984, S. 152.

hinter der Technisierung von Zeit das Wesen von Technik selbst aufscheint: die Verfügbarmachung und Wirksamkeit des Zukünftigen in der Gegenwart. Die sich damit vor allem im 19. Jahrhundert ereignende Verschränkung von Raum und Zeit sei hier nur angedeutet: Seither nehmen wir die Eisenbahn, um, wie im Fahrplan vorhergesagt, zu einer bestimmten Zeit das Ziel erreicht zu haben, nicht aber, um eine Reise anzutreten.[19]

In der Bewertung dieses *Futurum exactum* des Technischen lässt sich nun entweder der Schwerpunkt stärker auf die sichere Erwartung eines Zukünftigen oder auf die Wirksamkeit dieses Zukünftigen in der Gegenwart selbst legen. Letzteres wurde in jüngster Zeit vor allem durch Elena Esposito und Joseph Vogl prominent vertreten. So behandelt Esposito die Vorwegnahme als Gegenwart, also die technische Projektion wahrscheinlicher Zukünfte als bereits real, wodurch sich die Wirklichkeit verdoppelt.[20] Vogl treibt diesen Gedanken insofern noch weiter, als für ihn die Gegenwart in ihrem fiktionalen Selbstentwurf auf die Zukunft als je schon seiende ihre Erwartungen beständig und unabhängig von dem, was wirklich geschieht, korrigieren muss.[21] Womit die Krise in der Gegenwart auf Dauer gestellt wird – das beste Beispiel hierfür ist vielleicht der Klimawandel.[22]

Weder jedoch bei Esposito noch bei Vogl geht es um das Technische im engeren Sinne, allenfalls um Kulturtechniken des Schreibens (im Roman), um Algorithmen von Analysten (im Kapital) oder um metaphorische Maschinen (in der Fantasie).[23] Ich möchte an dieser Stelle mit Bernard Stiegler und Gilbert Simondon einen Schritt weitergehen: «Bleibt indessen herauszufinden, ob die Antizipation nicht *seit dem Ursprung konstitutiv in der Technizität* des Objektes *selber* situiert ist.»[24]

Technologie, und hierfür ist die Technisierung von Zeit im Medium der Uhr nur ein, allerdings ein für das Mittelalter entscheidendes Beispiel, sind technische Dinge samt ihrer korrespondierenden Praktiken, die ihre eigene

---

19   Zur vernetzten Synchronisation der Infrastruktur des 19. Jahrhunderts vgl. Kassung: Vor dem Fleisch, 2017.

20   Vgl. Esposito: Fiktion der wahrscheinlichen Realität, 2007.

21   Vgl. Vogl: Gespenst des Kapitals, 2010.

22   Vgl. hierzu umfassend Engell, Siegert und Vogl: Gefahrensinn, 2009.

23   Zu Letzterem vgl. Lanci: Neoliberal Time Machine, 2012.

24   Stiegler: Technik und Zeit, 2009, S. 116.

Zukunft sind. Der technische Gegenstand generiert Zukunft, indem er diese in Gegenwart verwandelt. Entscheidend ist dabei, was Gilbert Simondon die Genese des technischen Objekts genannt hat:[25] Durch das grundsätzliche Versprechen der Evolution wird ein technischer Gegenstand in seinem Gebrauch zwangsläufig zu seiner eigenen Vergangenheit: Eine Uhr zeigt die Zeit an und wird sie morgen genauer anzeigen können; eine Uhr ist dieses konkrete technische Objekt und zugleich die ihr folgende, genauere und komplexere Uhr, und indem wir diesen einen technischen Gegenstand verwenden, vertrauen wir zugleich auf den nächsten, den nächsten und den nächsten Gegenstand. Technologie ist eine Kette technischer Dinge, und genau dadurch sind diese immer schon ihre eigene Zukunft.

Bibliographie

Borst, Arno: Computus. Zeit und Zahl in der Geschichte Europas. München 1999 (dtv 30746).

Dohrn-van Rossum, Gerhard: Die Geschichte der Stunde. Uhren und moderne Zeitordnungen. München 1992.

Dux, Günter: Die Zeit in der Geschichte. Ihre Entwicklungslogik vom Mythos zur Weltzeit. Wiesbaden ^{3}2017.

Elias, Norbert: Über die Zeit. Arbeiten zur Wissenssoziologie II. Herausgegeben von Michael Schröter. Frankfurt a. M. ^{11}2014 (stw 756).

Engell, Lorenz, Bernhard Siegert und Joseph Vogl (Hgg.): Gefahrensinn. München 2009 (Archiv für Mediengeschichte 9).

Esposito, Elena: Die Fiktion der wahrscheinlichen Realität. Aus dem Italienischen von Nicole Reinhardt. Frankfurt a. M. 2007 (edition suhrkamp 2485).

Galison, Peter: Einsteins Uhren, Poincarés Karten. Die Arbeit an der Ordnung der Zeit. Aus dem Englischen von Hans G. Holl. Frankfurt a. M. 2003.

Glasemann, Reinhard: Die Uhr als Maschine. Zur Technikgeschichte der Räderuhr. In: Igor A. Jenzen (Hg.): Uhrzeiten. Die Geschichte der Uhr und ihres Gebrauchs. Katalog zur gleichnamigen Ausstellung vom 7. Juni bis 29. Oktober 1989. Historisches Museum Frankfurt am Main. Frankfurt a. M., Marburg 1989 (Kleine Schriften des Historischen Museums Frankfurt am Main 42), S. 218–238.

---

[25] Vgl. Simondon: Existenzweise technischer Objekte, 2012, S. 34–37.

Heidegger, Martin: Das Ding. In: ders.: Gesamtausgabe. III. Abteilung: Unveröffentlichte Abhandlungen, Vorträge – Gedachtes. Bd. 79: Bremer und Freiburger Vorträge. Herausgegeben von Petra Jaeger. Frankfurt a. M. 1994. S. 5–21.

Heidegger, Martin: Sein und Zeit. Tübingen [18]2001.

Kassung, Christian: Vor dem Fleisch. Infrastruktur und Kulturtechniken des Viehhandels im Kontext der Industrialisierung. In: Gabriele Brandstetter, Kai van Eikels und Anne Schuh (Hgg.): De/Synchronisieren? Leben im Plural. Hannover 2017 (Ästhetische Eigenzeiten 6), S. 83–110.

Kassung, Christian und Thomas Macho: Einleitung. In: dies. (Hgg.): Kulturtechniken der Synchronisation. München 2013 (Reihe Kulturtechnik), S. 9–21.

Lanci, Yari: The Neoliberal Time Machine. A Device to Map Capitalism. In: Nyx 7 (2012), S. 70–77.

Leroi-Gourhan, André: Hand und Wort. Die Evolution von Technik, Sprache und Kunst. Mit 153 Zeichnungen des Autors. Übersetzt von Michael Bischoff. Frankfurt a. M. 1988 (stw 700).

Luhmann, Niklas: Soziale Systeme. Grundriß einer allgemeinen Theorie. Frankfurt a. M. 1984.

Macho, Thomas: Zeit und Zahl. Kalender- und Zeitrechnung als Kulturtechniken. In: Horst Bredekamp und Sybille Krämer (Hgg.): Bild – Schrift – Zahl. München 2003 (Reihe Kulturtechnik), S. 179–192.

Michel, Henri: Messen über Zeit und Raum. Meßinstrumente aus 5 Jahrhunderten. Bearbeitung der deutschen Ausgabe von Paul A. Kirchvogel. Stuttgart 1965.

Mumford, Lewis: Technics and Civilization. Chicago, London 2010.

Pflüger, Jörg: Wo die Quantität in Qualität umschlägt. Notizen zum Verhältnis von Analogem und Digitalem. In: Wolfgang Coy, Georg C. Tholen und Martin Warnke (Hgg.): HyperKult II. Zur Ortsbestimmung analoger und digitaler Medien. Bielefeld 2005, S. 27–94.

Serres, Michel: Gnomon. Die Anfänge der Geometrie in Griechenland. In: ders. (Hg.): Elemente einer Geschichte der Wissenschaften. Übersetzt von Horst Brühmann. Frankfurt a. M. [2]1995, S. 109–175.

Simondon, Gilbert: Die Existenzweise technischer Objekte. Aus dem Französischen von Michael Cuntz. Zürich 2012.

Stiegler, Bernard: Technik und Zeit. 1. Der Fehler des Epimetheus. Zürich 2009.

Vogl, Joseph: Das Gespenst des Kapitals. Zürich 2010.

Wendorff, Rudolf: Zeit und Kultur. Geschichte des Zeitbewußtseins in Europa. Opladen 1980.

Abbildungsverzeichnis[1]

---

1   Für weitere Informationen zur wissenschaftlichen Beschreibung der Handschriften vgl. www.handschriftencensus.de.

Abkürzungsverzeichnis

ABäG	Amsterdamer Beiträge zur älteren Germanistik
ABnG	Amsterdamer Beiträge zur neueren Germanistik
AfK	Archiv für Kulturgeschichte
Arbitrium	Zeitschrift für Rezensionen zur germanistischen Literaturwissenschaft
Archiv	Archiv für das Studium der neueren Sprachen und Literaturen
ATB	Altdeutsche Textbibliothek
Bh.	Beiheft(e)
Beiträge	Beiträge zur Geschichte der deutschen Sprache und Literatur
BMFF	Berliner Mittelalter- und Frühneuzeitforschung
BMZ	Benecke, Georg F., Wilhelm Müller und Friedrich Zarncke: Mittelhoch-deutsches Wörterbuch. Mit Benutzung des Nachlasses von Georg F. Benecke ausgearbeitet von Wilhelm Müller (Bd. 2 von Wilhelm Müller und Friedrich Zarncke). Bd. 1–3 (Bd. 2 in 2 Teilen). Leipzig 1854–1866 URL: http://woerterbuchnetz.de/cgi-bin/WBNetz/wbgui_py?sigle=BMZ
BnF	Bibliothèque nationale de France
BSB	Bayerische Staatsbibliothek
cgm.	Codices germanici monacenses
Chloe	Beihefte zum Daphnis
cpg.	Codices palatini germanici
DTM	Deutsche Texte des Mittelalters
dtv	Deutscher Taschenbuchverlag
DVjs	Deutsche Vierteljahrsschrift für Literaturwissenschaft und Geistesgeschichte
DWB	Grimm, Jacob und Wilhelm: Deutsches Wörterbuch (Erstbearbeitung) auf CD-ROM. Hg. von Hans-Werner Bartz u. a. am Kompetenzzentrum für

elektronische Erschließungs- und Publikationsverfahren in den Geisteswissenschaften an der Universität Trier in Verbindung mit der Berlin-Brandenburgischen Akademie der Wissenschaften. Frankfurt a. M. 2004
Online-Datenbank: Deutsches Wörterbuch von Jacob und Wilhelm Grimm. 16 Bde. in 32 Teilbänden. Leipzig 1854–1961. Quellenverzeichnis Leipzig 1971
URL: http://www.woerterbuchnetz.de

Euphorion	Zeitschrift für Literaturgeschichte
Exemplaria	A Journal of Theory in Medieval and Renaissance Studies
FMSt	Frühmittelalterstudien. Jahrbuch des Instituts für Frühmittelalterforschung der Universität Münster
GAG	Göppinger Arbeiten zur Germanistik
The German Quaterly	A Journal of the American Association of Teachers of German
Geschichte der deutschen Literatur	Geschichte der deutschen Literatur von den Anfängen bis zum Beginn der Frühen Neuzeit. 8 Bde. Tübingen 1984–2004
Geschichte in Köln	Zeitschrift für Stadt- und Regionalgeschichte
GMLF	Germania Litteraria Medievalis Francigena. Handbuch der deutschen und niederländischen mittelalterlichen literarischen Sprache, Formen, Motive, Stoffe und Werke französischer Herkunft (1100–1300)
GRM	Germanisch-Romanische Monatsschrift
Handschriftencensus	Eine Bestandsaufnahme der handschriftlichen Überlieferung deutschsprachiger Texte des Mittelalters URL: http://www.handschriftencensus.de/
IASL	Internationales Archiv für Sozialgeschichte der deutschen Literatur
JEPG	Journal of English and Germanic Philology
JOWG	Jahrbuch der Oswald von Wolkenstein-Gesellschaft
KCLMS	King's College London Medieval Studies, Occasional Publications 2
KulturPoetik	Journal for Cultural Poetics
Kultur, Wissenschaft, Literatur	Beiträge zur Mittelalterforschung
Lexer	Lexer, Matthias: Mittelhochdeutsches Handwörterbuch. Nachdruck der Ausgabe Leipzig 1872–1878. Mit einer Einleitung von Kurt Gärtner. 3 Bde. Stuttgart 1992 f.

Online-Datenbank: Mittelhochdeutsches Handwörterbuch. Zugleich als Supplement und alphabetischer Index zum mittelhochdeutschen Wörterbuche von Benecke – Müller – Zarncke. Bd. 1–3. Leipzig 1872–1878 URL: www.woerterbuchnetz.de

LexMA   Lexikon des Mittelalters. Hg. von Robert Auty u. a. 10 Bde. München u. a. 1980–1999. Nachdruck: München 2002 (dtv 59057)

LiLi   Zeitschrift für Literaturwissenschaft und Linguistik

Litterae   Göppinger Arbeiten zur Textgeschichte

MF   Des Minnesangs Frühling. Unter Benutzung der Ausgaben von Karl Lachmann und Moritz Haupt, Friedrich Vogt und Carl von Kraus bearbeitet von Hugo Moser und Helmut Tervooren. Teil 1: Texte. 38., erneut revidierte Auflage. Mit einem Anhang: Das Budapester und Kremsmünsterer Fragment. Stuttgart 1988

MGH   Monumenta Germaniae Historica

mgf.   Manuscripta germanica in folio

MHRA   Modern Humanities Research Association

Mikrokosmos   Beiträge zur Literaturwissenschaft und Bedeutungsforschung

Mittelhochdeutsche Begriffsdatenbank   Mittelhochdeutsche Begriffsdatenbank. Universität Salzburg. Koordination: Katharina Zeppezauer-Wachauer. Technische Leitung: Peter Hinkelmanns und Daniel Schlager. 1992–2018 URL: http://www.mhdbdb.sbg.ac.at/

Mnd. Hwb.   Möhn, Dieter und Ingrid Schröder (Hgg.): Mittelniederdeutsches Handwörterbuch, begründet von Agathe Lasch und Conrad Borchling, hg. nach Gerhard Cordes und Annemarie Hübner von Dieter Möhn und Ingrid Schröder. Neumünster, Hamburg 1956 ff.

MTU   Münchener Texte und Untersuchungen zur deutschen Literatur des Mittelalters

N. F.   Neue Folge

N. S.   New Series

ORDO   Studien zur Literatur und Gesellschaft des Mittelalters und der frühen Neuzeit

PhST   Philologische Studien und Quellen

RAC	Reallexikon für Antike und Christentum. Sachwörterbuch zur Auseinandersetzung des Christentums mit der antiken Welt. Hg. von Ernst Dassmann und Theodor Klauser. Stuttgart 1950 ff.
Rheinische Vierteljahrsblätter	Veröffentlichungen der Abteilung für Geschichte der Frühen Neuzeit und Rheinischen Landesgeschichte des Instituts für Geschichtswissenschaft der Universität Bonn
RGA	Reallexikon der germanischen Altertumskunde
RLW	Reallexikon der deutschen Literaturwissenschaft. Neubearbeitung des Reallexikons der deutschen Literaturgeschichte. 3 Bde. Gemeinsam mit Georg Braungart, Harald Fricke, Klaus Grubmüller, Friedrich Vollhardt und Klaus Weimar hg. von Jan-Dirk Müller. Berlin, New York 2007
RUB	Reclams Universal-Bibliothek
SBB-PK	Staatsbibliothek Berlin – Preußischer Kulturbesitz
Schiller/Lübben	Schiller, Karl und August Lübben: Mittelniederdeutsches Wörterbuch. Bd. 1–6. Bremen 1875–1881
Sh.	Sonderheft(e)
Speculum	A Journal of Medieval Studies
stw	Suhrkamp Taschenbuch Wissenschaft
TMA	Texte des späten Mittelalters und der frühen Neuzeit
TMP	Trends in Medieval Philology
ULB	Universitäts- und Landesbibliothek
²VL	Die deutsche Literatur des Mittelalters. Verfasserlexikon. Begründet von Wolfgang Stammler, fortgeführt von Karl Langosch. 2., völlig neu bearbeitete Auflage. Unter Mitarbeit zahlreicher Fachgelehrter hg. von Burghart Wachinger zusammen mit Gundolf Keil, Kurt Ruh, Werner Schröder und Franz J. Worstbrock. 10 Bde. Berlin, New York 1978–1999. Bd. 12–14: Registerbände. Berlin, New York 2006–2008
Wolfram-Studien	Veröffentlichungen der Wolfram von Eschenbach-Gesellschaft
Würzburger Beiträge	Würzburger Beiträge zur deutschen Philologie
ZfdA	Zeitschrift für deutsches Altertum und deutsche Literatur
ZfdPh	Zeitschrift für deutsche Philologie
ZHF	Zeitschrift für Historische Forschung

Index

Tabula gratulatoria

Albert, Mechthild
Albrecht, Tim
Bastert, Bernd
Becher, Matthias
Becker, Anja
Bering, Dietz
Bertelsmeier-Kierst, Christa
Bildhauer, Bettina
Bleuler, Anna Kathrin
Böker, Fabian
Böttger, Alfred
Brandt, Doreen
Brüggen, Elke
Bücken, Anna
Bülters, Timo
Büthe-Scheider, Eva
Couturier, Susanne
Deininger, Ann-Kathrin
Dohmen, Linda
Dubbels, Elke
Dumitrescu, Irina
Edelmann, Christiane
Eming, Jutta
Erp, Kerstin van
Fechner, Frauke
Flaig, Egon
Flecken-Büttner, Susanne
Fohrmann, Jürgen
Gahbler, Katharina
Glasner, Peter
Heiland, Satu
Heiles, Marco

Hoffmann, Ulrich
Holznagel, Franz-Josef
Kaibel, Gunilla
Karin, Anna
Kassung, Christian
Katers, Reinhold
Kellermann, Nicola und Heinrich Löchteken mit Silvan und Moira
Kellermann, Urs
Kellermann, Ursula
Kellner, Beate
Kern, Manfred
Kern, Peter
Kiebelstein, Telse
Klinger, Cornelia
Krause, Arnulf
Kühlmann, Wilhelm
Lafos, Christine und André
Langner, Martin
Lechtermann, Christina
Leffers, Gina
Lehmann, Johannes
Leuchtenberg, Jasmin
Mainberger, Sabine
Menne, Robert
Mettelsiefen, Sarah
Moser, Christian
Mühlherr, Anna
Müller, Jan-Dirk
Müller, Mario
Münch, Birgit
Nachtsheim, Anna

Plassmann, Alheydis
Pompe, Hedwig
Przybilski, Martin
Quander, Sophie
Quast, Bruno
Radvan, Florian
Riedel, Peter
Rüsenberg, Irmgard
Sahm, Heike
Schallenberg, Andrea
Schausten, Monika
Scheuren, Elmar
Schultz-Balluff, Simone
Schumacher, Kira
Schütte, Andrea
Schwermann, Christian

Seifert, Jan
Simek, Rudolf
Stauf, Renate
Stüssel, Kerstin
Terrahe, Tina
Velten, Hans Rudolf
Ventur, Michael
Walch-Paul, Doris
Whitehand, Claire
Wich-Reif, Claudia
Winkelsträter, Sebastian
Wittstock, Antje
Wolter-von dem Knesebeck, Harald
Zacke, Birgit und Hagen Wolf
Ziegeler, Hans-Joachim

Das Signet des Schwabe Verlags
ist die Druckermarke der 1488 in
Basel gegründeten Offizin Petri,
des Ursprungs des heutigen Verlags-
hauses. Das Signet verweist auf
die Anfänge des Buchdrucks und
stammt aus dem Umkreis von
Hans Holbein. Es illustriert die
Bibelstelle Jeremia 23,29:
«Ist mein Wort nicht wie Feuer,
spricht der Herr, und wie ein
Hammer, der Felsen zerschmeisst?»